국제적인 인재 양성 길잡이

영미사회와 문화

국제적인 인재 양성 길잡이

영미 사회와 문화

차재국·김정포 공저

도서출판 영문

머리말

영미사회와 문화

　영국과 미국을 알면 세계가 보인다는 말이 있다. 영국은 세계 문화의 꽃을 피웠다면, 미국은 세계 문화의 열매를 맺었다고 말해도 지나치지 않을 것이다. 역설적으로 말하면, 영국과 미국을 알지 못하면 세계가 보이지 않는다는 말이 된다. 영국과 미국의 힘과 영향력이 과거에 비하면 약화되었다고는 하나 아직은 적지 않은 분야에서 그들의 영향력은 지대하다.

　주지하는 바대로, 영국은 민주정치의 발상지이며, 골프와 테니스, 축구 등 세상에 존재하는 수많은 스포츠 경기의 종주국이다. 전인교육을 위한 가장 적합한 교육제도를 창안하였으며, (영국 스코틀랜드는) 기독교의 장로교회가 처음으로 시작된 곳이다. 수많은 발명품을 탄생시킨 곳이며, 찬란한 문학을 꽃 피운 나라이기도 하다.

　그리고 미국은 세계 인종의 용광로이며, 국제 정치의 컨트럴 타워 역할을 하는 나라이며, 현대 문명의 기적이라 불리는 인터넷을 세계에 선보인 나라이다. 세계에서 가장 강력한 군사력을 자랑하며, 수준 높은 대학들이 가장 많은 나라이다. 그러므로 현재 모든 길은 미국으로 통하고 있다고 하겠다.

본서를 통하여 현대인들에게 특히 세계적인 꿈을 가진 젊은이들에게 영국과 미국을 다시 새김질하며 탐색하는 기회를 제공하고자 한다. 평범하면서도 다소 이색적인 영미 문화들을 소개하여 세계무대에서 경쟁력을 갖춘 인재로 준비할 수 있도록 본서를 꾸며보았다. 본서를 통하여 더 넓고 광활한 세계에서 비전을 이루고 우리나라를 빛낼 지성적인 용사들이 많이 배출될 수 있기를 기대한다.

끝으로 본서를 기꺼이 출판해 주신 김수관 사장님께 머리 숙여 깊이 감사를 드리며, 하나님의 신령한 은혜와 이 땅의 기름진 복이 영문출판사 위에 풍성히 임하시기를 기원 드린다.

2013년 8월
오륙도가 보이는 언덕에서 차재국 · 김정포

목차

머리말······ 5

제1부 영국편

1. 영국의 구성 ·· 17
   1) 국가의 개요
   2) 국가의 형성
   3) 영국의 어제와 오늘
   4) 국기의 형성
   5) 국가원수
2. 정부 ··· 33
   1) 의회
   2) 총리
   3) 정당
   4) 선거
   5) 지속적인 개혁
3. 영연방 & 영국령 ··· 40
4. 국가(國歌) ·· 42
5. 지리 ··· 44
6. 기후 ··· 45
7. 역사 ··· 46
   1) 역사적 개요
   2) 잉글랜드

3) 북아일랜드
　　　4) 스코틀랜드
　　　5) 웨일즈
　　　6) 해협제도와 맨섬(Isle of Man)
　8. 종교 ·· 56
　　　1) 영국의 종교적 분포
　　　2) 영국의 종교적 전통과 기독교
　9. 주거문화 ·· 60
　　　1) 거주하는 주택의 유형별로 본 가구
　　　2) 주택구조
　10. 음식 ··· 62
　　　1) 영국 음식문화의 특징
　　　2) 하루에 6번의 티타임
　　　3) 대표적인 음식
　　　4) 식사예절
　11. 예술 ··· 66
　　　1) 시각미술
　　　　(1) 박물관과 미술관
　　　　(2) 공예
　　　　(3) 건축과 디자인
　　　2) 문화행사
　　　　(1) 축제
　　　　(2) 예술 센터
　　　　(3) 더 비틀즈(The Beatles)
　12. 스포츠 ··· 71
　　　1) 주요 스포츠 행사
　　　2) 육상
　　　3) 배드민턴
　　　4) 축구
　　　5) 럭비 연합(Rugby Union)

    6) 테니스
    7) 골프
13. 비즈니스 ·· 76
    1) 무역 파트너로서의 영국
    2) 영국과 한국의 상호무역관계
14. 영국의 중등학교 교육 ·· 78
15. 경제 ··· 81
    1) 자원
    2) 농업, 임업, 어업
    3) 광업, 공업
    4) 금융
    5) 무역
    6) 경제운용
    7) 교통
    8) 영국의 농업
16. 국민성의 이모저모 ··· 89
    1) 영국 국민성의 특징
        (1) 개인주의
        (2) 실제주의
        (3) 보수성
        (4) 합리주의
    2) 런던과 런던사람
    3) 영국인과 날씨 그리고 유머
    4) 내가 본 영국인의 친절
    5) 줄서기 문화
    6) 문을 여는 방법
    7) 교통문화
17. 런던에서 가볼만한 곳 ··· 99
    1) 피커딜리 서커스
    2) 트래펄가 광장

3) 버킹검 궁전
4) 근위병 교대식
5) 빅벤
6) 유로스타(Eurostar)
7) 타워 브리지(Tower Bridge)
8) 웨스트민스터 사원
9) 대영박물관
10) 런던 아이(London Eye)
11) 하이드 공원

18. 스코틀랜드의 수도 에든버러 …………………………………… 106
19. 하일랜드의 수도 인버네스 ……………………………………… 108
20. 영국대학 ………………………………………………………… 110
21. 영국의 명문 옥스브리지 대학 ………………………………… 111
22. 세상에서 가장 아름다운 캠퍼스 ……………………………… 114
23. 영국의 방송 …………………………………………………… 116
24. 정원의 나라 …………………………………………………… 117
25. 캔터베리 순례 ………………………………………………… 119
26. 영국의 신문 …………………………………………………… 121
27. 양치는 섬나라 ………………………………………………… 123
28. 노팅햄과 로빈훗, 셔우드 숲 ………………………………… 124
29. 노르위치 대성당 천장의 장식물 …………………………… 126
30. 영국경찰 ……………………………………………………… 128
31. 가장 위대한 국왕 알프레드 ………………………………… 129
32. 셰익스피어와 스트래퍼드 …………………………………… 131
33. 아서왕(King Arthur) 이야기 ……………………………… 133
34. 호반지대 ……………………………………………………… 135

제2부 미국편

1. 개요 ·· 139
2. 미국 식민자들이 미국에 왔던 이유 ·· 141
3. 미국문화의 특성 : 미국적 용광로 ·· 143
4. 개척정신 ·· 146
5. 미국의 문화적 지역구분 ·· 150
6. 정부와 정치 ·· 152
   1) 서문
   2) 헌법
   3) 행정부
   4) 입법부
   5) 사법부
   6) 주정부
   7) 지방정부
   8) 정당
   9) 선거
      (1) 대통령 선거
      (2) 선거인단
      (3) 의원선거
      (4) 주와 지방정부
   10) 미국의 수도
   11) 국기
   12) 국가(國歌) & 선서문
   13) 대문장(大紋章)
   14) 충성의 맹세 & 대통령 취임 선서문
   15) 자유의 여신상
7. 미국의 역사 ·· 167
   1) 서론
   2) 미국 초기의 역사

목차 **11**

3) 식민지 시대

4) 독립전쟁과 건국

5) 미국 독립선언문

8. **미국의 일반적인 문화 양상** ·· 178

1) 평등주의

2) 비격식성

3) 사적인 질문

4) 호칭과 직함

5) 손수 하는 사회

6) 권위에 도전하기

7) 단도직입성

8) 침묵

9) 공인과 시인

10) 사회적 거리와 신체접촉

11) 이동하는 미국인

12) 자연지배

13) 개인의 성공과 직업/직장 전환

14) 물질주의

15) 편협성

9. **미국에서 농민의 자격** ·· 201

10. **미국의 교육제도** ·· 202

1) 미국 고등교육제도

2) 대학, 대학교 및 특화교육 기관: 차이점

3) 학사 및 준 학사 학위과정

4) 미국의 학사 학위과정

 (1) 학점제도

 (2) 학위이수과정

 (3) 학점

 (4) GPA

5) 미국의 대학과 Ivy League

6) MIT[매사추세츠공과대학교]
11. 예술 및 연예 ·· 217
12. 경제 ··· 219
　　1) 기초 여건과 자원
　　2) 무역
13. 공휴일 ·· 222
14. 언론 ··· 227
　　1) 신문
　　2) TV
　　3) 케이블TV
　　4) 공영 TV
　　5) 자율규제
15. 과학기술 ··· 235
16. 사회 ··· 236
　　1) 이민자의 나라
　　2) 유산
17. 인구 ··· 239
　　1) 인종 및 민족구성
　　2) 연령 구조
　　3) 결혼과 가족
　　4) 인구성장
　　5) 사회복지
　　6) 인종차별과 인권 및 여권운동
18. 미국인의 일상풍속 ··· 251
19. 청소년과 가족생활 ··· 258
　　1) 미국에서 청소년으로 살아간다는 것은 어떤 것인가?
　　2) 북미 십대들의 삶과 성
20. 스포츠 ·· 262
21. 음식문화 ··· 264
　　1) 미국 음식문화의 특징

2) 미국에서 평소, 또는 특별한 날에 먹는 음식들
3) 미국의 10가지 식품매출 경향
4) 미국인의 커피, 영국인의 차
5) 미국서 한국음식 뜬다
6) 음식주문 영어
7) 미국의 식사예절 및 음식
22. 할리우드, 영화등급 제도 …………………………………………… 283
23. 미국의 의회도서관 ………………………………………………… 297
24. 미국의 박물관 : 스미소니언 복합단지 …………………………… 298
25. 미국의 중요도시 및 주 …………………………………………… 300

부록
1. 영문편지 한 장의 효력 ……………………………………………… 313
2. 한국 관련 사항 ……………………………………………………… 320

PART 1
영국 편

영국의 구성

1) 국가의 개요

정식국명 : 대 브리튼과 북아일랜드 연합왕국
    (The United Kingdom of Great Britain and Northern Ireland)
수   도 : 런던(London) (인구 730만 명)
면   적 : 242,910km²
인   구 : 5,980만 명(2005현재)
   (1) 잉글랜드(인구의 84%) : 5천 10만 명
   (2) 스코틀랜드(인구의 8%) : 5백 10만 명
   (3) 웨일즈(인구의 5%) : 2백 90만 명
   (4) 북아일랜드(인구의 3%) : 1백 70만 명
인구밀도 : 245명 (km²당)
영   토 : England, Wales, Scotland, Northern Ireland로 구성
민   족 : 앵글로 색슨족(Anglo-Saxons), 켈트족(Celts)
언   어 : 영어(English), 웨일즈 지방인구의 19%는 웨일즈어 사용
종   교 : 성공회(50%), 개신교(30%), 가톨릭(11%), 기타(9%)
기   후 : 온대해양성 기후
   -평균기온 : 여름 16℃, 겨울 4℃

　　　　　－연평균강우량 : 800mm
국가원수 : Her Majesty Queen Elizabeth Ⅱ(1952.2.6. 즉위)
정치체제 : 입헌군주제
국 경 일 : 6월 셋째 토요일(여왕생신기념일)
정부형태 : 내각책임제
의회제도 : 양원제 [상원의원 : 710명 (세습 종신직), 하원의원 : 659명
　　　　　(임기 5년)]
선거제도 : 소선거구제
화폐단위 : £(Pound Sterling)

2) 국가의 형성

　위의 개요에서 보는 바와 같이 영국은 잉글랜드, 스코틀랜드, 웨일즈와 북아일랜드로 구성된 연합 왕국(United Kingdom)이다. 면적은 비교적 작은 나라이나 매우 복잡한 지질구조를 가지고 있어 짧은 거리 내에서도 다양한 풍경을 볼 수 있다. 인구는 약 5천9백80만 명이며, 기후는 일반적으로 온화하고 사철의 변화가 뚜렷하지 않다.

　브리튼 섬의 원주민은 기원전 6~7세기에 살았던 켈트족이지만, 5세기 중엽 무렵에 쥬트족과 앵글로 색슨족이 켈트족을 산지로 몰아내고 국가를 형성하여 현재 대부분의 사람들이 앵글로 색슨족으로 형성되어 있다. 브리튼 섬이 1~2세기에는 로마인에게 지배되었고 8~10세기에는 바이킹족의 지배를 받았으며, 10세기 초에는 프랑스 북부의 노르망디(Normandy) 족에 의하여 지배되면서 노르망디(Normandy) 왕가가 형성되었다. 이것이 왕조 형성의 시초가 되었다. 그 후 수많은 작은 왕조를 거쳐 지금까지도 왕국으로 남아 있으며 엘리자베스 2세 여왕이 1952년부터 지금까지 즉위하고 있다.

3) 영국의 어제와 오늘

'영국'(Britain)이라 하면 잉글랜드, 웨일즈, 스코틀랜드를 포함한 이른바 '대영국(Great Britain)'에다 북아일랜드를 더한 4개 영토를 일컫는 것이며, 공식 명칭(full name)은 '대영국과 북아일랜드 연방왕국'(The United Kingdom of Great Britain and Northern Ireland)이다. 여기에 전 세계에 있는 식민지를 합쳐 '대영제국'이라 하고 이에 대해 '영연방공화국'(The British Commonwealth)이라 하면 현대에 와서 가맹국이 50개국에 이르는 이른바 영연방 국가들을 일컫는데, 영국, 캐나다(1931: 괄호 안 숫자는 영연방 가입년도), 호주  (1931), 뉴질랜드(1931) 등의 주요국가 외에도 인도(1947), 파키스탄(1947), 스리랑카(1948), 가나(1957), 나이지리아(1960), 자메이카(1962), 통가(1970), 서사모아(1970), 도미니카(1978), 맨 뒤에 나미비아(1990) 등이 가입하였다.

위치와 면적을 보면 영국은 유럽의 서쪽 대서양상에 브리튼 섬 Great Britain의 잉글랜드와 웨일즈, 그리고 스코틀랜드의 세 지역과 북부 아일랜드 및 부근의 900여 개의 섬으로 구성되어 있는 섬나라로 도버해협을 사이에 두고 유럽대륙과 접하고 있다. 면적은 약 24만4천km²로서 한반도의 넓이와 비슷하다.

기후는 북위 50도임에도 멕시코 난류와 편서풍의 영향으로 온화하고 습한 서안 해양성 기후를 이루며 흐린 날이 많고 안개가 자주 낀다. 영국의 날씨는 '하루 동안에 4계절'이라는 유명한 말이 있듯이 변덕스러운 날씨가 특징이다. 한 여름에도 해가 가리거나 비가 내리면 냉기가 들 정도이다. 멕시코 난류와 편서풍의 영향으로 대체적으로 온난한 기후를 나타낸다. 겨울철, 특히 바람이 없는 날에는 안개가 끼고 비 내리는 날이 많다. 연간 강수량은 많지 않으며 1년 내내 날씨가 흐리고 지나가는 비가 많다. 1~2월의 평균 기온은 4°C이며 7~8월의 평균기온은 16°C로 한난의 차가 적다. 위도가 높기 때문에 여름에는 오후 8~9시까지 밝지만 겨울에는 오후 3시에 벌써 해가 지는 일도 있다.

언어 및 인종을 보면 영국에는 본래 켈트족이 살고 있었으나 5세기경에 대륙에서 튜튼계통의 앵글로색슨족이 대거 이주하여 섬의 대부분을 차지하고 왕국을 세워 오늘날의 영국으로 발전시켰다. 주민의 대부분은 앵글로색슨이며 잉글랜드 및 웨일즈에서는 주민의 과반수가 영국 국교회에 속하고 가톨릭교도도 상당수에 달한다. 영어 'English'는 'Angles'에서 나온 것이며, 그들이 사용하는 언어라는 뜻이다. 그리고 흔히 쓰는 또 다른 용어 'British'는 Britons족의 언어에서 나온 말인데 'Britons'족은 Celts족에 속했던 종족이다. 고대영어(Old English=OE)인 앵글로색슨어는 독일 저지대의 언어집단에 속하는데 그 언어를 사용하던 사람들인 게르만족들은 라인강 어구로부터 주트란드 반도(덴마크 내륙부)까지 북해 해안지대를 따라 살고 있었다고 한다.

산업은 상공업이 주이며 전 국토 면적의 30%가 농경지이고 45%가 목초지로 이용된다. 그러나 농업인구는 3%에 불과하다. 풍부한 석탄과 철광을 이용한 중공업 및 원료 수입에 의한 여러 가지 가공업 등으로 전체 산업의 87% 이상을 공업이 차지한다. 중세기 이래 세계의 해상권을 장악하여 무역, 영토 등에서 세계에 군림하고 세계 제1,2차 대전에서는 연합국 주도국의 하나로 전쟁을 이끌었다. 제1,2차 세계 대전에서 전승국이 되었지만 식민지의 독립으로 대영제국은 붕괴되고 '해가지지 않는 나라'의 예전 영광은 옛 이야기가 되어 버렸다. 의회정치가 일찍부터 발달 완성되어 오늘날 정당정치와 내각책임제가 가장 잘 발달된 나라로 유명하다.

이제 영국의 역사에 대해 간략하게 살펴보자.

〈국가의 통일은 어떻게 진행되었는가?〉

로마제국 시대에 영국은 브리타니아로 불리던 로마의 속주(屬州)였다. 그 뒤 앵글로색슨족의 침입으로 인해 6~8세기에 7왕국 시대가 있었고 579년 아우구스티누스의 도움으로 그리스도교가 전파되었다. 9세기에는 데인족의 대규모 침입이 있었다. 웨섹스의 왕 앨프레드는 877년 이들을 물리쳤고 927년 그의 손자 애설스탠이 전 잉글랜드의 직접적 지배권을 가진 최초의 국왕이 되었다. 1066년에는 봉건국가 노르만조가 성립되었다. 정복왕 윌리엄 1세가 통일국가를 이룩하면서부터는 국가의 중앙집권화가 신속하게 진행되었는데, 이 중앙집권화는 국왕의 순회재판 제도와 그 판례의 집성으로 된 '코먼 로'(common law)[1]에 의한 사법의 집권화였다. 15세기에는 프랑스와 치른 백년전쟁(1337~1453)의 패배와 귀족간의 국내 전쟁인 장미전쟁(1455~1485)으로 봉건제도가 약화되었고, 1485년 헨리 7세의 즉위와 더불어 국왕의 권력이 강대해졌다. 헨리 8세는 국왕 지상법에 따라 로마교회로부터 독립한 영국국교회의 우두머리가 되었으며, 몰락 귀족령과 교회령을 손에 넣은 지주 계급이 국왕과 대립하게 되었다.

---

[1] 잉글랜드 전체에 공통되고 보편적인 법이라는 뜻.

〈근대 의회제는 어떻게 성립되었는가?〉

이미 13세기 후반 이래 귀족, 성직자, 시민의 대표로 이루어진 의회가 국왕에 대한 저항의 거점이 되어 국왕과 귀족간의 권력관계를 명문화한 대헌장(Magna Carta:1255)이 의회 권리의 근거로서 채용되었다. 이 국왕과 의회의 대립은 국교도와 비국교도와의 종교적 대립, 사회적, 경제적 대립 등과 복잡하게 얽혀 있었으나 청교도혁명(1640~1660)과 명예혁명(1688~1689)을 통하여 의회의 승리로 끝났다. 명예혁명 결과 국왕으로 영입된 오렌지공(公) 윌리엄 3세는 의회에 의해 '권리 선언'(the Declaration of Rights, 權利宣言)[2]을 승인하도록 강요받아 권리 장전(Bill of Rights, 權利章典)[3]이 제정되었다. 그 이후 왕권옹호와 대외평화를 제창하는 토리당(후의 보수당)과 왕권의 제한과 대외진출을 요구하는 휘그당(후의 자유당)의 두 정당에 의한 의회정치가 전개되었다. 1714년 휘그당의 지지 하에 왕위에 오른 하노버왕조(뒤에 윈저왕조)에서는 국왕인 조지 1세가 영어를 모르고 국정에 간섭하지 않았기 때문에 각료가 국왕의 신임이 아닌 의회 다수당의 지지에 의해 임명되는 의회내각제가 성립되었다.

〈산업혁명과 대영제국은 어떻게 이루어졌는가?〉

영국의 해외진출은 엘리자베스 1세 때(1588)에 스페인의 무적함대를 격파한 것을 계기로 첫발을 내디뎠다. 영국은 영국-네덜란드 전쟁(1652~1674)에서 네덜란드로부터 해상권을 빼앗고, 이어서 프랑스와 장기간에 걸친 식민지 전쟁을 치렀다. 7년 전쟁(1756~1763) 이후에는 유럽대륙 여러 나라와 세력 균형을 유지하면서 국력을 식민지 획득에 기

---

[2] 1689년 영국의 명예 혁명에 의하여 오렌지 공 윌리엄 3세와 메리가 즉위할 때 의회가 제출한 인민 권리의 선언.
[3] 1689년 12월에 제정된 영국 헌정사상 중요한 의미를 가지는 의회제정법.

울였다. 이와 같은 해외진출은 미국독립(1776)에 의해 큰 타격을 받았다. 그러나 때마침 성취한 산업혁명을 통하여 생산하게 된 값싼 영국의 공업제품은 식민지뿐만 아니라 전 세계에 널리 퍼졌다. 자유무역의 발전에 따라 영국은 세계의 공장이 되고, 철과 기타 공업제품은 거의 전 세계 생산량의 절반을 차지하였다. 산업혁명 결과 새로운 부르주아 계급이 탄생하고, 1832년에는 선거법 개정으로 부르주아 계급도 의회정치에 참가하는 길이 열렸다. 19세기 말에는 노동운동 조직과 사회주의 조직의 연합이 진척되었으며, 1900년에는 노동대표위원회가 결성되어 의회에 진출하였다. 1840년대의 아편전쟁을 통한 중국 진출과 1858년의 인도 합병 외에 다시 19세기 말에는 유럽의 다른 열강과 함께 아프리카 분할을 실시하여 '해가지지 않는 대영제국'이 건설되었다.

〈현대 영국의 국내외 주요 문제들에는 어떤 것들이 있는가?〉

영국은 제1차 세계대전(1914~1918)과 제2차 세계대전(1939~1945)에서 많은 국력을 소모하여 국내외적인 위기에 직면하였다. 제2차 세계대전 중에는 처칠이 연립내각을 이끌고 승리하였으나 유럽에 전화(戰火)가 멎은 직후의 총선거에서는 노동당이 압승하여 애틀리 내각이 성립하였다. 1950년대와 1960년대 초에 영국은 경제적 팽창과 번영을 누렸다. 그러나 1957년 유럽공동체 가입을 거부함으로써 유럽의 놀라운 경제성장에 동참하지 못하였다.

1979년 노동당의 캘러헌 정권이 불신임안 가결로 의회를 해산하였고, 5월의 총선거에서는 보수당이 승리하여 영국 사상 최초로 여성 총리 마거릿 대처가 탄생하였다. 그녀는 몇몇 산업을 다시 민영화하고 포틀랜드에서 아르헨티나의 군대를 몰아내는 등 큰 지지를 얻었으나 주민세 부과로 인한 국민적 반발 등에 부딪쳐 1990년에 사퇴하였다. 그 뒤로는 보수당의 존 메이저가 총리직을 승계하였다. 영국의 현대사에 있어 가장 어려운 문제는 북아일랜드 문제라고 할 수 있다. 원래 이 문제는 1921년 아일랜드가 독립하면서 프로테스탄트가 수적으로 많은 북아일랜드 지역이 영연방에 잔류함으로써 비롯되었다. 영국이 무력으로 이 지역의 통치를 기정사실화하자 아일랜드계 과격조직인 아일랜드공화국군(IRA)이 1969년부터 대(對)영국 테러활동을 시작하였다. 이 결과로 1969년 이래 1991년 하반기까지 약 2,000명의 시민을 포함한 경찰, 군인 2,911명이 사망하였다. 1994년에 들어서는 IRA측의 유화노선으로 대화분위기가 조성되고 있다.

〈정치 분야에서 헌법과 의회의 특징과 역할은 무엇인가?〉

헌법을 보면 영국에는 통일된 성문헌법이 없다. 헌법상의 여러 원칙은 일반법에 산재하며, 주요 정치기관의 조직과 작용에 관한 규범 또한 불문법에 따른다. 또한 헌법적 규범에 대한 특별한 법적보호가 없으며, 통상 의회의 제정법으로 개정된다. 의회를 보면 영국은 의회 민주주의와 입헌 군주주의를 채택하고 있다. 의회는 상원(귀족원)과 하원으로 나누어져 있으며, 하원의 다수당이 정권을 맡는다. 그러나 세습 귀족과 고위 성직자로 구성된 상원의 권한이 1911년의 의회법에 의해 재정(財政) 법안에 관한 1개월의 정지적(停止的) 거부권으로 축소되었기 때문에 실질적으로는 단원제에 가깝다. 지금의 상원은 오직 정부 임명에 의한 일대(一代)의 귀족으로 구성되어 하원의 활동을 원활하게 하기 위한 보조기관으로 되어 있다. 의회의 기능으로써 입법과 더불어 중요한 것은 야당의 대정부 질의, 토론을 통해 내외 정책의 득실 및 문제점을 밝혀 국민을 납득시키는 기능이다. 이렇게 형성된 세론을 배경으로 총선거에서 정당간의 정권교체가 이루어진다. 총선거는 5년 이내로 정해져 있으나, 각 의원의 사임 또는 사망으로 행해지는 보궐선거는 단기적 세론의 변동을 나타내는 지표로서 중요한 역할을 하고 있다.

〈영국인의 경험문화의 중요한 특징은 무엇인가?〉

경험주의적이고 현실주의적인 국민성은 문화전역에 걸쳐 반영되고 있다. 예를 들면, 음악분야에서는 추상적인 음악보다 인간과 그 사회를 구체적으로 다룰 수 있는 음악이 발달하였다. 특히 문학의 경우 뛰어난 작품과 대문호를 남기고 있다. 또 회화의 경우도 마찬가지여서 초상화와 풍경화에 뛰어난 것이 많다. 영국의 대표적인 스포츠는 크레킷, 골프, 축구, 테니스, 럭비 등 다채로우나 개인의 기록을 중심으로 한 경기보다는 팀의 결속을 중시하는 단체경기를 즐긴다.

그리고 언론자유에 대한 뿌리 깊은 애착은 언론매체에도 강하게 반영되어 있다. 런던의 '타임스' 지를 비롯해 '가디언' 과 '옵서버' 등이 유명한 신문이다. 방송은 1927년 이래 공공법인 영국방송협회(BBC)의 독점사업이었으나, 1955년부터 상업 텔레비전 방송으로 민방협회(IBA)의 감독 하에 프로그램 제작회사 제공의 방송을 전파에 실어 보내는 독립 텔레비전공사(ITA)가 발족하였다. BBC가 2개국(局), 민방이 2개국의 채널을 가지고 있다. 통신으로는 세계 유수의 통신사인 로이터(Reuters)가 있다.

4) 국기의 형성

영국의 국기는 '연합 기(Union Flag/Union Jack)' 라는 이름으로 사용된다. 이 기는 연합왕국을 형성하는 잉글랜드 · 스코틀랜드 · 아일랜드의 3국의 기를 조합하여 만든 것이다. 위 그림에서 보는 바와 같이 3국의 기는 모두 기독교에서 기원한 십자기로서, 중세의 십자군 원정 때부터 사용되었다.

잉글랜드의 기는 흰색 바탕에 적십자를 그려, '세인트 조지의 십자기(the Cross of Saint George)' 라고 한다. 세인트 조지는 잉글랜드의 수호성인(守護聖人)으로, 그의 순교를 기념하기 위하여 제작된 이 기가 언

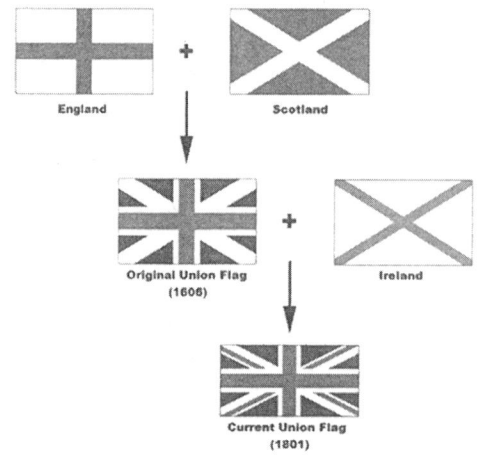

제부터 사용되었는지는 여러 설이 있어 확실하지가 않다. 그러나 리처드 1세와 에드워드 1세 때 십자군들은 십자기의 기치 아래 세인트 조지의 가호를 받아 각지에서 승리를 거두었다고 전해진다. 그리하여 세인트 조지의 십자기는 에드워드 1세 때인 1277년에는 잉글랜드의 국기로 제정되었다.

　스코틀랜드의 기는 파랑 바탕에 하양의 비낀 십자기(일명 베드로 십자가)로서, '세인트 안드레의 십자기(the Cross of St. Andrew)'라고 한다. 이 나라의 수호성인 세인트 안드레를 기념하는 것으로, 세인트 조지와 비슷한 전설과 역사를 가지고 있다. 1603년 엘리자베스 1세가 죽은 후 스코틀랜드의 왕 제임스 4세가 영국 연합왕국의 왕인 제임스 1세로 추대되었을 때, 그의 명을 받은 문장(紋章)학자들이 양국의 기를 조합시킨 대(大)브리튼 왕국 국기를 만들었다. 그래서 이 기는 제임스기(James Flag)로도 불린다.

　대브리튼 왕국의 국기는 문장학자들의 고심 끝에 제정되었음에도 불구하고, 처음에는 잉글랜드와 스코틀랜드 양국 국민들의 불만이 대단하였다. 잉글랜드 국민들은 세인트 조지기의 흰 바탕이 세인트 안드레기의 청색 바탕 때문에 너무 작아졌다고 불평하였고, 스코틀랜드 국민들은 세인트 조지기의 적십자(赤十字)는 온전한 데 비하여 세인트 안드레기의 백십자(白十字)는 중앙에서 둘로 끊기게 되었다고 하여 불만이었다. 양국의 국수주의자들은 새로 제정된 연합왕국의 국기(제임스기)를 게양할 때에는 각각 자기들 고유의 십자기를 함께 게양하기도 하였다.

1803년 조지 3세 때 아일랜드(지금의 북아일랜드)가 병합되어 대(大)브리튼 아일랜드 연합왕국이 되었고 국기도 변경되었다. 아일랜드기도 또한 수호성인 세인트 패트릭을 기념하는 흰 바탕에 빨강의 비낀 십자기였다. 변경된 새 국기는 제임스기에 세인트 패트릭의 십자기를 합친 모양으로, 이것이 현재의 영국기이다.

5) 국가원수

입헌군주국인 영국의 원수는 현재 여왕으로 엘리자베스 2세(Elizabeth II, 1926년 4월 21일~)로, 1952년 2월 6일 그녀의 아버지 조지 6세가 서거함에 따라 여왕으로 즉위하였다. 본명은 엘리자베스 알렉산드라 메리 윈저(영어: Elizabeth Alexandra Mary Windsor)이다. 호칭은 '연합왕국의 엘리자베스 2세 여왕 폐하(영어: Her Majesty Queen Elizabeth II of the United Kingdom)' 이다.

엘리자베스 2세 여왕은 영국 외에도 (실질적으로는 연방총독이 대표하고 있지만) 캐나다, 오스트레일리아, 뉴질랜드, 자메이카, 바베이도스, 바하마, 그레나다, 파푸아뉴기니, 솔로몬 제도, 투발루, 세인트루시아, 세인트 빈센트 그레나딘, 벨리즈, 앤티가 바부다, 세인트키츠 네비스의 여왕이기도 하다.

여왕을 모시는 영국 연방 16개국의 총인구는 보호령까지 포함해서 1억 2900만 명이 넘는다. 따라서 이론적으로 그녀는 막강한 권력을 가진 셈이지만 정작 그녀 자신은 정치적 문제에 좀처럼 개입하지 않고 있다.

엘리자베스 2세는 그 밖에도 영국 성공회의 우두머리, 노르망디 공작, 랭커스터 공작, 맨 섬의 영주, 피지의 최고 추장, 함대 사령장관 등의 다양한 직함을 보유하고 있다.

영국에서의 정식 칭호는 '하나님의 은총으로 그레이트 브리튼 북아일랜드 연합 왕국과 그 밖의 왕국과 영토의 여왕, 영국 연방의 우두머리, 신앙의 옹호자이신 엘리자베스 2세 폐하(Her Majesty Elizabeth the Second, By the Grace of God of the United Kingdom of Great Britain and Northern Ireland and of Her Other Realms and Territories Queen, Head of the Commonwealth, Defender of the Faith)' 이다. (엘리자베스 2세) 오늘날 그녀는 지구상에서 1개국 이상의 독립국을 다스리는 유일한 군주이다.

1947년 엘리자베스 2세는 에든버러 공작 필립과 결혼하여 3남 1녀를 두었다. 여왕의 남편은 본래 그리스와 덴마크의 왕자로 태어나 필립 마운트배튼으로 개명해 영국에 귀화해 에든버러 공의 작위를 부여받았다.

(1) 여왕의 자녀
    1) 웨일스 공 찰스 왕세자 (1948년 11월 14일 출생)
    2) 프린세스 로열 앤 (1950년 8월 15일 출생)
    3) 요크 공작 앤드루 (1960년 2월 19일 출생)
    4) 웨식스 백작 에드워드 (1964년 3월 10일 출생)

(2) 여왕의 정치력
엘리자베스 2세는 입헌군주답게 공공연하게 자신의 정치적 의견을 표명하지 않고 있다. 그녀는 자신의 치세 내내 일반 대중을 상대로 자신을 드러내는 것에 대해 자제를 고수해왔다. 따라서 그녀의 정치적 관점은 정확히 알려지지 않았다. 다만, 적절한 선에서는 정치적인 목소리를 내기도 했다. 한 예로 마거릿 대처 총리가 포클랜드 전쟁을 벌였을 때에는 명목적이지만 전쟁에 대한 여왕의 승인을 받아야 했다. 엘리자베스 2세는 승인을 하면서도 "앤드루 왕자가 전투기 조종사로 전쟁에 참가하기에 부모로서 매우 걱정스럽다."라며 나름대로 전쟁에 대한 불만을 표시하였다. 대처가 총리직을 끝낸 다음 엘리자베스 2세는 "나는 무슨 일이든 그저 강하게 밀어붙이는 그녀를 싫어했다."라고 사석에서 말했다. 이런 여왕의 중심을 잃지 않는 범위에서 하는 신중하면서도 정치적인 표현은 국민에게 묘한 매력을 발휘하였다. 다시 말해서 여왕의 존재

는 상징적인 것 이상으로 국민과 정치를 중재해 주는 완충 역할을 한다는 느낌을 갖게 했다.

엘리자베스 2세는 국가수반으로서 의회를 소집하고 해산하며 매년 가을 영국 정부의 정책을 요약하는 개회사와 함께 의회의 새로운 회기를 연다. 또한 여왕은 선거를 통해 영국의 총리가 선출되면 그를 임명한다.

그리고 정치에도 일정 부분 관여하고 있다. 매우 화요일마다 그녀는 총리를 만나 개별회의를 하며 나랏일을 논의한다. 재위기간에 여왕은 처칠과 대처를 포함해 열 명의 총리와 일했으며, 토니 블레어 총리는 다른 긴급한 용무를 이유로 여왕과의 화요일 약속을 취소한 적이 있는 유일한 총리다.

《여왕의 생활》이란 책을 쓴 왕실 전문가인 브라이언 호이는 "당시 여왕은 아주 불쾌해했다."라며 "이제 블레어 총리는 영국에 있는 한 그런 행동을 다시 하지 않는다."라고 말했다. 그는 또 "여왕은 매우 박식하다."라며 "몇몇 총리들이 여왕보다 상황을 잘 파악하지 못했다가 여왕의 지적을 받은 적도 있다."라고 말했다.

사회적으로는 엘리자베스 2세는 즉위 후 남편과 함께 영국 각지의 기관, 기업체, 지역사회 등을 방문하여 많은 내외국인 방문객들을 맞고 있다. 엘리자베스 2세는 지금까지 38만 7천700건의 상과 훈장 수여식을 거행했다. 더불어 영국 적십자사, 영국 문화원, 영국 학술원 등을 포함한

620개가 넘는 자선단체와 기관을 후원하고 있다.

이렇게 조심스럽게 입지를 세운 영국 왕실의 권위는 그녀의 자녀에 의해 실추되기 시작했다. 딸인 앤 공주는 당시 소시지와 고기 파이를 만드는 회사를 가진 평민의 자녀인 마크 필립 대위와 결혼하면서 왕실의 권위를 떨어뜨렸다. 이 결혼은 결국 1982년에 이혼으로 끝나면서 더욱 국민을 실망시켰다. 그리고 엘리자베스 2세의 여동생인 마거릿 공주마저 1978년에 공식적인 파혼을 하면서 위기감을 고조시켰다.

결혼 전부터 염문을 많이 뿌리고 다니던 웨일스 공 찰스는 1981년 7월, 정숙하고 가문 좋은 스펜서 가문의 딸이며 유치원 보모로 일하던 다이애나와 세인트 폴 대성당에서 결혼식을 올렸다. 이 결혼으로 왕실의 권위는 다시 회복되는 듯하였다. 둘 사이에서 윌리엄 왕자와 헨리 왕자가 연이어 탄생하면서 사람들 사이에서 인기가 절정에 다다랐다.

그러나 결혼 전부터 사귀던 카밀라 파커 볼스와의 관계를 잊지 못하던 찰스는 결혼 1년쯤 뒤부터 다이애나와 불화를 일으키기 시작했다. 1986년부터 심심찮게 웨일스 공 부처의 불편한 관계가 언론에 보도되기 시작하더니 결국 1996년 이혼을 하면서 국민의 실망은 더욱 커지게 되었다. 거기에 같은 해 둘째 왕자인 요크 공작 앤드루도 사라 퍼거슨과 이혼을 하면서 충격을 더했다. 무엇보다도 심각한 사건은 1997년 8월 31일 다이애나가 프랑스 파리에서 연인 도디 알 파예트와 함께 파파라치를 따돌리려는 와중에 교통사고로 세상을 떠나자 국민의 원망이 찰스에게로 돌려지면서 왕실 권위에 치명적인 타격이 가해졌다.

1992년 다이애나는 자신의 결혼 생활과 왕실의 뒷이야기를 다룬 《다이애나-그녀의 진실》이란 책을 통해서 자신의 삶이 얼마나 힘들었는지를 밝혔었다. 그 내용은 대중매체를 타고 영국 내뿐만 아니라 세계 각국으로 퍼져 나갔고, 이로써 그녀에 대한 동정과 왕실과 찰스에 대한 안 좋은 시각이 커졌다.

이후 찰스 대신 그 아들인 윌리엄을 왕위 후계자로 삼자는 의견과 심지어는 영국 왕실을 폐지하자는 주장까지 나오기 시작했다. 이렇듯 언급된 여러 문제에도 영국에서 입헌군주제가 유지되는 것은 엘리자베스 2세의 지혜로운 처신 때문으로 볼 수 있다.

(3) 여왕의 재산

엘리자베스 2세가 보유한 재산은 3억 2000만 파운드에 이르는 것으로 추정되며, 전 세계 군주 가운데 12위(여성 가운데 세계 2위)를 차지한다. 재산 대부분은 부동산과 미술품, 보석이다. 하지만, 여왕의 개인 재산 가운데 공개되지 않은 것이 많아 정확한 액수는 여왕도 모를 것이란 관측도 있다. 게다가 왕실 이름의 재산과 수입도 상당수 여왕이 처분권을 가진 것을 고려할 때 여왕의 재산과 수입은 그 몇 배에 이를 것으로 짐작된다. 다만, 절대 왕권을 휘두르는 중동 등의 왕실과 달리 재산을 함부로 처분할 수 없다는 점에서 차이가 있다.

1992년 11월 20일, 윈저 성의 대형화재에 따른 천문학적 보수비를 정부에서 지급하는 문제와 관련해 영국 사회에서 논란이 일자 엘리자베스 2세는 결국 국민의 압력에 굴복해 1993년 왕실의 면세 특권을 스스로 포기했다.

2008년 4월 시점에 엘리자베스 2세는 개인 자산의 3분의 1인 1억 파운드 정도를 투자에 활용해왔다. 대부분은 런던 증시에 상장된 우량기업 주식에 투자했으나 미국 발 세계 금융위기에서 시작된 전 세계 증시를 강타한 주가 폭락 사태로 말미암은 주가 급락으로 불과 수주일 만에 자산가치가 37%나 격감해 3천700만 파운드의 막대한 손실을 본 것으로 알려졌다. 런던 증시의 주가지수는 4월 이후 3분의 1이나 떨어졌다.

엘리자베스 2세는 세계 최고의 투자 자문가들과 계약을 맺고 자산을 관리해 왔는데 유럽의 여러 나라를 국가 부도 직전까지 몰고 간 금융 혼란으로 손해가 막심해지자 격노했다고 전해진다. 또한, 부동산도 많이 가진 영국 왕실은 금융위기에 더해 주택시장이 침체하면서 주식과 부동산 양쪽 모두에서 엄청난 손실을 보았다.

02 정부

영국 정부의 공식적인 명칭은 Her Majesty Government(HMG)로 알려져 있으며, 각종 국가 사안들을 책임지는 장관들로 구성되어 있다. 대부분의 장관들은 하원(House of Common) 소속이지만 그 중 몇몇은 상원(House of Lords) 의원이다.

총리는 내각의 수장이며, 장관의 임명 및 면직 권한이 있다. 내각은 20여 명의 장관들로 구성되어 있다. 정부 부처를 책임지는 장관들은 대부분 내각 소속이다.

장관들의 직위는 대부분 'Secretary of State'로 표시되는데, 예를 들어 외무장관의 경우 'Secretary of State for Foreign & Commonwealth Affair'이다. 몇몇 장관들은 다르게 불리는 경우도 있으며, 재무장관의 경우 'Chancellor of the Exchequer'로 칭한다. 내각에는 부처 없이 특별 임무를 수행하는 장관들도 있다. 각료회의는 비공개로 진행되며, 회의록 또한 비밀로 부쳐진다.

1) 의회

영국 의회는 상하 양원으로 구성되어 있다. 하원이 가장 강력한 권한을 행사한다. 하원은 각각 하나의 선거구를 대표하는 659명의 선출된 의원, 즉 MP(Member of Parliament)들로 구성되어 있으며 의장은 존 버카우(John Bercow)이다.

영국의 정부는 하원에서 다수당의 지지를 받아야만 한다. 발의된 모든 법안에 대해 논쟁을 벌임으로써 하원은 정치적 환경과 새로운 의견의 발전에 영향을 미친다.

상원은 선출된 의원들로 구성되어 있지 않고 세습 의원들과 국가에 대한 봉사를 인정받아 임명된 의원들로 구성되어 있으며 710명으로 의장은 Lord Falconer(2003~2006년)이다. 상원은 발의된 법안을 개정할 수 있는 제한된 권한을 행사할 수 있다. 영국 정부는 상원을 보다 민주적이고 국민을 대표하는 원으로 만들기 위해 상원을 단계적으로 개혁하는 데 힘을 쏟고 있다.

영국 의회에서 주먹다툼이 벌어지는 경우는 없다. 하지만 질의응답 시간 때 면전에서 총리를 조롱하는 일이 흔하며, 빈정거리거나 야유도 다반사다. 하지만 영국 의회에서도 상대를 '거짓말쟁이'라고 부르는 건 금기사항이다. 영국 의원에게 거짓말은 사형선고와 같다.

2) 총리

총리는 영국 정부의 수반(首班)이다. 총리는 내각을 이끌고 각료들을 임명하며, 영국 여왕에게 정부의 업무를 보고한다. 총리는 매주 하원에서 '질의 시간'을 갖는데, 이 시간에 의원들이 정부 정책에 관해 질의를 하고, 총리의 답변을 듣는다. 이 시간은 매주 의회의 가장 활발한 토론

시간이다.

총리의 공관은 다우닝가 10번지에 소재하고 있어 때때로 '10번지'라고 불리고 있다. 이곳의 직원들은 대개 공무원들이지만, 총리는 정책 입안과 공공연설을 도와줄 특별고문들을 임명하기도 한다.

3) 정당

지난 200년 동안 급부상하는 정당 제도가 영국의 정치의 특징을 이루어 왔다. 1940년대 이래 대부분의 하원 의원들이 보수당이나 노동당에 속하는 의원들이었다. 또 하나의 주요 정당은 중도 좌익인 자유 민주당이다. 각 정당은 각 지역 지구당의 지지를 받는 전국적 조직을 보유하고 있다. 각 주요 정당은 영국 전역에서 모여든 정당의 지지자들을 위해 연례적인 당원 대회를 개최하고 있다.

모든 정당들의 활동 중 기금 모금 활동이 중요한 부분을 차지한다. 주요 정당들은 출연, 바자, 경품 추첨, 기부금 등을 비롯한 갖가지 방법으로 기금을 모금한다. 노동당은 노동조합들로부터 기금의 대부분을 조달 받고 있지만 그 비율은 점차 감소되고 있다. 보수당은 전통적으로 민간 기업으로부터 재정 지원을 받고 있지만 민간 기업들은 모든 정당들에 기부를 할 수 있고 또 실제로 하고 있다. 기업들은 법적으로 회계 보고서를 공표하게 되어 있고 200파운드(320달러) 이상의 정치적 기부금을 내도록 되어 있다.

노동당 : 1900년에 노동조합회의와 독립노동당(1893년 창당)이 제휴하여 노동자대표 위원회를 설립했고, 1906년에 노동당(Labour Party)으로 개명했다. 당세가 급속히 성장하여 제1차 세계대전 중에는 연립내각에 참여했고, 1918년 하원(下院) 총선거에서 제2의 정당으로 떠올라 전후(戰後)까지 공식적인 야당으로 활동했다.

1924년 1월 당수인 램지 맥도널드는 자유당의 지지를 얻어 최초의 노동당 내각을 이끌었으나, 그 해에 실각했다. 1929년 선거에서 노동당은 자유당의 후원으로 내각을 구성하기에 충분한 득표를 했다. 맥도널드의 내각은 1931년까지 지속되었으나, 경제정책에 대한 의견 차이로 맥도널드는 그 해 사임했고, 노동당은 그 다음 선거에서 참패했다. 1945년 노동당은 국유화 및 재건(再建) 프로그램과 공공복지사업 확대를 선거공약으로 하여 선거에서 압승을 거두었다. 그러나 1950년 하원 선거에서는 5표의 근소한 차로 다수당의 명맥을 유지하다가, 1951년에는 보수당에게 권력을 빼앗겼다.

　1964년에 노동당은 다시 권력을 잡게 되었고, 이때부터 경제적 불경기와 혼란기에 보수당과 번갈아 집권하는 시소게임을 벌였다. 1979년 보수당에 참패한 후 노동당은 심각한 내분에 휩싸였으며 1992년 4월 9일에 실시된 총선에서도 여전히 보수당에게 패배했다. 총선 패배에도 불구하고 중도 좌파의 정책은 존 스미스(1992~94)와 토니 블레어(1994~)에 의해 계승되었다.

　이들이 채택한 실용주의 정책과 조직개편으로 노동당은 과거의 급진성을 탈피하여 신노동당으로 불리게 되었다. 신노동당의 강령과 고도의 정치 선전 기법이 결합하여 1997년 총선에서 노동당은 419석의 의석을 차지하는 압승을 거두며 권력을 다시 잡게 되었으며 이후 2001년과 2005년 총선에서 더 크나큰 승리를 거두며 권력을 유지했지만, 2010년 총선에서 보수당에게 패배하여 원내 제2당의 자리에 있다.

　보수당 : 보수당은 정식 명칭이 보수·연합주의자 전국연맹(National Union of Conservative and Unionist Associations)이며 별칭은 토리당(Tories)이다. 영국의 대표적인 우파 정당으로 노동당과 더불어 20세기 영국의 정치를 주도해왔다.

영국 보수당은 구(舊) 토리당의 후신이며, 어떤 면에서는 그 연장이라고 할 수 있다. 1832년 영국의 (선거) 개혁 법안이 통과되자 토리 당원들은 '보수 연합'을 결성했는데, 이것이 현 영국 보수당의 모체가 되었다. 1922년 연립내각에서 철수한 보수당은 안전한 다수 의석을 확보했다.

보수당은 제1·2차 세계대전 중 집권당의 위치를 고수했는데 보수당이 실각한 경우는 단 2차례, 즉 1924, 1929~31년 노동당이 자유당의 후원을 얻어 집권한 기간뿐이었다. 윈스턴 처칠의 전시 연립정부는 보수당이 주도했지만, 1945년 선거에서 보수당은 자유당을 제치고 영국 제2의 정당으로 부상해 있던 노동당에게 참패를 당했다. 보수당은 1951년 여당으로 복귀했으며, 1955, 1959년 선거에서 보수당의 의석은 더욱 증가했다. 1964년 이후로는 노동당과 번갈아 집권했다.

전통적인 보수당원들이 노동당에 의해 제정된 사회복지 정책의 폐지를 주저하자 이에 불만을 품은 당내 우파는 1975년 마거릿 대처를 당수로 선출했다. 1979년 총선에서 보수당이 승리했을 때 대처는 유럽에서 국가 행정수반으로 선출된 최초의 여성이었다. 대처 총리는 즉시 화폐 공급량을 대폭 줄이고 국유화된 기업들을 민간 부문으로 환원시키는 정책을 추진했다. 1983년 선거에서 보수당은 야당진영인 노동당과 사회민주당·자유당 연합의 분열에 편승하여 압도적인 다수 의석을 확보했다. 3기 연임의 위업을 달성한 대처는 부의 균점을 이루기 위해 인두세(人頭稅)를 도입했으나 이것이 국민들의 반발을 사게 되어 사임으로까지 내몰리게 되었다. 또한 유럽 통합에 대한 비타협적인 자세로 당 안팎으로부터 반발을 초래해 1990년 11월 22일자로 사퇴했고, 존 메이저가 그 뒤를 이어 1992년 4월 9일에 실시된 총선에서 승리하여 총리에 취임했다. 그러나 메이저는 계속된 경기 침체와 유럽통합 문제에 대한 당내 갈등으로 극히 저조한 지지를 얻었고 급기야 1997년 5월 1일 실시된 총선에서 기존 의석의 절반 이상을 잃는 참패를 당해 토니 블레어가 이끄는 노동당에 정권을 넘겨주었으나, 2010년 총선에서 승리하여 여당이 되었으며 당수인 데이비드 캐머런(David Cameron)이 총리로 있다. 캐머런은 명문사학인 이튼스쿨과 옥스퍼드대를 졸업하며 정통 엘리트 코스를 밟았다. 보수당 당수 가운데 이튼스쿨 졸업생은 1960년대 알렉 더글라스 이후 처음이다. 집안도 '명문'으로 19~20세기에 걸쳐 보수당 하원의원 세 명을 배출한 집안이다. 또 그는 찰스 왕세자와 그의 아들들과 함께 '메이페어 젠들맨즈 클럽' 회원이기도 하다.

4) 선거

영국에서 총선거는 5년마다 치러지게 되어 있지만 총리가 원하는 경우, 총리의 권한으로 더 일찍 선거를 요구할 수 있다. 21세 이상의 모든 영국 국민, 아일랜드 국민, 영 연방 국민은 법률상 자격을 잃은 경우가 아니면 입후보할 자격이 있다. 자격을 잃은 경우로는 공무원, 군인, 경찰관 등이 포함된다.

영국에서는 총선에서 단순한 다수 득표 원칙, 또는 가장 많은 표를 얻은 사람이 당선된다는 원칙이 적용된다. 즉 각 선거구에서 가장 많은 수의 표를 얻은 입후보자가 당선된다는 것이다. 관례적으로 볼 때 이러한 투표 제도는 주요 정당들에게 유리하게 작용한다.

그러나 1999년 스코틀랜드 의회, 웨일즈 의회, 유럽 의회의 의원을 선출할 때 영국 본토에서 비례 대표제가 처음으로 적용되었다.

총선에서 가장 많은 의석을 얻는 정당, 또는 하원에서 과반수의 지지를 얻는 정당의 지도자가 군주로부터 내각을 구성하라는 요청을 받는다. 그 사람이 총리가 되어 정부의 각료를 선택한다.

5) 지속적인 개혁

영국에서는 현재 헌법 개혁이라는 주요한 계획이 진행되고 있다. 이러한 개혁의 목표는 권력의 분산, 정부의 개방, 의회의 개혁, 개인의 권리의 향상 등이다. 1999년 7월 스코틀랜드 의회와 웨일즈 의회가 구성되어 이 지역들에서 국정을 관장할 권한을 갖게 되었다. 북아일랜드의 여러 지역들 간의 협의가 마무리되면 새로 구성된 북아일랜드 의회도 가동될 예정이다. 현재 정보 자유화 법, 상원의 개혁 등도 추진되고 있다.

03 영연방 & 영국령

영연방 : 이미 언급한 바와 같이 입헌 군주국인 영국 여왕은 다수의 영연방 국가들의 국가 원수이기도 하다. 그러한 국가들에서는 총독(Governor-General)이 여왕의 대표자로 통치하며 총독은 영국 정부와는 독립적으로 해당 국가의 각료들의 조언에 따라 여왕이 임명한다. 영국의 속령에서는 총독이 여왕의 대표자이며 해당 국가를 통치할 책임이 있다.

영연방은 영국을 포함하여 54개 회원국으로 구성된다. 영연방은 여러 국가들의 자발적 연합체이며 거의 대부분 국가들이 과거 영국 영토였지만 지금은 독립국들이다.

회원국들은 앤티구아 바부다, 호주, 보츠와나, 브루네이, 다루살람, 카메룬, 캐나다, 키프로스, 도미니카, 피지, 감비아, 가나, 그레나다, 가이아나, 인도, 자메이카, 케냐, 키리바시, 레소토, 말라위, 말레이시아, 몰디브, 말타, 모리셔스, 모잠비크, 나미비아, 나우루, 뉴질랜드, 나이지리아(일시 보류), 파키스탄, 파푸아 뉴기니, 세인트 키츠 네비스, 세인트루시아, 세인트 빈센트 그레나딘, 사모아, 세이셸, 시에라리온, 싱가포르, 솔로몬 제도, 남아프리카, 스리랑카, 스와질랜드, 탄자니아, 통가, 트리니다드 토바고, 투발루, 우간다, 바누아투, 잠비아, 짐바브웨 등이다. 나우루와 투발루는 2년에 한번 씩 열리는 영연방 국가 원수 회의만 제외하고는 영연방의 모든 회의와 활동에 참여할 자격이 있는 특별 회원국이다. 남아프리카는 33년간 탈퇴 상태에 있다가 1994년에 재가입했다. 나이지리아는 1995년에 열린 국가 원수 회의에서 정치 탄압과 인권 유린 문제로 회원 자격이 보류되었다. 시에라리온은 군사 정권이 영연방 평의회에서 합법적 정부로 인정받지 못하고 있기 때문에 역시 자격이 보류된 상태이다.

〈회원국 간의 협의는 아래와 같은 절차를 통해 이루어진다.〉
- 국가 원수 회의
- 각료와 관리들의 특별 회의
- 고등 판무관이라는 이름의 외교 사절
- 비정부 단체

영국령 : 영국의 해외 영토로는 약 14곳이 있는데 대부분이 상당한 자치권을 갖고 있으며 입법부와 행정 기관을 보유하고 있다. 영국은 이 영토들의 방위와 내부의 보안과 외교 관계에 대한 전반적인 책임을 지고 있다. 영국의 정책은 독립을 원하는 해외 보호령에는 독립성을 부여하고 독립을 원하지 않는 보호령에는 그것을 강요하지 않는 것이다.

영국의 해외 영토들은 앙골라, 버뮤다, 영국의 남극 영토, 영국의 인도양 영토, 브리티시 버진 아일랜드, 케이먼 제도, 포클랜드 군도, 지브롤터, 몬트세라트, 피트케언 제도(듀시, 헨더슨, 에노), 남조지아섬, 남샌드위치 제도, 세인트 헬레나, 세인트 헬레나 보호령들(어센션과 트리스탄다 쿠냐), 터크스 앤드 케이코스 제도 등이다.

홍콩은 1842년에 난징조약 맺은 뒤부터 영국의 식민지가 되어 영국령이었다가 1997년 7월 1일에 중국에 반환되었다.

04 국가(國歌)

    1797년에 제정된 신성 로마 제국의 첫 번째 국가인 'Gott erhalte franz den kaiser(하나님, 프란츠 황제 폐하를 지켜 주소서)' 는 이 노래의 영향을 받았다.
    대한민국에서는 이 곡의 곡조가 찬송가 79장인 《피난처 있으니》로 알려져 있다. 한편 잉글랜드에서는 잉글랜드만을 상징하는 노래로 엘가가 작곡한 Land of Hope and Glory(희망과 영광의 땅)를 부르고 있는데, 이 곡의 가락은 위풍당당 행진곡 제1번에 사용되었다. 이외에 국가에 준하는 노래 《룰 브리타니아》(Rule Britannia)도 있다. 영국령 국가들에서는 농구, 야구, 배구, 미식축구, 핸드볼, 축구 등의 스포츠 경기가 열릴 때는 그들 국가들이 단독으로 만든 국가 (일부는 단독으로 만든 국가가 없는 경우도 있음)를 연주하지만, 평상시에는 그들이 단독으로 만든 국가의 앞에 연주된다. 실제로는 1절과 3절만 부르는 경우가 많다.

1. God save our gracious Queen,

    Long live our noble Queen,

    God save the Queen!
    Send her victorious,
    Happy and glorious,
    Long to reign over us;
    God save the Queen!

2. O Lord our God arise,
    Scatter her enemies
    And make them fall;
    Confound their politics,
    Frustrate their knavish tricks,
    On Thee our hopes we fix,
    God save us all!

3. Thy choicest gifts in store
    On her be pleased to pour;
    Long may she reign;
    May she defend our laws,
    And ever give us cause

    To sing with heart and voice,
    God save the Queen!

1. 하나님, 저희의 자비로우신 여왕 폐하를 지켜 주소서.
   고귀하신 저희의 여왕 폐하 만수무강케 하사,
   하나님, 폐하를 지켜 주소서.
   폐하께 승리와
   복(福)과 영광을 주소서.
   저희 위에 오래도록 군림케 하소서.
   하나님, 여왕 폐하를 지켜 주소서.

2. 오, 지도자이신 주님, 깨어나셔서
   폭군들을 변방으로 흩으사
   패배하도록 하소서.
   적국에 혼란을,
   그들의 간교한 계략에 좌절을,
   당신께 저희의 희망을 거노니
   저희 모두를 보우하소서.

3. 그대의 최상의 선물을
   폐하께 기쁘게 부어주소서.
   폐하를 만수무강하게 하소서!
   폐하께서 우리 법을 수호케 하시길,
   항상 우리가 충심으로 목청껏 찬양할 수 있도록.
   선정을 베풀게 하소서.
   하나님, 여왕 폐하를 지켜 주소서.

05 지리

- 국토 면적 : 243,000km^2
- 남북의 길이 : 남북 간 거리는 1,000km^2 조금 못된다.
- 가장 높은 산 : 높이 1,343m의 스코틀랜드 소재 벤 네비스 산
- 가장 긴 강 : 길이 354km의 세번강[Severn R.] 이 강은 웨일즈에서 발원하여 브리스틀 해협[Bristol Channel]으로 흘러 들어간다.
- 유럽 본토와 가장 가까운 지점 : 켄트의 도버. 이 지점에서 영국과 프랑스 사이의 영국 해협의 거리는 38km이다. 영국과 프랑스를 잇는 채널 터널은 길이 50km가 조금 넘는다.
- 지형 : 남부와 동부는 주로 저지대의 농경지이다. 북부는 인구 밀도가 보다 낮고 남부와 동부 보다 산이 더 많다.

영국 국토의 동서의 연장은 500km, 남북의 연장은 1,000km이다. 영국과 가장 가까운 유럽 본토의 국가들은 프랑스와 벨기에다. 영국은 북위 50도와 60도 사이에 위치하고 있다. 수도인 런던은 베를린, 밴쿠버, 바르샤바와 동일한 위도 선상에 위치하고 있다.

그레이트 브리튼(Great Britain) 섬은 유럽 최대의 섬인 동시에 세계에서 여덟 번째로 큰 섬이다. 이 섬은 일본열도에서 가장 큰 섬인 혼슈와 거의 동일한 크기이고 아이슬란드나 쿠바의 두 배 크기이다.

06 기후

영국은 동시베리아와 같은 정도로 북극에 가까이 위치하고 있지만 기후는 동시베리아보다 더 온화하다. 영국의 기후가 변덕스럽기는 하지만 기온이 섭씨 영하 10도 이하로 내려가거나 섭씨 32도 이상으로 올라가는 경우는 거의 없다. 강수량은 연중 고르게 분포되어 있다. 강수량이 가장 많은 지역은 서부와 북부와 산악 지대이다.

영국은 인구 밀도가 높은 공업국이지만 농경지가 많고 잉글랜드의 약 15.6%가 국립공원들이나 자연 보존 지역들이다. 웨일즈, 스코틀랜드, 북아일랜드 등의 국립공원들이나 자연 보존 지역들의 비율은 각각 영토의 4%, 13%, 20%이다.

영국은 한국보다 약 1,400km 북쪽에 위치하고 있지만 바다로 둘러싸여 기후가 온화하다. 대서양에서 불어오는 남서풍 때문에 비가 많고 날씨가 자주 변한다.

06 역사

1) 역사적 개요

'영국'(Britain)이라는 단어는 그리스어와 라틴어 이름에서 유래한 것으로 이 단어 역시 처음에는 켈트어에서 유래한 것이다. 선사시대의 역사에서 볼 때 켈트(Celt)족은 영국 제도(諸島)에 비교적 나중에 도착한 민족이었지만 켈트족의 도착과 함께 영국은 비로소 유사 시대를 맞게 된다. '켈틱(Celtic)'이라는 단어는 켈트족보다 더 늦게 영국 제도에 침입한 앵글로색슨족과 그 전에 영국 제도에 살고 있었던 주민들을 구분하기 위해 일반적으로 흔히 사용되고 있다.

BC 55년과 54년, 줄리어스 시저가 영국에 두 번 원정을 온 이후 영국과 로마 제국의 접촉이 빈번해지다가 마침내 AD 43년 로마군의 침입을 받게 되었다. 약 409년까지 지속된 로마의 지배 기간 동안 로마는 잉글랜드 남동부로부터 점차 세력을 확장해서 웨일즈까지 미치게 되었고 한 때는 잉글랜드 저지 지방에까지 미치기도 했다.

2) 잉글랜드

로마군이 마침내 영국에서 철수했을 때 앵글족(Angles), 색슨족

(Saxons), 주트족(Jutes, 현재의 독일 북서부에서 온 부족들)이 잉글랜드의 저지 지방을 침입해서 그곳에 정착했다. 잉글랜드란 명칭은 앵글족의 이름에서 따온 것이다. 처음에는 앵글로색슨족의 작은 왕국들이 다수 건국되어 있었지만 시간이 가면서 그 왕국들이 서로 병합되어 왕국들의 수는 적지만 각 국가가 넓은 영토를 보유하게 되었다.

결국에는 남부에 있는 웨섹스(Wessex) 왕국이 지배적 왕국이 되었다. 그렇게 된 주된 이유는 이 왕국이 9세기에 바이킹족의 침입을 격퇴하는 데 주도적 역할을 수행했기 때문이다. 924년부터 939년까지 이 왕국의 왕이었던 에셀스탄은 '전(全) 브리튼의 왕'이라는 칭호를 사용했고 954년부터는 잉글랜드에는 웨섹스 왕국 한 국가만이 존재하게 되었다.

1066년 마지막으로 외부의 군대가 잉글랜드를 침입해 성공을 거둔 사건이 일어났다. 노르망디(Normandy)공 윌리엄이 헤이스팅스 전투에서 잉글랜드군을 격퇴하고 윌리엄 1세로 등극했다. 그는 '정복왕 윌리엄(William the Conqueror)'으로 알려져 있다. 그에 따라 프랑스로부터 많은 노르만인들과 다른 부족들이 영국에 건너와 정착하게 되었다. 그 후 3세기 동안 프랑스어가 지배 계급의 공용어가 되었고 사법 구조와 사회 구조도 영국 해협 너머에서 시행되고 있는 구조들의 영향을 받았다.

원래 앙주 출신인 헨리 2세의 치세(治世) (1154년~89년)에는 그의 '앙즈뱅'('앙주 왕가'라는 뜻) 제국은 스코틀랜드 국경의 트위드강[Tweed R.]에서 프랑스 영토의 대부분과 피레네산맥에 이르는 영토를 포괄하고 있었다. 그러나 영국 왕이 프랑스에 보유하고 있었던 영토의 대부분은 중세 시대 후반에 소실되었다.

1215년 남작들이 집단을 이루어 존 왕의 자의적인 행동에 대한 보장책으로 자유 헌장의 제정(制定)을 요구했다. 반군이 런던을 점령하자 왕은 협상에 동의했다. 그는 마침내 그들의 요구 사항을 허락하는 문서에 봉인을 찍었고 그 결과로 나온 왕의 공식 칙허장(勅許狀)은 마그나 카르

타라고 알려지게 되었다. 이 헌장에서는 "우리는 권리나 정의를 그 누구에게도 팔지 않고 그 누구에게도 그것을 거절하지 않고 그것을 지연시키지도 않는다"라는 조항도 약속되어 있다. 이 헌장은 왕의 권력을 제한할 수 있다는 중요한 헌법적 원칙을 확립한 것이다.

1642년 잉글랜드에서 발발해서 마침내 찰스 1세의 체포와 처형에까지 이르렀던 내전(찰스 1세와 의회와의 분쟁)은 군주와 의회 사이의 세력 균형에 지속적인 변화를 초래하게 되었다. 이 시기의 주요한 정치가는 올리버 크롬웰[Oliver Cromwell](1599~1658)이었다. 그는 찰스 2세가 등극하여 왕정을 복고할 때까지의 공석 기간 중 1653년부터 사망할 때까지 호민관(Lord Protector, 護民官)[1]으로서 의회와 국책 회의와 연계하여 최고의 입법 행정적 권한을 누렸다. 의회의 개혁은 18세기와 19세기에 거듭 거론된 쟁점이었다. '1832 개혁법'에 따라 낡은 의회 제도를 벗어버리고 참정권을 확대하는 과정이 시작되었다.

한편 1867년과 1884년의 '개혁법'들은 선거권을 점차 더 광범위한 인구에게까지 확대해 주었다. 20세기에는 '국민 대표법'이 입법되어 선거권을 갖는 인구의 폭이 더욱 더 확대되었다. 1918년에는 30세 이상의 여성들이 선거권을 부여받았고 1928년에는 '동등 선거법'의 입법으로 여성의 투표 연령이 21세로 낮아졌다. 자격을 갖춘 18세 이상의 모든 국민들에게 주어지는 보통 선거권은 1969년에 부여되었다.

3) 북아일랜드

잉글랜드의 헨리 2세는 1169년 아일랜드를 침공하여 잉글랜드 출신

---

[1] 1653~1659년에 존재한 영국 혁명정권의 최고행정관. 입법권, 행정권, 관리임명권·군사권·외교권 등도 가지며, 임명은 세습에 따르지 않고 선거로 이루어진다고 하였다. O.크롬웰이 초대에 취임하여 사실상 독재에 가까운 권력을 휘둘렀다.

의 교황 아드리아누스 4세에 의해 아일랜드의 대군주로 임명되었다. 아드리아누스 4세는 아일랜드 교회가 로마에 완전히 복종하기를 원했기 때문이다. 중세 시대 동안 노르만계 영국인 귀족들이 이 나라의 일부를 지배했지만 잉글랜드에서 직접적 지배력을 행사한 경우는 거의 없었다.

튜더 왕조의 군주들은 아일랜드의 내정에 그보다 훨씬 더 깊이 관여하는 경향이 있었고 엘리자베스 1세 여왕 치세에는 이곳의 반란을 진압하려는 몇 번의 시도도 있었다. 북부 지방인 얼스터는 특히 소요가 잦은 곳이었지만 1607년 반군 지도자들이 패배를 당하고 도주한 후에는 스코틀랜드와 잉글랜드의 신교도 이주민들이 그곳에 건너가 정착하게 되었다.

찰스 1세와 의회와의 투쟁이었던 잉글랜드의 내전이 일어났던 1642년부터 1651년까지의 시기에는 아일랜드에서도 또 다시 반란이 일어났던 시기이기도 했다. 그러나 올리버 크롬웰이 이 반란을 진압했다. 1688년 가톨릭 교도였던 제임스 2세를 잉글랜드의 왕좌에서 몰아낸 후에는 더 많은 투쟁이 일어났다. 보인 전투(1690년)에서 신교도였던 오렌지공(公) 윌리엄(후에 윌리엄 3세)이, 아일랜드에 있는 권력 기반을 이용해 잉글랜드의 왕좌를 탈환하려던 제임스 2세의 군대를 물리쳤다.

1782년에는 런던의 정부가 아일랜드 의회에 아일랜드 문제에 대한 입법권을 부여해 주었다. 그러나 이 아일랜드 의회는 소수 집단인 잉글랜드 출신의 아일랜드 인들만을 대표하고 있었다. 1798년 울프 톤의 연합 아일랜드인 운동(Society of United Irishmen)이 일으킨 반란이 실패한 후에는 영국이 1800년의 '연합법'에 따라 아일랜드에 대한 지배권을 되찾았다. 아일랜드 의회는 1801년 폐지되었고 아일랜드의 권익은 영국 의회의 상원과 하원 의원들이 대표하게 되었다.

'아일랜드 자치'의 문제는 영국의 정치에서 주요한 쟁점들 중 하나로 남아있었다. 1910년 런던의 진보당 정부는 정치적 생존을 위해 아일랜드 의회당의 지지에 의존하게 되었다. 아일랜드의 몇몇 연합주의자들과 민족주의자들이 사적인 군대를 편성함에 따라 갈등이 심화되었다. 1914년 '아일랜드 정부법'에서 아일랜드 자치가 승인되었지만 1차 세계대전 때문에 그 시행이 잠시 보류되었다.

1916년 더블린에서는 민족주의자들이 일으킨 반란이 진압되었고 주모자들은 처형을 당했다. 그로부터 2년 후 민족주의를 표방하는 신페인(Sinn Fain)당이 총선에서 아일랜드 의석의 대다수를 얻어 영국 의회에 진출하게 되었다. 이 당의 의원들은 영국 하원에 출석하기를 거부하고 그 대신 더블린에 자신들의 의회인 돌 에런을 결성했다. 1919년에는 아일랜드 공화군(IRA)이 영국의 지배에 대항해서 작전을 개시했다.

1920년에는 '신아일랜드 정부법'의 입법으로 북아일랜드와 남부 아일랜드에 각각 별도의 의회를 두고 그 의회들이 영국 의회에 종속되게 하였다. 이 법은 1921년 북아일랜드에서 시행되었고 그에 따라 얼스터 지방의 9개 주(州) 가운데 6개 주에 자체의 의회가 설립되어 내정을 처리할 권한을 부여받게 되었다.

그러나 이 법은 남부 아일랜드에서는 받아들여지지 않았기 때문에 1922년 마침내 남부 아일랜드의 26개 주가 영국에서 독립하게 되었다. 1921년부터 1972년까지 북아일랜드는 자체의 의회를 가지고 있었다.

이 의회는 주로 신교도 사회를 대표하는 연합주의자들이 항구적으로 다수 의석을 확보하고 있으면서 지역 정부를 형성하고 있었다. 소수 집단인 민족주의자들은 사실상 정치적 지위와 영향력에서 배제되었다.

1960년대 말과 1970년대 초에는 민권 운동과 그에 대한 반발로 공동체간의 심각한 폭동이 초래되었고 그 결과 1969년에는 북아일랜드 경찰이 법과 질서를 유지하도록 지원하기 위해 영국군이 파병되기도 했다.

테러와 폭력이 극에 달했던 1972년 영국 정부는 법과 질서를 유지할 직접적 책임을 되찾기로 결정했다. 북아일랜드 연합주의 정부는 그에 대한 항의로 사임했고 지역 정부가 폐지되었으며 영국 의회의 직접적 지배가 시작되었다. 이러한 체제는 1999년 12월 양도되었던 권한이 북 아일랜드 의회로 다시 이양될 때까지 지속되었다.

4) 스코틀랜드

스코틀랜드(영어·스코트어: Scotland, 스코틀랜드게일어: Alba 알바, 문화어: 스코트런드)는 유럽의 북서쪽에 위치하며 영국을 이루는 4나라(스코틀랜드, 잉글랜드, 북아일랜드, 웨일스) 중의 하나이다. 그레이트브리튼 섬의 북쪽 1/3을 차지하며 남쪽으로는 잉글랜드와 마주하고 있고, 동쪽에는 북해에 면해있으며, 북쪽과 서쪽은 대서양에 면해있다. 또한, 남서쪽은 노스해협과 아일랜드 해를 면하고 있다.

스코틀랜드 왕국은 1706년 12월 31일까지는 독립 왕국이었으나 1707년 연합법으로 잉글랜드 왕국과 연합왕국을 이루어 그레이트브리튼 왕국이 되었다. 특이하게도 스코틀랜드는 설날이 1월 1일이 아니라 1월 2일이다.

현재의 스코틀랜드에 인간이 처음 정착했다는 증거는 BC 3000년경으로 거슬러 올라간다. 로마군이 영국을 침공했을 무렵에는 이 지역에 많은 종족들이 살고 있었다. 로마군은 이들을 지배하려고 여러 번 시도했지만 스코틀랜드의 대부분의 지역에까지 그 지배를 항구적으로 확대할 수 있었던 적은 한 번도 없었다. 6세기에는 아일랜드에서 온 켈트족인 스코트족이 그레이트 브리튼 섬의 북서 해안 지방에 정착함으로써 오늘날의 스코틀랜드 지방에 그 이름을 부여해주었다.

잉글랜드 왕국과 스코틀랜드 왕국은 중세 시대 동안 자주 전쟁을 했다. 잉글랜드의 에드워드 1세가 1296년 스코틀랜드를 직접 지배하려고 했을 때 스코틀랜드 독립을 위한 반란이 일어났고 이것은 영국의 에드워드 3세가 반군의 지도자인 로버트 더 브루스를 스코틀랜드의 로버트 1세로 인정한 1328년에야 비로소 끝이 났다.

한 번도 결혼한 적이 없고 자녀도 없었던 잉글랜드의 엘리자베스 1세 여왕의 후계자로 1603년 가장 가까운 상속권자인 스코틀랜드의 제임스 1세 왕이 즉위했다. 그가 잉글랜드의 제임스 1세가 됨으로써 잉글랜드의 왕좌와 스코틀랜드의 왕좌가 그 한 사람을 통해 통합되었다.

1745년 찰스 에드워드 스튜어트('아름다운 찰스 왕자', 또는 '왕위를 요구하는 젊은이'라고도 알려짐)가 스튜어트 왕가를 위해 영국의 왕조를 재탈환하려는 시도를 했다. 헤브리디즈 제도에 상륙한 그는 프레스톤팬스에서 정부군을 무찌르고 에딘버러를 향해 진격해갔다. 그는 잉글랜드를 향해 남쪽으로 진격하면서 칼라일을 점령했지만 더비에서 퇴각을 당하고 마침내 1746년 4월 인버네스의 북동쪽에 있는 쿨로덴의 전투(Culloden Battle)에서 패했다.

정치적으로 잉글랜드와 스코틀랜드는 1650년대에 올리버 크롬웰의 강요에 의한 연합 시기를 제외하고는 17세기 동안에는 분리되어 있었다. 1707년에야 비로소 영국 의회와 스코틀랜드 의회가 그레이트 브리튼 단일 의회로 런던의 영국 의회에서 의사를 진행시키기로 합의했다.

그로부터 약 300년 후인 1999년 7월 권한이양에 의해 스코틀랜드 내정을 집행하는 권한이 새로 설립된 스코틀랜드 의회로 반환되었다. 스코틀랜드 의회는 일정범위 안에서 소득세율 변경을 할 수 있고, 복지정책이나 수렵 규제에 관해서 영국내의 다른 지역과 다른 법령을 제정할 수 있는 권한이 주어졌고 실제로 이를 행사하였다. 마약억제 및 이민규제 등 전국적으로 관리되어야 할 필요가 있는 사안에 대해서는 계속해서 웨스트민스터에 있는 영국의회에서 주도적으로 권한을 행사한다.

5) 웨일즈

웨일즈는 로마군이 영국을 떠난 후부터 잉글랜드의 영향 아래 군주가 다스리는 켈트족의 본거지로 남아 있었다. 1282년 에드워드 1세는 웨일즈를 잉글랜드의 지배 아래 종속시켰고 그가 웨일즈 북부에 세운 성들은 영국에서 가장 훌륭한 역사적 기념물들로 아직도 남아 있다. 에드워드 1세의 맏아들인 후의 에드워드 2세가 1284년 케어나폰에서 출생했는데 그는 1301년 제1대 영국 웨일즈공(公)으로 봉해졌다. 그때부터 재위 군주의 맏아들은 웨일즈공이라는 칭호를 갖게 되었고 찰스 왕세자는 1969년 웨일즈공으로 봉해졌다.

15세기 초 잉글랜드의 부당한 법과 정치에 대한 웨일즈인들의 분노와 만연된 경제적 불만의 결과 민족주의적 지도자인 오웨인 글린드 워가 잉글랜드에 대한 반란을 주도했지만 실패에 그쳤다. 1485년부터 1603년까지는 웨일즈인을 선조로 하는 튜더 왕조가 잉글랜드를 지배했다. '연합법'(1536년과 1542년에 제정)에 따라 잉글랜드와 웨일즈가 행정적, 정치적, 법적으로 통합된 것은 바로 이 시기 동안이었다.

이러한 상황은 권한 이양에 의해 웨일즈 국민 의회가 웨일즈 특유의 필요에 따른 이차적 입법을 할 수 있는 특정한 권한을 부여받은 1999년 7월까지 계속되었다.

6) 해협제도와 맨 섬(Isle of Man)

해협 제도(저지, 건지, 앨더니, 사크 등의 섬들이 이 제도의 섬들 중 큰 섬들이다)는 10세기와 11세기에는 노르망디 공국의 일부였는데 1204년 프랑스에 노르망디 본토를 빼앗긴 후부터는 잉글랜드에 속하게 되었다. 맨 섬(잉글랜드와 아일랜드 사이의 아이리시해(海) 중앙에 위치한 섬)은 1266년까지는 노르웨이의 명목상의 지배를 받고 있다가 1765년 영국이 이곳을 7만 파운드에 구입함으로써 마침내 영국의 직접적 관리를 받게 되었다.

1,000여 년 전에 설립된 맨섬의 의회인 틴월드는 세계에서 지속적으

로 존재해 온 가장 오래된 입법부이다. 오늘날 이 영토들은 그들 자체의 입법 의회와 사법 제도와 자체의 과세 제도를 보유하고 있다. 영국 정부는 이 영토들의 국제관계와 방위만을 책임지고 있다.

영국은 유럽 연합의 15개 회원국들 중 하나이지만 해협 제도와 맨섬은 그들 자체로는 EU의 회원국도 아니고 영국의 회원국도 아니다. 광범위하게 말하면 상품의 자유로운 이동에 관한 EU의 명령과 EU의 공동 농업 정책은 해협 제도에도 적용이 되지만 서비스나 개인의 자유로운 이동에 관한 명령은 적용되지 않는다. 해협 제도의 주민들은 그들이 영국과 긴밀한 관계가 있는 경우에만 개인의 자유로운 이동에 관한 규정이 주는 혜택을 입을 수 있다.

▶ 맨섬의 길이는 약 50km이며, 면적은 572km², 인구는 7만 4261명(2003)이다. 고대에는 모나피아섬이라고 불렸다. 남서쪽에서 북동방향으로 마름모꼴을 이루며 뻗어 있다. 캄브리아기의 점판암·사암으로 이루어진 산지가 중앙에 가로놓여 있는데, 빙식(氷蝕)으로 경사가 완만하며 최고봉이 620m이다. 온난한 기후를 이용하여 북부와 남부의 평지에서는 낙농과 함께 보리·귀리·감자를 재배하며 산지에서는 양치기가 이루어진다.

해안의 경관이 훌륭해서 휴양객이 많으며 관광이 중요한 산업이 되어 있다. 맹크스 트위드 등의 경공업도 볼 수 있는데, 납·구리 채굴과 청어잡이 어업은 쇠퇴하였다. 신석기시대부터의 유적이 많으며, 9세기에 바이킹의 침입을 받아 현재까지도 지명이나 의회제도에 스칸디나비아의 영향이 남아 있다.

1266년에 종주권이 노르웨이로부터 스코틀랜드에 매각되었고, 에드워드 3세 이후부터 잉글랜드에 속하여 솔즈버리백작·스탠리가(家)·아소르공(公)이 차례로 통치하였다.

1765년부터 왕실 부속지에 편입되었으나 정치적으로는 영국으로부터 독립하여 독자적인 법률·의회를 가지며, 켈트계 맹크스어(語)도 의식에서 사용한다.

08 종교

1) 영국의 종교적 분포

영국은 모든 사람이 종교의 자유를 누릴 권리를 가진 다종교 사회이다. 종교 단체나 집단은 종교적 의식을 집전하고 법의 한계 내에서 자신들의 신앙을 전파하고 자산을 소유하며 학교를 운영하고 그 밖의 다양한 자선 활동을 수행할 수가 있다. 영국의 주된 종교는 기독교이지만 세계의 종교들 대부분이 이곳에서 신봉되고 있다.

영국에는 힌두교, 유대교, 이슬람교, 시크교를 믿는 대규모의 공동체들이 있고 바하이교, 불교, 자이나교, 조로아스터교를 믿는 소규모의 공동체들도 있으며 신흥 종교들의 추종자들도 있다. 반면에 종교를 가지지 않는 사람들도 많고 모든 형태의 종교적 신앙을 거부하는 사람들도 있다. 영국인의 종교 분포는 다음과 같다.

종 교	(%)
영국 국교/성공회	29
개신교	14
가톨릭	11
기타 종교	4
없음	41
답변 거부/답변 않음	1

2) 영국의 종교적 전통과 기독교

흔히 '공동체에 속함'과 '능동적 참여'에 대한 구분을 하고 있다. 전자는 가장 넓은 의미에서 어떤 종교나 종교적 윤리와 동일시되는 것을 의미하고 후자는 그보다 훨씬 긴밀한 관계를 의미한다. 영국에는 종교 단체에 능동적으로 소속되어 있는 성인의 수가 790만 명에 이른다고 추산된다. 위기를 맞았을 때나 출생, 결혼, 사망 등의 인생의 중요한 행사 때만 공식적 종교 의식에 참여하는 사람들도 많다.

위의 표를 통해 영국민의 종교적 정체성에 대한 개요를 어느 정도 알 수가 있는데, 이 표를 보면 인구의 절반을 조금 넘는 비율(54%)이 자신들을 기독교도라고 생각하고 있고 41%가 자신들이 어떤 종교에도 속해있지 않다고 생각하는 것을 알 수 있다.

▶영국에서는 두 교파의 교회가 법적으로 공식적인 교회들로 인정받고 있다. 하나는 영국의 영국 국교회(Church of England)이고 다른 하나는 스코틀랜드의 장로교회(Church of Scotland)를 말한다. 그 밖에 웨일스 교회, 스코틀랜드 성공회, 아일랜드 교회가 있다. 또 공식적인 교회는 아니지만 감리교, 침례교, 통합 개혁주의교회 등도 있다. 이들 가운데 감리교가 영향력이 크며 다른 개신교들로는 오순절교회 뿐만 아니라 유니테리언파(유일교파)도 있다. 주일이 되면 영국 국교회에 참석하는 교인들은 대략 110만 명 정도가 된다. 대부분의 영국 사람들은 그들 자신이 영국 국교회에 속한다고 믿지만, 주일 예배에 참석하지 않는 경우도 많은 것이 사실이다.

▶영국 기독교 쇠퇴의 원인은 1800년대부터 시작된 산업화로 인해 야기된 세속화라는 것이 전통적인 견해다. 그런데 기독교의 몰락을 초래한

세속화는 1800년대가 아닌 1960년대에 시작됐다는 새로운 학설이 제기됐다. 브라운 박사(Callum G. Brown)[1]에 따르면, 여성들이 교회와 가정의 주체가 됐던 1800년부터 1960년대까지의 영국 기독교는 그 여성성으로 인해 건강한 기독교였으나 1960년대 이후 성적인 개방과 함께 여성성이 급격히 무너지며 기독교 역시 쇠퇴하게 됐다는 것이다.

상기 책에 대한 전성용 교수(서울신학대학교 신학대학원장)의 서평[2]에서 다음과 같이 주장하고 있다.

> "문득 필자가 영국에서 보았던 수많은 'For Sale' 간판이 걸려있었던 영국의 교회당의 모습들이 떠오른다. 아직도 교회의 종탑이 높이 서 있는 교회당 건물들이 호텔이 되고 댄스홀이 되고 하숙집이 되고 심지어 마호메트교의 교회당으로 바뀌고 있는 영국교회의 현실을 이렇게 한마디로 요약하고 있는 이 책의 제목은 잔인하게 느껴지기조차 한다. 그러나 이것은 부인할 수 없는 현실이다. 교인의 감소와 함께 유지가 불가능한 교회를 통합하고 나머지 교회당은 매각하여 교단의 재정을 유지하고 있는 현실을 필자는 직접 목격하고 이 현상의 끝에 대하여 이미 희미하게 느끼고 있었기 때문이다. 저자는 이러한 현실을 종교 사회학적으로 그리고 역사적으로 분석하였다. 그리고 이 현실의 원인을 '세속화'라고 하는 하나의 단어 안에 압축하였다. 먼저 이 책에서는 통계를 이용하여 지난 40년간의 영국 기독교의 변화된 현실을 적시하고 있다. 1995년 현재 65%의 영국인이 기독교인이라고 답하고 있으나 전 국민의 8%미만이 주일예배에 참석하고 있다. 잉글랜드의 어떤 지방은 3%의 주민만이 정기적으로 예배에 출석한다. 25% 미만이 교회에 등록하며 10% 미만의 어린이들이 교회학교에 출석한다. 50%미만이 교회에서 결혼식을 행하며 1/3이 결혼하지 않고

---

1) http://www.christiantoday.co.kr/view.htm?id=150309 전성용. 영국기독교, 여성성쇠퇴로 몰락.
2) Callùm Brown., 2001. The Death of Christian Britain: Understanding secularisation 1800-2000. London and New York, Routledge.

동거하고 있다. 20%만이 유아세례를 받고 있으며 90%이상이 교회에 가지 않는다. 이 책의 저자는 이러한 현실을 가리켜서 영국 기독교의 죽음이라고 표현하고 있는 것이다. 필자가 영국에 있을 때 들은 바에 의하면 2차 세계대전 기간에 독일의 비행기가 영국을 폭격하였을 때는 전 국민의 60%가 예배에 출석하였다고 하는데 그것과 비교하면 50년이 지난 후 영국교회가 어떻게 쇠퇴하였는가 하는 것은 너무나도 드라마틱하다. 저자는 계속해서 1900년도에 85%의 잉글랜드와 웨일즈 주민 및 94%의 스코틀랜드 주민들이 교회당에서 결혼식을 하였으며 1957년에는 72%의 잉글랜드인과 웨일즈인 및 83%의 스코틀랜드인이 교회당에서 결혼식을 하였는데 1997년에는 39%의 잉글랜드와 웨일즈인 및 55%의 스코틀랜드인만이 교회당에서 결혼식을 올리고 있다고 보고하고 있다. 기독교의 쇠퇴의 원인은 무엇인가? 저자는 한마디로 세속화(secularization)라고 규정한다. 18세기에 영국에서 일어났던 존 웨슬리의 부흥운동이 영국의 감리교회를 탄생시키고 미국으로 건너가서 19세기 미국의 대 부흥운동을 일으켰으며 20세기 오순절 운동을 일으킨 영적 뿌리가 되었던 것을 생각할 때 우리가 영국의 기독교의 쇠퇴에 대해서 안타까워하면서도 결코 좌절하거나 포기할 수 없는 것은 교회의 부흥은 하나님의 성령의 역사(work)의 산물이라고 하는 것을 잘 알고 있기 때문이다. 사회학과 역사학을 초월하시는 하나님의 은혜의 역사(work)안으로 사로잡힌다면 영국교회는 또다시 불같이 타오를 수 있을 것이다. 그렇지 않다면 그것은 예수님의 재림의 임박성을 증거하는 징표가 될 것이다."

09 주거문화

1) 거주하는 주택의 유형별로 본 가구

건축되는 주택의 유형은 지난 세기 동안 변화를 거듭해 왔다. 1차 세계 대전 전에는 테라스 하우스(연립 주택)가 일반적이어서 현존하는 연립 주택들의 3분의 1은 1919년 이전에 건축된 것들이다. 1919년부터 1944년까지는 두 가구 연립 주택(두 가구의 한쪽 벽이 서로 붙어있는 형태의 주택)의 수가 증가했다. 1965년 이후에는 민간 부문이 더 많은 단독 주택들을 짓기 시작한 반면 공공 부문에서는 특정 목적을 위한 다수의 플랫(flat)식 주택(각층에 한 가구가 살게 만든 아파트)이 공급되었다.

2) 주택의 구조

단독주택을 'Detached House' 또는 그냥 'House'라고 부른다. 옆집과 떨어져 있고 보통 나무 담장으로 감추어진 뒤뜰을 가지고 있다. 그 다음이 'Semi-detached House'인데 두 집이 붙어 있다. 어떻게 보면 집 한 채를 두 채로 나누어 놓은 것처럼 보이지만 처음부터 똑같은 형태의 집 두 채를 붙여 지은 것이다. 집 여러 채가 일렬로 붙어 있는 것이 있는데 이것이 테라스 하우스이다. 테라스 형태에서 가운데 있는 집은 바깥쪽에 있는 집보다 다소 값이 싸다.

이 세 가지 형태의 주택은 모두 이층집이 기본인데 일층에는 거실과 부엌, 이층에 침실이 있는 것이 기본형이다. 일층만으로 된 집이 있는데 이를 방갈로(bungalow)라고 부른다. 노인용 주택 등에서 간혹 볼 수 있다.

우리나라의 아파트에 해당하는 것이 '플랫(flat)'인데, 규모에 관계없이 우리의 고층 아파트에서부터 소규모 연립 주택까지 모두 같은 이름으로 부른다. 'flat'이라고 부르는 이유에는 두 가지 설이 있는데 하나는 지붕이 평평하기 때문이라는 것이고 다른 것은 이층집이 일반적인 영국 주택 형태에 빗대어 아파트는 내부가 단층으로 평평하므로 flat으로 부른다는 설이다. flat은 일반적으로 서민주택, 공공 임대 주택이 많다.

주택의 형태별로 영국민들이 거주하는 비율을 보면 아래와 같다.

(1) 두 가구 연립 주택 31%
(2) 테라스 하우스 28%
(3) 단독 주택 21%
(4) 특정 목적을 위한 플랫식 주택 또는 상하층 공용 복식 아파트 15%
(5) 기타 4%

10 음식

1) 영국 음식문화의 특징

• 영국식 아침식사는 푸짐하다. 영국은 하루에 아침과 오후의 티타임을 매우 중시하는 나라이다. 대륙식 아침식사는 커피와 빵 종류로만 때우는데 비해 영국식 아침식사에는 과일주스, 시리얼, 베이컨과 달걀 혹은 소시지와 달걀프라이, 훈제 청어와 토마토 등 매우 실속 있는 상을 차려먹는다. 그로부터 'English breakfast' 라는 말이 유래된다.

• 빵은 베이킹파우더로 부풀린다. 영국의 빵은 주로 베이킹 소다를 이용하여 부풀림으로 공정이 간단하다. 그래서 영국에서는 빵이나 케이크, 쿠키, 크래커 등을 통칭하여 '비스킷' 이라는 단어를 쓴다.

• 감자가 많이 생산되어 다양한 감자 요리가 개발되었다. 기후가 적합하지 않아 프랑스나 남유럽의 여러 나라처럼 달고 맛있는 과일은 별로 생산되지 않는다. 오히려 서늘한 기후로 인하여 감자농사가 발달하였으며 감자는 스튜와 파이(shepherd's or sottage pie), 팬케이크, 튀김, 으깬 감자 등 다양하게 이용되었다.

• 자연스러움을 강조하는 조리방식을 사용한다. '자연스러움' 을 강조하여 음식자체의 맛과 향을 중요시하므로 남부 이하의 유럽 여러 나라들에서와 같이 향신료를 많이 쓰지 않는다. 육류는 알맞게 잘라 가볍게 양념

을 한 후 주로 굽거나 지져서 조리하며 우스터 소스(woscesteshire sauce : 앤쵸비, 식초, 간장, 마늘, 각종 향신료를 섞어 만듦)를 고기 위에 뿌려 먹는다.

• 후식은 타르트 푸딩으로 한다. 과일로 만든 타르트 푸딩을 먹는다. 후식에 사용되는 음식들은 다과용으로도 이용될 수 있다. Frifle이라는 포도주나 브랜디로 촉촉하게 적신 케이크 위에 커스터드 크림, 라즈베리 잼이나 초콜릿, 거품 낸 크림 등을 얹어 만든 후식이나 콘월(Cornwall) 지방이 원조이며 고기, 양파, 감자, 경우에 따라 과일까지 속으로 채워넣어 따뜻하게 먹는 코니쉬 페이스트리(cornish pastry) 등이 있다.

• 커피보다 차를 즐긴다. 영국 음식문화의 특징 한 가지는 차 문화이다. 오후 4시에 하던 일을 모두 그만두고 30분 정도를 tea break로 철저히 지켜나가는 관습으로 보아 차는 영국인들의 음식문화에서 빼놓을 수 없는 요소이다. 영국의 차 문화가 번성하게 된 요인 중의 하나는 식민지로 통치하던 인도의 역할이 크다. 영국에서 주로 마시는 차는 인도산 차와 실론차이다. 상류 계층에서는 고급의 중국산 차를 마시는 경우도 잇지만 대개 아삼, 다아질링, 닐기리 등의 인도산 차를 주로 마신다. 영국인은 홍차를 많이 마신다고 알려져 있는데 3잔 이상을 마실 경우 심장병과 암을 예방하는 효과가 있다고 한다.

2) 하루에 6번의 티타임

영국인들은 아침 5시에 주로 남편이 끓여다 주는 'early morning tea'로 차 마시는 습관을 시작하여 오전 11시경과 점심 직후, 오후 3~4시에 'afternoon tea'를, 5시경에 'high tea'를 그리고 저녁시간, 이렇게 하루에 대개 6번의 차를 마신다. 식간에 마시는 차는 대개 샌드위치나 파이류, 케이크 등을 곁들이거나 잼이나 버터를 바른 토스트, 머핀, 스콘 등을 곁들인다. High tea는 대개 육류와 함께 제공되며 저녁에 일찍 재우는 10살 이전의 어린아이들에게는 이것이 저녁식사가 된다. 어른들은 어린이들을 재우고 좀 더 늦게 어른들끼리 조용히 식사를 즐긴다.

Fish and chips

3) 대표적인 음식

로스트비프와 요크셔 푸딩 : 로스트비프는 쇠고기의 큰 덩어리를 통째로 구운 것으로 가장 간단하고 꾸밈이 적은 요리라 할 수 있다. 영국에서 로스트비프에는 흔히 요크셔 푸딩(yorkshire pudding)을 곁들인다. 요크셔푸딩은 밀가루, 달걀, 우유를 혼합하여 반죽하고 로스트비프를 하고 난 뒤 흘러내린 육즙의 기름을 부어 구워낸 푸딩이다.

소설 〈다빈치 코드〉에 등장하는 레이 티빙 경은 영국의 음식 맛이 대륙보다 형편없다고 표현한다. 맞는 말이다. 화려한 음식 종류와 맛을 자랑하는 프랑스나 이탈리아에 비해 영국은 음식 쪽으로는 크게 내세울게 없는 나라일 수 있다. 영국의 음식문화를 말할 때 대표적인 것이 피쉬 앤 칩스(Fish and Chips)다. 피쉬 앤 칩스 요리의 주재료는 생선(보통 대구살)과 감자튀김이다. 피쉬 앤 칩스는 밀가루를 묻혀 튀긴 흰살 생선에 길게 썬 감자튀김을 곁들인 음식이다.

여기서 주의해야 할 것은 영국에서 chips라고 하면 미국에서 말하는 French Fried를 이야기 한다. 포테이토칩은 crisps라고 한다. 그래서 Fish N' chips는 생선튀김에 감자튀김을 곁들인 요리라고 할 수 있다.

4) 식사예절

- 영국에서는 식사를 할 때 절대로 소리를 내지 않는다.
- 영국의 식탁에서는 트림도 해서는 안 된다.
- 영국에서는 음식이 늦게 나온다고 불평을 하지 않는다. 영국인들은 느긋하게 기다릴 줄 아는 여유로움이 있어 음식이 나올 때까지 느긋하게 기다린다.
- 권할 때 처음 한번은 사양하는 것이 예의다.
- 식사 중 코를 푸는 일은 영국에선 자연스러운 일이다.

11 예술

 영국은 다양한 문화유산을 지닌 나라로서 많은 유명 예술가들과 공연자들을 배출했다. 이들은 미술, 음악, 드라마, 문학, 또 최근에는 TV, 영화, 라디오 등 분야의 풍요로운 전통을 발전시키는 데 공헌해 왔다. 해외의 많은 관광객들이 영국의 문화예술을 이유로 영국을 방문하고 있으며 영국의 박물관들과 미술관들에 소장된 작품들은 세계 최고 수준의 수집품으로 평가되고 있다.

1) 시각 미술

(1) 박물관과 미술관

 1,800곳에 이르는 영국 전역의 등록된 박물관들과 미술관들의 연간 총 관람 건수는 7,700여 만 건에 이른다. 이 박물관들과 미술관들에는 대영 박물관을 비롯한 주요한 국립 박물관들, 약 600곳의 독립 박물관들, 지자체로부터 재정 지원을 받고 있는 500곳의 박물관들, 또 대학이나 군(軍)이나 내셔널 트러스트나 잉글리시 헤리티지 등의 재정 지원을 받고 있는 박물관이나 미술관들이 포함되어 있다.
 이러한 박물관과 미술관에서는 수집품들을 상설 전시하는 외에도 한시적인 전시회도 개최한다. 그 중 최대 규모의 전시회들은 수 십 만 명의 관람객들을 끌어 모으기도 한다. 박물관의 수는 1980년에는 800곳밖에 안되었지만 그 이후부터 크게 증가해 왔다.

(2) 공예

공예 위원회는 잉글랜드의 공예품들을 관리하는 공식 기구이다. 이 위원회의 목표는 잉글랜드와 해외에서 공예품들의 위상을 제고하는 것과 장인들을 지원하기 위해 공예 관련 경제 체제를 강화하고 발전시키는 것이다. 공예 위원회는 이 위원회가 보유한 런던 행사장에서 연례적인 첼시 공예 박람회와 다른 여러 가지 행사들을 개최하며 국제 박람회들에 참가하는 영국 참가단의 활동을 지원한다. 크라프트 포럼 웨일즈(Craft Forum Wales)는 웨일즈의 공예인 단체들을 지원한다. 독립된 공사인 크라프트웍스(Craftworks)는 북아일랜드의 공예 개발 기관이다. 북아일랜드 예술 위원회는 공예 발전을 촉진하기 위한 자금을 지원한다. 스코틀랜드에서는 스코틀랜드 예술 위원회에 설치된 공예부가 공예의 발전을 촉진하고 공예가들을 지원한다.

(3) 건축과 디자인

약 2,8000명의 회원을 보유한 왕립 영국 건축가 협회는 1837년 왕의 칙허장을 수여 받은 이후부터 지금까지 건축의 중흥과 발전을 위해 노력해 왔다.

또 패션, 영화, 컴퓨터, 제조 산업, 그 밖의 분야들에서 더 우수한 디자인을 개발하기 위한 노력은 영국 디자인 위원회가 지원·권장하고 있다. 영국 디자인 위원회는 디자인의 효과적인 이용을 고무하고 가능하게 하기 위해 기업, 교육, 정부 등 분야의 협력 기관들과 제휴하고 있는 독립 기구이다.

2) 문화 행사

(1) 축제

영국에서는 매년 약 500여 종의 전문적 예술 축제들이 열린다. 이 축제들의 종류는 점점 더 다양해져서 예전에는 음악 축제라면 고전 음악이 지배적이었지만 지금은 재즈, 민요, 대중음악, 록, 세계의 음악, 또 초기 음악 등 다양한 종류의 음악이 연주되는 축제들이 열리고 있다. 시(詩) 축제만 해도 약 60종이 있고 그 밖에도 리버풀 비엔날레 같은 시각 미술 축제들도 있다.

거리의 행사들을 비롯해 매우 다양한 프로그램들이 펼쳐지는 에딘버러 페스티벌 프린지는 주요 행사들과 나란히 열린다. 영화제들 중에는 연례적인 런던 영화제도 포함되며 리즈 아동 영화제나 브리스틀에서 열리는 '짧은 만남'(Brief Encounters) 단편 영화제처럼 신설된 축제들도 있다.

(2) 예술 센터

영국에 있는 약 200여 곳의 예술 센터들이 국민들에게 다양한 예술 형태를 구경하거나 예술 활동, 특히 교육에 도움을 주는 활동에 참여할 기회를 제공한다.

이러한 예술 센터들은 거의 모두 전문가들이 관리하고 있지만 자원 봉사자들의 도움을 받고 있다. 오크니(Orkney)의 스트롬니스(Stromness)에 있는 피어 예술 센터(the Pier Arts Centre)와 던디(Dundee) 현대 예술 센터(미술관 두 곳, 영화관 두 곳, 인쇄소, 작업실 등이 있다)는 스코틀랜드 예술 위원회가 재정을 지원하는 많은 센터들 중 두 곳에 불과하다. 웨일즈 예술 위원회가 재정을 지원하는 센터들 중에는 카디프의 챕터 예술 센터와 협동 작업을 장려하고 국제적 예술가들을 지원하는 애버리스트위스 예술 센터(Aberystwyth Arts Centre)가 포함된다.

(3) 더 비틀즈(The Beatles)

더 비틀즈는 멤버 전원이 영국 리버풀 출신인 록 밴드이다. 비틀즈의 노래는 발라드, 레게, 싸이키델릭 록, 블루스에서 헤비메탈까지 여러 장르를 아우르는데 이는 현대 음악 스타일의 장을 열어 놓았다고 할 수 있다. 비틀즈의 영향력은 단순히 음악뿐만이 아니라 1960년대의 사회 및 문화적 혁명을 야기하였다.

비틀즈는 빌보드 차트 1위곡이 20곡으로 현재 가장 많이 1위를 차지한 가수로 기록되며 50여 곡 넘는 톱 40 싱글들을 발표하였다. 이들은 미국 내에서만 1억 6백여 장, 전 세계적으로 10억장 이상의 음반을 판매하는 등, 기록적인 상업적 성공을 거두었으며, 비평가들에게도 인정을 받은, '대중음악 역사상 가장 성공적인 밴드'로 불리어 지고 있다.

'더 팹 포 (The Fab Four)'라 불리는 비틀즈의 구성원은 존 레논(John Winston Lennon, 1940~1980), 폴 매카트니 (James Paul McCartney, 1942~), 조지 해리슨 (George Harrison, 1943~2001), 링고 스타 (Ringo Starr; 본명 Richard Starkey, 1940~)으로 구성되어 있다. 레논과 매카트니는 밴드의 주요 곡들을 작곡했으며, 해리슨은 후기 비틀즈에 큰 공헌을 했다. 처음 비틀즈가 레코딩을 시작한 이래, 조지 마틴은 비틀즈의 모든 곡 레코딩의 시작부터 끝까지를 맡아왔다. 이러한 이유로 조지 마틴은 비틀즈의 음악적 성장에 있어 중대한 자리를 차지했다.

비틀즈는 1963년 말 영국에서 엄청난 반향을 일으켰는데, 특히 비틀즈에 감명 받은 어린 여성들(일명 오빠부대)을 주목할 만하다. 이 현상은 영국 언론들에게 '비틀마니아'(Beatlemania)라는 단어로 표현되었다. 비틀마니아는 1964년 초에 북미에 상륙했고 이후 비틀즈의 인기는 전 세계로 뻗어 나갔다. 소위 '브리티시 인베이전'(영국의 침략)이라 하여, 비틀즈는 미국의 초기 로큰롤 및 R&B 가수들의 노래를 커버하기 시작했다.

비틀즈는 엘비스 프레슬리, 버디 홀리, 칼 퍼킨스와 같은 백인 음악가들과 척 베리, 리틀 리처드, 레이 찰스, 레리 윌리엄스와 같은 흑인 음악가 양 쪽 모두에게 칭송받았다. 비틀즈 스스로의 작곡은 비틀즈 멤버 자신들이 영웅시하는 음악가들의 양식을 모방한 것이었다. 얼마 후 비틀즈는 그들 특유의 타고난 음악적 악상을 바탕으로 비틀즈만의 개성이 돋보이는 음악을 만들기 시작한다. 5년 동안 그들의 음악은 단순했던 초기 히트곡들(예를 들어 'She Loves You', 'I Want to Hold Your Hand') 에 비해 예술적인 꾸밈 같은 것이 상당히 풍부해졌다.(앨범 Sgt.Pepper's Lonely Hearts Club Band나 Abbey Road에서처럼.)

그들의 노래를 작곡하면서, 스튜디오 레코딩의 가능성을 확인한 그들은, 전례 없는 질의 레코딩을 발표하는 모든 곡들에 선보였고, 비틀즈는 동시대 팝 뮤직보다 앞선 효과들을 적용시켰다.

비틀즈는 1970년 공식 해산되었다. 이후 35년 후인 2005년 미국의 연예산업잡지 버라이어티는 비틀즈를 20세기 연예인의 대표 우상(icon)이라 표현하였다.

비틀즈의 노래 'Yesterday'는 다른 비틀즈 단원들이 앨범에 수록하는 것조차 꺼려했던 곡으로 지금은 팝 역사상 최고의 명곡 가운데 한 곡으로 꼽히고 있다. 이 노래는 가장 많은 가수들이 따라 부른 노래로 기네스북에 올라있는데, 기네스북 기록을 보면 이 노래는 지금까지 무려 3천 번 이상이나 녹음이 됐다는 것이다.[1]

---

1) 한류 부록 사진 참조

12 스포츠

　스포츠는 인기 있는 여가 활동이다. ONS UK 2000의 시간 이용 조사 결과에 따르면 영국인 들이 즐기는 세 가지 신체 단련 운동은 걷기(12%), 수영(9%), 헬스(7%) 등이다. 조사 대상자들의 시간 이용 일정을 보면 텔레비전으로 스포츠를 시청한 시간 (하루 4분)보다 실제로 스포츠나 신체 활동을 한 시간 (하루 평균 16분)이 더 길었다.

　영국인들은 걷기 특히 산행(hill walking)을 좋아한다. 들이나 목장을 누비듯이 걷는 하이킹 그리고 공원 산책 등을 즐긴다. 시골에 가면 흔히 눈에 띄는 것이 Public Foot Path(공공 산책로)의 표지이다. 그러나 종종 보리밭의 경계선이 오랜 기간 밟혀서 산책용 길이 되고, 이를 당국이 하이킹 코스로 권장하기도 한다.

〈보리밭 사잇길 하이킹〉

　하이킹 코스는 때때로 보리밭 사이를 가로지르는 경우도 있는데, 하나의 구획 둘레에 철사가 쳐져 있어도 코스가 이어지는 곳에서는 스타일(stile)이라고 하는 3단 정도의 스텝이 설비되어 있어, 스타일을 넘어서 하이킹을 계속할 수 있다. 푸름과 신선한 공기 그리고 고요함이라는 자연은 만인의 공유재산이기 때문에 보리밭이라는 사유재산 중 일부의 통행권을 인정하면서 그 소유권은 주인에게 주는 형태로 Public Path를 이용하고 있다.

〈익어가고 있는 영국의 유기농 보리밭. 사진: 랄프 레이너(Ralph Rayner)〉[1]

영국의 계급질서는 스포츠에도 반영되어 있다. 가령 아름다운 전원풍경에서 승마를 즐기는 것은 귀족과 상류계급의 전형적 습관이었으며, 지금도 승마는 주로 상류계급의 스포츠이다. 기타 여우사냥을 비롯한 수렵과 폴로(4인 1조로 하는 馬上球技) 등 말과 관계있는 스포츠도 상류계급의 것이다.

그밖에 골프·크리켓·스쿼시·테니스·요트·보트·하키·럭비·축구·낚시 등이 있으며, 권투와 레슬링보다도 고급시 된다. 개경주나 술집에서 하는 다츠 놀이는 스포츠라기보다 게임이며, 하류계급의 것이다. 게임은 본래 내기를 뜻하며, 영국인은 내기를 좋아한다. 그리하여 노동자는 런던의 화이트시티의 개경주에서 개에 돈을 걸고, 상류의 신사·숙녀는 그들의 사교와 유행의 장소인 애스컷의 경마에서 말에 돈을 건다. 카드놀이에서 돈을 거는 습관은 모든 계급에 퍼지고 있고, 프로축구의 각 팀 승률에 돈을 거는 일은 하류계급에 많은데 이것도 다른 계급의 일부로 퍼지고 있다.

---

1) http://blog.daum.net/_blog/BlogTypeView.do?blogid=0PNlm&articleno=23&categoryId=2&regdt=20090520232451#ajax_history_home

영국의 남녀 스포츠 선수들은 육상 경기, 프로 복싱, 장거리 자동차 경주, 조정, 요트 경기, 스누커, 스쿼시 등 다양한 스포츠 분야에서 50여 개의 세계 타이틀을 보유하고 있다. 2001년에는 세계적 선수권 대회와 유럽의 각종 선수권 대회에서 건장한 영국의 선수들이 76개의 메달을 따냈고 장애인 선수들도 그러한 대회들에서 167개의 메달을 따냈다.

1) 주요 스포츠 행사

영국에서는 매년 중요한 스포츠 행사들이 열린다. 그 중에는 윔블던 테니스 선수권 대회, FA컵 결승전, 오픈 골프 선수권 대회, 그랜드 내셔널 장애물 경마 대회 등이 있다.

2002년 영국에서 열린 주요한 행사들로는 맨체스터에서 열린 영연방 경기 대회와 스코틀랜드의 국립 축구 경기장인 햄덴에서 열린 유럽 챔피언스 리그 결승전이 있다. 2003년 영국에서 열린 국제적 스포츠 행사들로는 세계 실내 육상 경기 선수권 대회와 세계 배드민턴 선수권 대회가 있는데 이 두 대회는 모두 버밍엄에서 열렸다.

2) 육상

영국의 육상 경기에는 트랙과 필드 종목, 크로스컨트리 경주, 도로 달리기, 경보, 산과 언덕 달리기 등 다양한 종목들이 포함되어 있다. 마라톤과 하프 마라톤 등 대중이 참가하는 행사는 매우 인기가 높다. 영국 최대의 마라톤 행사는 매년 4월 열리는 런던 마라톤으로 2002년도에는 32,000명이 이 대회에 참가했다. 육상 경기의 운영 단체는 영국 육상 경기 협회 (http://www.ukathletics.net)이다. 이 단체는 세계 실내 육상 경기 선수권 대회를 비롯해 주요한 대회들을 영국에 유치하는데 성공을 거둔 바 있다.

3) 배드민턴

배드민턴이라는 명칭은 보포트공(公)의 시골 별장이었던 배드민턴 하우스에서 유래한다. 이 별장에서 19세기에 배드민턴이 맨 처음 시작되었기 때문이다. 이 경기는 잉글랜드 배드민턴 협회와 스코틀랜드, 웨일즈, 아일랜드의 각 배드민턴 연합이 관장한다.

잉글랜드 배드민턴 협회(www.baofe.co.uk)에는 모든 수준의 선수들을 훈련시키는 코치들을 육성하기 위한 코치 교육 제도가 마련되어 있고 시간제로 일하는 각 군의 개발 담당관들로 구성된 조직을 갖춘 개발부도 있다.

4) 축구

어소시에이션 풋볼(Association football, 일반적으로 football or soccer로 알려짐)은 잉글랜드, 웨일즈, 스코틀랜드, 북아일랜드의 각 축구 협회가 관장한다. 잉글랜드에는 314개 구단이 영국 축구협회(FA, www.thefa.com)에 소속되어 있고 약 42,000개의 축구단이 지역 축구 협회나 주 자치구 축구 협회에 소속되어 있다. 1863년 조직된 FA와 1888년 조직된 영국 축구 연맹[2]은 이러한 종류의 단체로서는 세계 최초의 단체들이다. 잉글랜드에는 FA 프리미어 리그에 20개 구단이 참가하고 있고 또 72개의 프로 축구단이 축구 연맹이 운영하는 3등급의 주요 디비전(division)들에 소속되어 경기를 하고 있다.

축구는 영국에서 최초로 시작된 스포츠인데, 축구 이외에도 테니스, 크리켓, 골프, 배드민턴, 럭비 등이 영국에서 최초로 시작되었다.

5) 럭비 연합(Rugby Union)

럭비 연합이 운영하는 축구(한 팀이 15명의 선수로 구성되어 경기를

---

[2] www.footballleague.co.uk

함)는 19세기 초반 럭비 스쿨에서 시작되었다. 이 스포츠는 잉글랜드에서는 럭비풋볼연합(RFU)이 관장하고 있고 국제적으로는 국제 럭비풋볼연맹(International Rugby Board)이 관장하고 있으며 웨일즈, 스코틀랜드, 아일랜드에도 각각 그와 유사한 단체들이 있다.

6) 테니스

현대적 경기인 테니스는 1873년 잉글랜드에서 시작되어 최초의 선수권 대회가 1877년 윔블던에서 열렸다. 영국의 테니스를 관장하는 단체는 영국 테니스 협회(LTA)이며 테니스 웨일즈와 테니스 스코틀랜드가 이 협회에 소속되어 있다. 테니스 인 노던 아일랜드는 테니스 아일랜드 얼스터 지부의 관리 아래 있다. 올 잉글랜드 클럽(All England Club)의 구장에서 열리는 윔블던 테니스 선수권 대회는 4개의 주요한 그랜드 슬램 선수권 대회들 중 하나다.

7) 골프

1897년부터 골프의 규칙은 미국과 멕시코를 제외하고는 전 세계적으로 세인트 앤드루스(St. Andrews)에 소재한 로열 앤 에인션트 골프 클럽(R&A)의 관리를 받아 왔다. 클럽 프로페셔널 골프는 프로 골퍼 협회(PGA)가 관장하고 토너먼트 골프는 유럽 PGA 투어와 유럽 여성 프로 골퍼 협회가 관장한다. 영국에는 2,000여 곳의 골프장이 있고 가장 유명한 곳은 세인트 앤드루스에 있는 올드 코스이다. 그 밖에도 로열 리섬 앤 세인트 앤즈, 로열 버크데일, 뮤어필드 등의 유명 골프장들이 있다. 뮤어필드 골프장에서는 2002년도 오픈 선수권 대회가 열리기도 했다.

13 비즈니스

1) 무역 파트너로서의 영국

인구 5,960만의 영국은 세계적으로 주요한 무역 국가이다. 2006년 기준으로 영국은 물품과 서비스 수출규모 미화 6,758억 달러, 수입규모 미화 7,913억 달러의 세계 6위 무역국이다. (2006년 기준 자료: 세계무역기구)

2) 영국과 한국의 상호무역관계

한국과 영국 사이의 교역관계는 매우 강하며 꾸준히 늘어나고 있다. 한국의 입장에서 영국은 8위의 수출 대상국이며 상당한 무역흑자를 제공하는 나라이다. 2006년도에 한국은 영국에 미화 56억 달러 규모의 물품을 수출했으며 주요 품목은 휴대전화, 선박, 자동차이다. 한편 영국으로부터의 수입규모는 2006년도 기준 미화 29억 달러로 영국은 제 25위의 수입대상국이다. 주요 분야는 전기기기, 약품, 광학기기, 의료기, 유기화학제품이다.

직접적인 교역 이외에도 한국과 영국의 기업들은 합작투자나 제휴관계를 통해 상호이익을 도모한다. 이미 BP(British Petroleum)와 Shell(화학 및 에너지), Tesco(소매업), Allied Domecq(주류) 같은 영국 기업이 한국회사와 제휴하는 방식으로 상당한 규모의 투자를 하고 있다.

한국 내에서 가장 큰 규모로 단독 투자를 하고 있는 스탠다드 차터드(Standard Chartered)와 HSBC, 프루덴셜(Prudential)은 한국 내 금융서비스 분야에서 주요 역할을 한다. 한국 기업 역시 영국시장 자체로뿐만 아니라 EU진입의 창구로 영국진출을 유익하게 생각하고 있다. 삼성, 대우, LG 등 한국 기업들이 주요 생산 설비 및 R&D시설을 영국에 두고 있다. 두산중공업은 미쓰이 밥콕(Mitsui Babcock)을 미화 1억 6000만 달러에 인수해 영국 내 최대 규모의 한국투자기업이 되었다.

한국 소비자에게 친숙한 영국 소비재 브랜드도 점차 늘어나는 추세이다. 아쿠아스큐텀(Aquascutum), 버버리(Burberry), 닥스(Daks), 막스앤스펜서(Marks and Spencer) 등이 좋은 예이다. 영국 섬유 제품의 우수성이 한국에 알려짐에 따라 더 많은 영국 패션 브랜드가 국내 진출을 도모하고 있다. 앞으로 눈여겨볼 분야이다.

14 영국의 중등학교 교육

영국의 교육제도와 중등학교에 관해 알아보자.

영국의 모든 아이들은 만 5세 때부터 16세까지는 의무적으로 학교에 다니게 된다. 어린이들은 만 2세가 되면 유치원이나 'pre-prep school'에 입학할 수 있으며 5세에 초등학교에 입학을 하여 한국의 중, 고교 과정에 해당되는 secondary school이 시작되는 12세나 13세까지는 다니게 된다. senior independent school이나 public school이 이 범주에 들어간다.

영국의 중등학교는 'maintained'와 'independent'의 두 범주로 크게 분류할 수 있는데, 이 중 외국인 학생들에게 개방되어 있는 것은 'independent school'이다. 거의 대다수인 92.7%의 영국학생들이 수업료가 없는 공립학교인 'maintained school'에 다니고 있고, 7.3%의 학생들만이 비싼 수업료를 지불하는 사립학교인 'independent school'에 다니고 있다.

외국인 학생은 이들 사립학교에 입학할 수 있다. 영국에는 2,500개 이상의 independent school이 있는데, 지역, 시설, 학비의 정도에 따라 매우 다양하다. 이러한 사립 중등학교는 명문학교이며 Eton, Winchester, Harrow, Rugby 등을 들 수 있다.

만 13세 이상이 된 학생을 입학시키며 대부분의 사립학교가 기숙사를 갖추고 있고 수업내용이나 학교 시설이 공립에 비해 우수하다. 기숙사가 있는 사립학교를 boarding school이라고 부르는데 이러한 기숙학교는 13세 때부터 4, 5년간 엄격한 스파르타식 규율이 가미된 단체생활을 시키는 것이 특색이다. 인격함양에 필요한 고전이라든가, 학문의 도야에 기초가 되는 라틴어, 그리스어 등을 가르침과 동시에 철저한 스포츠 훈련으로 심신을 단련하는데 특히 축구, 크리켓, 럭비 등 팀 경기가 강조된다.

이러한 중등 사립학교를 public school이라 하는데, 공립학교라 부르는 사립학교인 셈이다. 미국의 경우 public school이라고 말하면 공립학교를 뜻한다. 영국의 사립 중, 고등학교의 외국인 비율은 5%정도이고, 사립 중등학교 교육은 다른 나라 교육에 비해서 교육의 질이 우수하다.

의무교육이 끝나는 나이인 만 16세가 되면 학생들은 자신의 선택에 따라 1~2년 더 학교에 남아 공부를 하거나 여기서 대학진학에 필요한 GCSE(General Certificate of Secondary Education : 일반교육증서 General Certification of Education을 얻기 위한 일반교육 이수 증서)나 GCE A-level(일반교육 상급수준 General Certification of Education Advanced level) 과정을 위한 준비를 하게 된다. 18세에 이러한 GCSE나 GCE A-level 시험성적에 따라 polytechnic이나 university, 또는 college에 진학할 수 있는데, 이러한 대학에 입학함으로써 고등교육을 시작하게 된다.

college에 대해 흔히 college of higher education, college of further education, six-form college(6년제 대학) 등의 말을 사용하기도 한다. 우리나라 사람들에게는 생소한 용어인 영국의 'polytechnic' 대학이란 다음과 같은 것이다. : "a college of higher education, similar to a university, providing training and degrees in many subjects, especially those which prepare people for particular jobs in science, industry, etc. Although degrees from polytechnics are as good as those from universities, they are considered by some people to be less prestigious than university degrees."(Cf. Longman Dictionary of English Language and Culture)

15 경제

세계 경제에서 영국이 차지하고 있는 위치는 특별하다. 19세기에는 세계 경제를 지배했던 가장 중요한 산업 국가였으나 20세기에 들어와 미국과 서유럽 선진국들, 최근에 이르러 동아시아 국가들에 밀려 세계 시장에서의 입지가 갈수록 좁아지고 있다. 영국 경제를 이 같은 상대적 쇠퇴의 길로 몰아넣은 요인은 여러 가지가 있지만, 여타 국가들이 산업화에 박차를 가한 데 비해 영국은 1980년까지 파운드 지역 은행 역할을 수행하기 위해 국내 경제성장을 제한할 수밖에 없었던 것도 중요 요인이다. 영국의 국내 경제성장률 저하는 1인당 가처분소득(可處分所得) 면에서 본 영국국민의 생활수준을 상대적으로 낙후시켰다.

1) 자원

〈영국 스코틀랜드 민모어에 있는 글렌리벳 위스키 증류소〉

영국은 대부분의 선진국들과는 달리 광물자원이 매우 빈약하다. 산업혁명의 추진력이 되었던 콘월의 옛 주석광산과 잉글랜드 중북부의 철광석 광산들은 20세기 말에 이르러 매장량이 바닥났거나 타산이 맞지 않는 비경제적 광산들로 전락했다. 게다가 한때 영국 경제의 견인차 역할을 했던 석탄도 1950년대 초 이후 그 중요도와 생산량이 줄어들고 있다. 그러나 현재 영국령 북해 등에 묻혀 있는 석유와 천연 가스는 영국의 귀중한 새 에너지원이 되고 있다.

2) 농업 · 임업 · 어업

영국의 국민총생산(GNP)에서 농업이 차지하는 비중은 2% 미만이며, 민간 노동인구의 1%만이 이 분야에 종사하고 있다. 농장들의 규모는 그다지 크지 않지만 고도로 기계화되어 있다. 경작지는 조금씩 줄어들고 있으나 사시사철 농산물이 자라는 경작지는 늘어가고 있는데, 이는 주로 정부의 농업 지원정책들이 실효를 거둔 덕분이다. 영국의 주요농산물은 밀 · 보리 · 감자 · 사탕무 등이고, 주요가축으로는 소 · 송아지 · 돼지 · 닭 · 오리 · 양 · 새끼양 등이 있다. 정부는 농업정책에 상당한 관심을 쏟고 있는데, 그것은 농업 종사자들에 대한 적정한 수입을 보장해주면서 가능한 한 가장 낮은 가격으로 식량을 효율적 · 안정적으로 공급하는 일이야말로 국익에 중요하다고 여기기 때문이다. 1947년에 제정된 농업법령에 따라 영국 정부는 주요농산물에 적정가격을 책정하고, 필요하다면 수입농산물을 최저가격으로 묶어둘 수 있게 되었다. 이러한 농업정책은 20세기말에 이르러 수정되었는데, 영국 정부는 수정정책에 따라 국내에 반입되는 온대지역 농산물에 수입세를 부과할 수 있게 되었고, 그 결과 동종의 영국 농산물 시장가격이 인상되어 그 농작물의 국내 생산을 증진시킬 수 있게 되었다.

전체 토지 중 생산성이 있는 삼림이 차지하는 비율은 약 6.5%이며, 여기에 잡목림과 벌채된 옛 삼림지역을 포함하면 9% 정도에 이른다. 생산성 없는 삼림의 대부분은 주로 제1·2차 세계대전 기간 중 생겨났고, 영국의 삼림지는 그 소유권이 산림청과 개인지주들에게 거의 반분되어 있다. 영국에서는 현재 대규모 묘목 이식사업이 행해지고 있는데, 대상지역은 주로 시트카 가문비나무, 로스폴 소나무, 스코틀랜드 소나무, 노르웨이 가문비나무 삼림지역이다. 영국에서 생산되는 가정용 목재는 국내수요에도 못 미치며, 그 품질도 스칸디나비아 등지에서 들여오는 수입목재에 비해 떨어진다. 어업은 영국의 중요한 산업으로, 주로 대구 · 고등어 · 넙치 · 가자미 · 조개류 · 갑각류 등이 잡힌다. 어업은 특히 스코틀랜드의 주요산업이며, 식용물고기는 원해 · 근해 · 연안 어장들에서 어획되고 있다.

3) 광업 · 공업

영국에서 광업은 급속한 사양길에 접어들었는데, 주요원인은 석탄업의 쇠퇴에 있다. 제조업은 영국 경제에서 큰 비중을 차지하고 있는 부문으로, 노동인구의 1/5 이상이 여기에 종사하고 있다. 가장 빠른 속도로 성장하고 있는 공업은 화학제품, 기계 · 전자제품, 석탄 · 석유 부산물 생산 등과 같은 첨단기술 관련 업종들이고, 조선업과 피혁업은 쇠퇴하고 있다. 생산량과 노동력에서 볼 때 20세기 말 현재 영국 최대의 제조업 부문은 엔지니어링과 전자제품업이며, 기타 중요산업은 자동차 · 직물류 · 피혁 · 의류 제조업이다. 철강업은 제조업을 뒷받침하는 주요산업이다. 1967년에 다시 국유화된 영국 제철소는 몇몇 주요제철공장의 연합체로, 영국에서 생산되는 철광석의 대부분을 처리하고 있다. 에너지 생산구조는 1950년대 초 이래로 급격하게 변화되어왔다. 1950년대 초에는 국내에서 생산된 석탄이 전체 에너지 수요의 거의 90%를 공급했으나 그 이후에 석탄 산업이 급격한 사양길에 접어들어 석탄 대체 에너지원들의 중요도가 훨씬 더 커지게 되었다. 현재는 석유가 핵발전, 천연 가스, 수력 발전보다 많은 에너지를 생산한다. 에너지 생산에서 가장 획기적인 변화는 북해 석유와 천연 가스의 개발로, 이로 인해 영국은 에너지를 자급자족할 수 있게 되었다.

4) 금융

영국은 금융제도의 역사·규모·체계 면에서 세계 최고수준에 속하며, 런던은 지금도 다방면에서 서유럽 세계의 금융 중심지 역할을 하고 있다.

잉글랜드 은행은 영국 금융제도의 핵으로, 1694년에 설립되어 1946년에 국유화되었다. 이 은행은 잉글랜드와 웨일스에서 화폐 발행권을 가진 유일한 기구로서, 영국 정부에게 재정문제에 관한 조언을 하며 통화정책을 수행하고, 정부·민간은행·해외중앙은행들을 대상으로 은행 역할을 하고 있다.

영국의 상업은행들로는 잉글랜드와 웨일스에서 사실상의 모든 상업적 은행 업무를 수행하고 있는 런던의 어음교환 협정은행들과 스코틀랜드의 어음교환 협정은행들, 그리고 북아일랜드 은행들이 있다. 이들 은행은 모두 수많은 지점들을 갖고 있으며, 잉글랜드 은행으로부터 정식으로 인가를 받았다.

영국의 이 광범위한 은행체계는 상업과 금융 중심지로 세계적인 명성을 얻고 있는 런던 시에서 발달한 복잡한 자본과 함께 할인 시장과 결합되어 완벽한 체계를 이루게 된다.

영국의 기본 화폐단위는 파운드로 1990년에 유럽 공동체(EC) 국가들의 외국환 시세와 밀접한 관계를 갖는 유럽 통화체제의 일부가 되었다. 유럽 통화를 단일화하자는 제안들이 있었으나, 영국 정부는 그 제안들에 강력하게 반대했다.

5) 무역

영국은 세계 인구의 1%를 차지하는 데 불과한 나라이지만, 한편 세계 최대의 무역국 중 하나이다. 국내 천연자원이 워낙 빈약해 식품의 거의 절반과 각종 원자재의 대부분을 수입에 의존하고 있다. 그리고 이들 품목의 수입에 필요한 외국환을 벌어들이기 위한 제품과 서비스 수출은 영국 전체 GNP의 1/3에 달하며, 제조상품이 전체 수출액의 3/5를 차지한다.

전기·기계 장비, 차량, 트랙터, 과학기구 등이 주요제조품들이며, 화학제품은 성장 속도가 빠른 수출품목에 속하나 기계류를 제외한 금속제조품과 직물은 상대적으로 쇠퇴하는 경향이다. 세계에서 보유 상선이 가장 많은 국가에 속한다.

영국은 전 세계 모든 국가를 상대로 교역을 하고 있으나, 1973년 EC에 가입한 이후에는 전체 교역량에서 서유럽 국가들과의 교역량 비중이 커지고 있는 추세이다. 이러한 사태진전에 따라 한때 영국의 가장 큰 단일교역국이던 미국이 그 지위를 독일과 나누어 갖게 되었다. 영연방 국가들에 대한 수출이 전체 수출에서 차지하는 비중은 크며 대체로 수입을 능가한다.

6) 경제운용

영국 경제는 민간기업과 공기업이 혼합된 선진혼합경제로, 주로 국제무역과 같은 서비스업과 중공업에 기반을 두고 있다. 영국 정부는 석탄·철강·선박 생산을 통제하며, 몇몇 공익사업, 철도, 대부분의 민간항공 등을 운영한다. 1인당 GNP는 대부분의 서유럽 국가들에 비해 뒤처져 있는 편이다. 대개의 경우 예산에 못미치는 정부수입은 3대 세금, 즉 수입·자본·소비에 대한 세금으로 충당된다.

영국의 과세구조는 상당히 큰 폭으로 개혁되어 20세기 말에 발효되었다. 각 나라마다 과세방법·생활비·사회보장제도·급여수준 등에 차이가 있어 정확한 비교는 불가능하겠지만, 일반적으로 영국의 1인당 과세 부담은 세계에서 가장 높은 수준에 속한다.

영국에서는 모든 직종의 노동자들이 거의 모두 노동조합에 가입되어 있다. 1868년에 결성된 영국 노동조합 회의에는 잉글랜드와 북아일랜드의 노동조합들이 가입되어 있으며 스코틀랜드와 웨일스에도 이와 유사한 전국적 노동조합 조직이 있다. 영국 산업연맹은 고용주들을 대변하는 조직이다.

7) 교통

런던에서 버밍엄을 거쳐 리버풀과 맨체스터에 이르는 길은 영국에서 가장 많은 승객과 화물이 운송되는 상업의 중심축이다. 이 중심축을 따라 전동화 된 주요 간선철로, 자동차도로 M.1·M.6, 그랜드유니온 운하, 주요 국내항공로, 주요 천연 가스 및 석유 송수관 등이 뻗어 있으며, 이 축의 연장선은 여러 지역을 포함한다. 런던·리버풀·맨체스터는 현재 영국에서 가장 규모가 큰 인구·산업 중심지이자 화물항구들이며, 주요 간선도로들이 이들 세 도시와 영국 내의 다른 지역들을 연결하기 위해 건설되었다.

1980년대 후반에 영국의 남동부 해안과 유럽 대륙의 프랑스를 연결하는 영국해협 지하 터널의 장기건설이 시작되었다. 인구가 증가하면서 생산과 소비가 증가했는데도 20세기 들어 철로를 이용한 승객과 화물의 수송은 오히려 줄어들었는데, 이는 자가용과 영업용 자동차가 증가했기 때문이다. 이러한 추세는 경제침체기와 제2차 세계대전 기간을 제외하고는 계속되었다. 20세기말에 이르러서는 승객들의 총 주행거리 중 80% 이상이 자가용 운전에 의한 것이었다. 늘어만 가던 영국민의 석유와 석유생산품에 대한 수요는 갈수록 심해지는 교통체증과 북해 천연 가스의 발견으로 그 수요가 배가되었고, 이로 인해 20세기말에는 석유와 천연 가스 송유관이 많이 건설되었다.

현재 영국에서는 2개의 주요 송유관 망이 운용되고 있는데, 그중 하나는 영국 가스회사가 천연 가스 수송에, 다른 하나는 석유업계가 석유와 석유생산품 수송에 이용한다.

상업용 항구의 대부분이 국유화되었지만, 수출입의 절반이 머지 강과 템스 강 등에 있는 주요 민간항구들에서 이루어진다. 영국 수송 부두국에서 관리하는 부두들은 주로 영국해협 횡단 수송과 근거리 수송, 그리고 아일랜드, 연안 섬들, 인접한 대륙 항구들과의 교역과 영국 연안무역에 한몫을 하고 있다. 과거 영국의 각 항구들은 각기 편리한 항로를 확보, 세계무역에 있어 서로 다른 거래지역들을 갖고 있었다. 예를 들면 런던 항의 일부인 틸버리는 오스트랄라시아(오스트레일리아·뉴질랜드 및 그 일대 섬들의 통칭) 여객 수송을 전담했고, 리버풀은 캐나다·서아프리카·극동아시아와, 사우샘프턴은 북아메리카·남아메리카 및 남아프리카 공화국과 주로 교역했다. 오늘날에는 대양을 건너야 하는 여객선과 화물선 상당수가 사우샘프턴에서 배를 갈아탄다.

영국은 국영 항공사들에 의해 유럽 국가들 및 다른 대륙들과 교류하고 있으며, 국영 항공사들의 많은 자회사와 독립기업들도 항공 업무를 취급하고 있다. 영국항공공사는 7개의 공항, 즉 잉글랜드의 히스로·갯윅·스탠스테드 공항과 스코틀랜드의 글래스고·에든버러·애버딘·프레스트윅 공항을 운영하고 있다. 세계의 거의 모든 항공사들이 런던의 히스로 공항을 이용하고 있어, 이 공항은 늘 세계에서 가장 붐비는 공항 중 하나로 꼽힌다. 영국의 국내 항공기 이용률은 비교적 낮은 편인데, 이는 영국 내 주요도시들 간의 거리가 얼마 되지 않아 비행기 여행으로 인한 여행시간 단축의 이점이 없기 때문이다. 대부분의 주요도시 지역은 국영 항공시설 외에 자체 공항을 보유하고 있어 주로 런던 왕복여행에 이용된다. 영국은 연안 섬들과의 연결 및 국가 횡단 노선에 이용되는 특수 항공

망도 갖추고 있다.

국내 수송사업에 대한 정부의 정책은 집권당이 보수당인지 노동당인지에 따라 달라진다. 대체로 보수당 정권은 철저하게 영리성을 따져 사업계획을 세우는 데 반해, 노동당은 국가 공공 수송업무의 사회적 가치에 더 높은 비중을 두는 경향이다. 따라서 역대의 노동당 정권은 영국 철도국에 상당액의 보조금을 지원해왔다.

8) 영국의 농업

영국이 전원과 정원의 나라인 점에서 알 수 있을 터이지만 풍요롭고 비옥한 토양과 자연환경, 알맞은 기후조건 등으로 과일류와 낙농, 귀리, 밀, 기타 농산물, 양봉, 그리고 소, 돼지, 양과 같은 축산물 등이 풍부하게 생산되는 나라가 영국이다. 전통적으로 영국의 농촌은 우거진 숲과 꽃을 가꾸어 아름다울 뿐만 아니라 농작물 재배, 가축양육 등으로 풍요로움과 평화가 넘치는 곳이었다.

16 영국 국민성의 이모저모

1) 영국 국민성의 특징

영국사람 하면 흔히 신사라고 불린다. 청교도 정신에 기초한 매너는 영국인들을 이해하는 기본 틀이라고 할 수 있다. 청교도 혁명 때 기초가 다져진 올리버 크롬웰의 철저한 자기 절제 정신은 오늘날 영국인들의 생활과 행동 양식의 기반이다.

영국인의 국민성은 크게 네 가지로 볼 수 있다. 개인주의, 실제주의, 보수성, 합리주의이다. 외향적으로 따지자면 영국인들은 겉으로는 매우 차갑고 꼼꼼한 인상을 주지만 대체로 공손하고 인내심이 강하고 매우 유머러스하다고 한다.

(1) 개인주의

영국인은 보통 성격이 차가우면서도 친해지기 어려운 것으로 알려져 있다. 또한 개인주의적 사고방식이 팽배해 있는 점을 많이 발견할 수 있다고 한다. 영국인들은 대체로 타인의 일에 관심이 없다. 그래서 당신의 형편을 잘 알고 배려해 줄 것이라고 생각하면 큰 오산이다. 각 개인의 사생활과 개성을 존중하는 영국국민성의 밑바닥에는 개인적인 자유의 가치를 존중하는 생활 의식이 뿌리박고 있다.

(2) 실제주의

전통에 입각한 엄격한 틀에 맞추어 사는 것을 큰 긍지로 여기고 여기서 벗어난 행동을 하는 사람을 보면 견디지 못한다. 특히 영국인이 중요시하는 기본 매너의 핵은 분수를 넘는 일 즉 무엇이든 지나친 것은 삼가야 한다는 것이다.

영국인들이 즐겨 쓰는 말 젠틀맨(gentleman)이란 말은 '절제된(gentle) 사람' 이란 의미를 갖고 있다. 이 젠틀맨의 기본 정신 중에 하나는 운동이건 시험이건 이긴다고 해서 다 되는 것이 아니고 승자는 나름대로의 겸손과 미덕을 가지는 페어 스포츠맨십이 있어야 한다는 것이다. 또한, 영국인은 일반적으로 참을성이 강하고, 이성적으로 사고하는 경향이 있는 것으로 일컬어지며, 상대적으로 라틴계통(프랑스, 스페인)보다 덜 정열적이고, 감정을 억제하는 경향이 있다. 어려움이나 위험에 처했을 때 불평하거나 감정을 나타내지 않는다는 의미의 a stiff upper lip이라는 표현이 영국인의 기질을 대변한다.

(3) 보수성

영국인들은 질릴 정도로 옛것 전통에 대한 집착이 강하다. 감각적인 유행이나 변화를 받아들이는 것에 대해서 영국처럼 꺼려하는 나라도 없다. 과거의 경험을 중시하는 영국인의 자세는 유용한 경험 철학의 바탕이 되었다. 영국은 경험론과 공리주의가 발달했으나, 유럽 대륙은 논리학과 변증법을 중심으로 학문이 발달 하였다. 과거를 존중하는 국민성은 골동품을 좋아하고, 이를 수집 정리한 박물관의 발달로 이어지며 세계적으로 유명한 런던의 소더비즈(Sotheby's)[1]나 크리스티 경매장은 골동품 거래의 메카로 불려진다.

---

1) 소더비스 (Sotheby's)는 1744년 3월 11일에 영국의 런던에서 샤무엘 베이커에 의해 창립된 상장 경매 회사이다.

영국인은 과거를 존중하며 보수적이어서 세상은 나날이 변하는데 영국의 전통은 뿌리 깊게 유지되고 있으며, 반면 역사의 흐름에 대한 적응력도 강하여 영국 속담에 변화 외에 영원한 것은 없다(There is nothing permanent except change)라는 말이 있습니다. 기를 쓰고 옛것을 보존하려 드는 영국인들의 의식 이면에는 과거에 세계의 바다를 제패했던 영국의 황금시대에 대한 향수가 깔려 있다.

(4) 합리주의

철저한 합리주의와 꼼꼼한 준비 정신 또한 영국인의 독특한 트레이드마크다. 맑은 날에도 의례히 우산을 들고 다님으로써 만약의 경우 비가 올 때를 대비하는 영국 신사의 모습에는 인간에게 벌어질 수 있는 모든 돌연적 상황에 치밀하게 대비하는 영국인의 상식적인 사고방식이 담겨 있다.

2) 런던과 런던사람

런던의 이름은 여름에도 싸늘할 정도의 템스 강(the River Thames) 바람을 느낄 수 있다. 런던의 여기저기를 돌아보려 계획한다면, 하류는 세계의 중심인 자오선 0도의 옛 천문대가 있는 그리니치까지, 상류는 몇 군데의 자연 공원을 지나 장려한 윈저 성까지, 그 어느 곳으로 가도 역사 여행이 된다.

특히 웨스트민스터의 선착장으로부터 하류로 가는 여행은 또 다른 각도에서 런던이 고적 명소를 볼 수 있다는 점에 의의가 있다. 국회 의사당의 시계탑 빅벤 바로 밑에서 대안의 런던시 청사의 우아한 건물을 바라다보면서 승선하면 얼마 안 되어 철교 밑을 지난다. 다음 다리는 워털루 교인데, 거기까지 가는 동안은 오른쪽 연안은 예술의 중심지이다.

1951년 개장한 대음악당 로열 페스티벌 홀이 그 중에서도 가장 오래되었고, 퀸엘리자베스 홀이나 국립 필름 극장, 국립극장 등이 들어서 있다.

배는 오른쪽으로 돌면서 워털루 교를 빠져나간다. 왼쪽 연안에 보이기 시작하는 것이 마스트(mast)[2]가 세 개의 디스커버리호이다. 1901년에 스코트의 제1차 남극탐험대를 실어 나른 작은 배이다. 이 근처부터, 바야흐로 오른쪽을 보아도, 왼쪽을 보아도 친숙한 역사적인 건물이 차례차례 모습을 나타내어 구경하기에 바빠진다.

블랙 프라이어즈교를 빠져 나오면 왼쪽에 높이 솟아 있는 것이 세인트 폴 대성당이다. 이 방향에서 바라보는 것이 한층 아름답게 느껴지는데, 설계자인 크리스토퍼 렌과 그의 아들은 템스 강을 끼고 오른쪽 연안에 있는 집 2층에 살면서 공사 진행을 감독했다고 한다. 그 오른쪽에는 옛날에 셰익스피어가 활약했던 그로브 극장이 있었다.

런던교를 지나면 왼쪽에 1666년의 대화재 기념탑, 그리고 활기찬 장사소리가 메아리치는 빌링스케이트의 어시장, 오른쪽 연안에 제1차 세계대전을 기념하는 박물관이 되어 있는 순양함 벨파스트 호, 그 대안에 있는 것이 그 유명한 런던탑이다.

그리고 흰 탑과 짙은 감색 난간으로 빛나는 타워브리지 밑을 빠져나가면 왼쪽에 옛 선착장이 있는데, 여기에는 역사적인 선박들이 진열되어 있다. 여기서부터 한참 동안은 양안에 모두 옛 창고나 공장이 계속된다. 강폭도 훨씬 넓어져서 유람선도 속도를 빨리한다.

두 번 가량 좌우로 꼬부라지면, 왕년에 인도양에서 차를 운반했던 쾌속선인 커티서크호와 세계 일주를 단신으로 해낸 프랜시스 치체스터의 요트 집시 모스 4호의 마스트가 보이며, 이윽고 종점인 그리니치에 당도한다. 템스 강에서 바라 볼 수 있도록 세워졌다고 생각할 수밖에 없는 15

---

[2] 선체의 중심선상의 갑판에 수직으로 세운 기둥.

세기의 궁전에 매혹되고 있는 동안에 배는 선착장에 닿게 된다.

3) 영국인과 날씨 그리고 유머

"영국인은 딱딱하고 비사교적이다", "영국 음식은 맛이 없다", "영국식 유머는 지적이고 냉소적이다", "영국인은 매너와 규칙을 중시 한다"

어느 나라에나 '국민성'에 대한 선입견은 존재하며, 영국인들도 예외는 아니다. 영국의 유명 문화인류학자 케이트 폭스 옥스퍼드대 초빙교수는 '영국인 발견'에서 영국인의 눈으로 영국인의 모습을 다음과 같이 묘사하고 있다.

- 실제로 영국인들은 만났다 하면 날씨 얘기로 대화를 시작한다. 영국인들이 날씨 얘기를 늘어놓는 것은 날씨에 집착하기 때문이 아니라 '태생적인 수줍음'을 극복해 진정한 대화로 들어가려는 초석이라는 것이다. 영국은 날씨가 변덕스러우므로 항상 새로운 대화 소재를 제공할 수 있다. 가령, 날씨에 대한 상대의 의견에 동의하지 않는 것은 '맞장구 규칙'에 어긋나는, 대단히 '불손한' 자세다. 날씨에도 높고 낮음이 있다는 '날씨 위계질서의 법칙'도 있다. 영국인들은 잔뜩 흐린 날씨를 열심히 홍보하다가 "적어도 비는 내리지 않네요"라는 말에 동의함으로써 서로 위로하고 공감한다.

- 영국인들은 미국인들의 '적극적인 공손함'과 다른 '소극적인 공손함'을 갖췄는데, 그럼에도 사과만큼은 확실하게 한다. '반사(reflex) 사과'라고 할 만큼 영국인들의 사과는 즉각 튀어나온다. 아무리 부드럽게 부딪혀도 상대가 사과하기도 전에 자신의 입에서 사과가 튀어나온다. 정말 자연스럽게 우연을 가장하고 타인을 밀면 그들은 하수구에 굴러 들어가면서도 상대방에게 사과할 정도이다.

- 영국식 유머의 또 다른 특징은 '자학 개그'라고 할 만한 자기 조롱

인데, 영국인들에게는 '잠복성 자폐증과 광장 공포증의 복합증세인 사교 불편증'이 있다. 지나치게 공손하고 어색하며, 반대로 익숙해지면 시끄럽고 퉁명스러워지기도 하는 심각한 증세다. 영국인들이 이상한 규칙과 의례, 전통, 예절을 끊임없이 만들어내고 놀이와 팝(pub), 날씨 이야기를 즐기는 것도 이 증세를 누그러뜨리려는 것이라고 한다. 그러나 이런 '자기 조롱'의 끝에는 자부심과 애정이 있다.

4) 내가 본 영국인의 친절[3]

런던 히드로(Heathrow) 공항에 내려 학교가 있는 스털링(Stirling)이라는 작은 도시로 가는 기차(Inter-City Train) 안에서 보는 영국의 풍경은 너무나 목가적이었다. 완만하게 경사진 넓은 언덕배기 위에 풀을 뜯는 양떼들과 건초더미 위로 피어오르는 뭉게구름의 절묘한 조화와 숲속에 우아한 자태를 드러내는 빅토리아 여왕 시대에 지어진 고색창연한 주택들, 아름다운 호수 가에 지어진 고성(old castle)들은 낭만파 시인들(워드워즈, 쿨리지, 바이런, 셸리, 키츠)의 싯귀(詩句)에 표현된 그대로였다.

목가적 전원 풍경 속에서 여유 있게 살아가는 영국인들은 인생을 사는 것이 아니라 음미하는 것처럼 보였다. 서로 양보하며 우아하게 운전하는 모습이라든지, 두 사람만 모이면 줄을 서는 문화라든지, 길을 가다가 남에게 조금만 몸이 스쳐도 미안하다는 말을 한다든지, 처음 보는 사람에게도 미소를 보이며 "헬로우" 또는 "하이"라고 인사를 건네는 것이라든지 등등 그들의 문화를 보면서 행복한 문화충격을 겪은 적이 있었다. 그뿐만 아니라 주일에 교회에 가면 오전 예배 후에 교인들이 차례로 자기들의 집에 초대해서 점심과 저녁을 대접해주기도 했다.

---

3) 차재국의 유학기에서 인용(www.blog.daum.net/jgcha)

영국에서는 다른 사람을 향하여 욕설이나 비방하는 일은 거의 보기 어렵다. 길거리에서 멱살을 잡고 싸우는 일을 본적이 없다. 영국은 넓은 도로 보다는 좁은 도로가 더 많은 나라이다. 그러나 교통사고율은 매우 적은 나라이다. 간혹 운전을 하다가 접촉사고가 나면 이성적이고 합리적인 논쟁을 통해 원만하게 처리한다. 영국의회는 논쟁은 있을지언정 투쟁은 없다. 더군다나 의회에서의 폭력은 상상할 수도 없다. 영국인들은 매우 정직하며 서로를 신뢰해준다. 그리고 불쌍한 사람들을 돕는데 가진 것을 아끼지 않는다.

영국인들의 친절과 사랑은 이미 그들의 삶 속에 깊이 뿌리를 내리고 일상생활이 되어 버린 듯했다. 이러한 영국인들의 친절과 사랑의 실천은 영국 병원 제도에서도 엿볼 수 있다. 영국은 NHS(National Health Service) 즉, 국가의 재정 부담으로 국민보건 서비스 형태의 의료보장을 실시하고 있다. 다시 말해서, 국민보건 서비스의 재정이 대부분 국가의 일반회계에서 충당되어 모든 국민은 무료로 진료를 받게 되는 것이다. 이 의료 제도는 외국 유학생들에게도 적용이 되어 우리 부부도 혜택을 본 적이 여러 차례 있었다.

한 번은 아내가 갑자기 아파서 밤중에 담당의사에게 전화를 걸었더니 간호사와 함께 학교 기숙사에 신속하게 왕진을 와 주었다. 한밤중에 수고를 끼친데 대하여 미안한 마음이 들어 봉투에 얼마를 넣어서 그들에게 건넸으나 한사코 사양하며 받기를 거절하였다. 자신들은 정부로부터 월급을 받기 때문에 수고비를 따로 받을 필요가 없다는 것이었다.

그리고 그 다음 날 병원에 갔더니 그 의사와 간호사가 자리에서 일어서서 우리를 반갑게 맞이해 주었다. 우리가 큰 병이면 어쩌나 하고 염려했더니, 그 의사의 말이 "다리를 보기도 전에 어떻게 건널까 염려부터 하지 말라(Don't worry how to cross the bridge before you see it.)."고 하며 위로해 주었다. 그리고 진료를 끝내고 병원을 나올 때 의사와 간호사는 현관까지 따라 나와서 우리를 배웅해 주었다.

　진료한 후 며칠이 지나서 아내는 스털링 시내에 위치한 '로열 메디컬 센터(Royal Medical Centre)'에 1박 2일로 입원을 하게 되었다. 접수에서부터 입원 수속을 하는 모든 과정에서 그들이 보여준 여유와 친절은 환자들의 마음을 너무나 편하게 해주었다. 물론 모든 입원비는 무료였다. 그럼에도 불구하고 환자의 식사는 물론이고 환자의 가족 식사도 무료로 제공이 되었다. 그뿐만 아니다. 퇴원 후 며칠이 지나자 담당 의사로부터 엽서 한 장이 배달되었는데, 내용은 "치료 후 후유증이 없는지, 식사는 잘하고 있는지, 이상이 있으면 다시 연락 해 달라"는 등이었다.

　치료비 일체를 국가에서 부담해 주며 환자들에게 사랑의 보살핌까지 마음을 다해 베푸는 영국인들은 내성적(reserved)인 민족으로, 처음 보는 이에게 과묵하고 무뚝뚝하며 근엄해 보이기까지 한 것으로 알려져 있다. 그러나 그것은 오해다.

　필자는 필자와 같은 교회에 출석하였던 영국 스코틀랜드의 호스피스 창설자 라이언 박사(Dr Lyon)의 집에 여러 차례 초대를 받은 적이 있었다. 라이언 박사 부부는 근검절약하며 살아가는 전형적인 영국인 의사 부부였다. 추수 감사절이나 크리스마스 식사에 우리를 초대했지만 음식은 소박하게 준비하였고, 대신 따뜻한 사랑으로 우리를 대해 주었다. 필자가 학위 논문을 쓰는 동안 아내 혼자 심심하다고 라이언 박사 부인이 자기 차로 아내를 태워 주위의 아름다운 곳으로 구경을 시켜주는 친절을 베풀었다.

5) 줄서기 문화

　영국인은 두 사람만 모이면 줄을 선다. 공중전화 앞, 화장실, 우체국, 은행, 인포메이션 센터 창구 등 모든 곳에서 줄서기(queue)를 해야 하는

데 반드시 한 줄로 서야 한다. 그리고 자기 차례가 오면 비어있는 전화, 화장실, 창구를 향해서 신속하게 가면 된다. 특히 비가 오나 눈이 오나 아랑곳없이 버스를 기다리며 차분하게 줄을 서 있는 모습은 영국에서는 매우 자주 보는 풍경이다.

6) 문을 여는 방법

백화점이건 어디건 간에 자기가 문을 통과하면 뒤에 있는 사람이 그 문에 손을 댈 때까지 문을 연 채로 있는 것이 매너이다. 따라서 뒷사람의 코앞에서 도어가 닫히는 것은 위험하며 실례가 된다. 물론 뒷사람과의 사이 정도에 따라서는 판단이 어려워질 때도 있을 것이므로 상황에 맞게 알맞게 대처하면 된다.

7) 교통문화

영국에서는 차들이 전조등을 깜빡이면 먼저 양보하겠다는 신호이다. 한국에서는 '화났다'는 신호이지만 영국은 다르다. 한국 관광객들은 차들이 수시로 깜빡이는 것을 보고 "신사의 나라라더니 별 수 없군"이라며 오해한다. 단, 클랙슨을 빵빵 울리면 우리와 똑같은 의미다. 기분 나쁘다는 뜻.

영국 교통문화는 무질서속의 질서 영국에선 경찰차나 병원차가 사이렌을 울리며 지나가면 모든 차량이 재빨리 옆으로 비킨다. 그 차가 잘 지나가도록 도와줘야 한다. 또 런던의 명물 검은색 택시는 어디에서든 U턴 할 수 있다. 그러나 신호는 엄격히 지킨다. 반면 보행자들은 신호에 구애받지 않고 아무데서나 길을 건넌다. 무질서해 보이지만, '사람 우선주의' 교통문화 덕분에 사고율이 선진국 중에서 최저다.

때론 편도 티켓이 왕복 티켓보다 비싼 나라이다. 예를 들면, 런던 유스턴역에서 "맨체스터까지 가는 기차표가 싱글(편도권)이 50파운드, 리턴(왕복권)이 34파운드"라는 말을 듣고 귀를 의심했다. 하지만 종종 있는 일. 영국에선 시간·요일·계절에 따라, 그리고 예약시점에 따라 가격이 급변하기 때문이다.

에스컬레이터 왼쪽 편에 서면 무조건 걷거나 뛰어라 런던을 처음 방문한 사람을 구별하는 방법 중 하나. 지하철역 에스컬레이터의 왼쪽 편에 가만히 서 있는 사람들이다. 그러면 필경 "좀 비켜주세요"라는 말을 듣는다. 영국의 지하철에서는 반드시 그렇게 해야 한다. 움직이기 싫으면 오른쪽에 서야 한다.

17 런던에서 가볼만한 곳

1) 피카딜리 서커스(Picadilly Circus)[1]

런던의 상업 중심부이며 이곳에서 부터 런던의 관광이 시작된다고 하여도 지나치지 않는다. 쇼핑을 원하는 사람들은 최고급 상점들이 즐비한 리젠트 스트리트를 지나 런던 최대의 백화점이 들어서 있는 옥스퍼드 스트리트를 향하여 시내관광을 시작하며 런던의 고적이나 관광 명소를 먼저 보고자 하는 사람들은 트라팔가 광장 쪽으로 방향을 잡을 수 있는 요충지이다. 또한 이곳은 런던 최대 환락가인 소호(SOHO)지역과 접해있고 각국의 식당들도 이곳에 모여 있다.

런던의 실제적인 중심지가 어딘지 말하기란 어려운 일이지만 많은 사람들은 아마도 피커딜리 서커스를 그렇게 생각할 것이다. 왜 그럴까?

이 특이한 거리의 이름은 넥타이에 붙여서 목에 착용하는 17세기의 장식 칼라(Collar)를 뜻하는 피커딜(Piccadill)로부터 유래한다. 당시 가장 유명한 피커딜 제조업자(Piccadill maker)는 작은 부를 획득하여 현재의 서커스(원형광장을 의미함)의 북쪽 편에 한 채의 집을 세웠다고 한다. 최근에는 '세계의 중심'(centre of the world)이 되었고, 이 광장거

---

[1] http://biz.chosun.com/site/data/html_dir/2011/06/05/2011060501029.html

리의 중심에 있는 에로스 동상(statue of Eros)으로 수많은 사람들이 모여든다.

　피카딜리 광장의 에로스 동상은 빅토리아 시대의 자선사업가 샤프츠베리 백작(Earl of Shaftesbury)을 기념해서 1892년에 세운 동상으로 사랑의 신 에로스가 화살을 막 당기려 하고 있는 모습은 피카딜리 서커스의 상징이 되었다. 정식 명칭은 '천사의 상'(the statue of Angel)이였지만, 이성간에 약속을 하고 이곳에서 만나면 사랑이 이루어진다고 해서 '에로스' 라는 이름으로 불리고 있다.

〈현대차 英 피카딜리(런던 최대 번화가 광장) 광고〉

　현대자동차가 2011년 7월부터 영국 런던의 최대 번화가이자 세계적인 관광명소 중 한 곳인 피카딜리 광장에서 옥외광고를 시작한다.
　5일 영국 파이낸셜타임스(FT) 등 외신과 현대차에 따르면, 현대차는 1970년대 초부터 이 자리에서 광고를 해 온 일본 전자업체 산요를 대신해 옥외 광고를 하기로 최근 계약을 맺었다. 현대차는 1250스퀘어피트(약 116㎡) 규모의 광고판에 대한 사용료로 연간 200만 파운드(약 36억원)를 지불하기로 한 것으로 전해졌다.
　피카딜리광장은 연간 3400만명 이상에게 노출되는 장소로, 이번에 현대차가 지불하기로 한 200만 파운드의 광고료는 실외 광고 비용으로는 세계적으로도 가장 비싼 수준이라고 FT는 전했다.
　피카딜리 광장에서 가장 오래 광고를 해 온 기업은 코카콜라로 1955년 이후 계속 광고를 해왔고, 100년간 이 장소에서 광고를 한 기업은 50여개에 불과한 것으로 알려졌다. 우리 기업으로는 삼성전자가 17년 전인 1994년 파나소닉을 대신해 지금까지 피카딜리 광장에서 광고를 하고 있다.
　현대차는 2012년 런던올림픽을 앞두고 브랜드 이미지를 더욱 강화하기 위해 피카딜리 광장에서의 광고를 기획한 것으로 전해졌다.

(Chosun Biz 2011.07)

2) 트라팔가 광장(Trafalgar Square)

1805년 트라팔가 해전의 승리를 기념해서 많은 넬슨제독의 동상 (Nelson's Column)이 버킹검궁전을 바라보고 우뚝 서있는 트라팔가 광장은 런던시내 관광의 출발지이다. 높이 56미터의 이 동상 밑에는 사자 4마리가 포효하고 있고 전통적으로 런던 시민들의 집단행동(데모, 시위)을 벌이는 집회장소로 더욱 알려진 곳이다. 이 광장에서 런던 시내관광을 하는 시내관광 버스가 출발한다. Official London Sightseeing Tour : 성인 4.25, 어린이 2.50파운드 이며 1시간동안 런던의 주요 관광 명소를 오픈코치(open coach)를 이용하여 돌아보는 코스이다.

3) 버킹검 궁전(Buckingham Palace)

트라팔가 광장에서 빨간 아스팔트 길로 따라 가면 제임스 파크와 그린 파크가 나오며 잠시후에 빅토리아여왕이 황금 빛 동상으로 서있는 버킹검궁전에 이르게 된다. 1837년 빅토리아여왕 이래로 영국황실의 자존심을 지켜오고 있는 버킹검궁전은 현재 엘리자베스 2세 여왕의 공식 거주지이며 집무실이기도하다. 버킹검궁전에 여왕이 궁내에 있을 때에는 궁전 중앙의 게양대의 그의 문장이 그려있는 깃발이 펄럭이고 있으며 매일 아침 11:30분에 거행되는 근위병 교대식을 볼 수 있다. 또한 궁전 정면에서 우측 편에 있는 제임스파크에서는 매일 오후 5:00(여름철)경이면 군악대들의 멋진 연주가 공원을 찾는 사람들에게 여유와 멋을 더해준다.

4) 근위병 교대식

근위병 교대식은 3곳에서 거행 된다. 위에서 설명한 버킹검 근위병 교대식과 화이트 홀(White Hall)에서 거행되는 (월~금요일 11:00, 일요일 10:00) 교대식, 그리고 여왕의 별장이자 공식 집무실의 하나인 런던에서 40분 정도 떨어져 있는 윈저성에서 군악대의 연주에 맞추어 매일 오전 10:30분에 거행되는 근위병교대식이 있다.

5) 빅벤(Big Ben)

국회의사당은 템즈 강변에 위치한 전통 있는 영국 국회 정치의 전당이며 현재 건물은 런던 대화재 이후 1852년에 완공된 고딕양식의 건물이다.

하원의 탑 아래에 있는 대형 시계는 세계적으로 유명한 빅벤(Big Ben)으로 그 공사 담당자인 벤자민 힐(Benjamin Hall)경의 애칭에서 유래하였으며 13톤이 넘는 시계가 매 15분마다 시간을 알려 준다.

6) 유로스타(Erostar)

런던에서 도버로 오는 기차표나 버스표는 모두 런던의 빅토리아 역과 빅토리아 코치스테이션에서 구입할 수 있다. 빅토리아 역은 런던 동남부에 위치한 기차역으로 지하철로 바로 연결되는 곳이다. 기차로 도버를 건널 사람들은 반드시 기차를 반드시 이용하는 것이 좋다. 기차표는 빅토리아 역에서 구입하면 되고, 버스표는 빅토리아 기차역을 바라보고 오른쪽으로 난 길을 따라 내려가면 역이 끝나는 지점의 사거리 대각선 지점에 코치 스테이션이라는 작은 간판이 보인다. 이곳에서 버스표와 함께 배표까지 구입하면 된다. 물론 기차표를 구입할 때 프랑스의 칼레까지 구입하면 역시 배표가 자동으로 포함된다. 칼레부터는 유레일 패스를 활용하면 된다. 영국과 프랑스의 도버해협을 지나는 지하터널이 개통되어 운행되고 있으며, 3시간이면 런던에서 프랑스 파리까지 직행할 수 있다. 이 기차는 '유로스타' 라는 열차이며, 세계에서 가장 빠르고 가장 안락한 열차라고 한다.

7) 타워 브리지(Tower Bridge)

타워브리지는 빅토리아식의 우아함이 뛰어난 것으로, 1894년에 완성되었다. 템즈강의 교통량이 많았던 예전에는 하루에도 수십 회 다리를 올렸지만, 오늘날에는 일주일에 두세 번 뿐이다.

8) 웨스트민스트사원(Westminster Abbey)

1065년 베네딕트파가 성 베드로를 기리기 위하여 건립한 고딕양식의 십자형 대원형 사원으로서 방대하고 아름다운 외관을 갖추고 있다. 1066년 정복 왕 윌리엄이 이곳에서 대관식을 거행한 이래로 에드워드 5세와 에드워드 8세를 제외하고는 역대 영국왕의 대관식 장소로 이용되고 있으며 사원 내부에는 무명용사를 위한 무덤을 비롯해서 역대 왕들의 무덤과 셰익스피어, 키예츠, 워즈워드, 셀리 같은 문학가와 헨델 같은 음악가의 묘가 안치되어 있다.

9) 대영박물관(British Museum)

세계 최초의 국립박물관으로서 파리의 루브르 박물관, 로마의 바티칸 박물관과 함께 세계 3대 박물관의 하나로 손꼽힌다. 런던의 중심부인 그레이트 러셀 스트리트(Great Russell St.)에 위치하고 있다
소장품 가운데 고대 이집트관이나 시계박물관, 고대 파르테논 신전의

복원관, 1층 우측 편에 있는 도서관 등이 볼만하다. 도서관에는 셰익스피어, 워즈워드, 키예츠 등의 친필 원고들이 보관되어있다.

대영박물관에는 세계 도처에서 수집하여 정리한 소중한 유물들이 전시관에 보존되어 있다. 중요한 고대 유물들로서 이집트 유물(Egyptian Antiquities), 그리스 및 로마 유물(Greek and Roman Antiquities), 중세 및 그 이후 유물(Medieval and Later Antiquities), 동양 유물(Oriental Antiquities), 선사시대 및 로마 지배하의 영국유물(Prehistoric and Roman-British Antiquities), 인쇄유물 및 그림(Prints and Drawings), 서아시아유물(Western Asiatic Antiquities) 등이 있고, 민족지학 자료실(Ethnography Department), 박물관 도서관(The British Library) 등이 있다. 이 대영박물관의 자료 활용 및 운영과 관련하여 '대영박물관 협회'(The British Museum Society)가 있는데 회원으로 가입하면 여러 가지 유익한 정보와 강의 참관, 그리고 저렴한 경비의 자료구독 등이 가능하다.

10) 런던 아이(London Eye)

템즈강에 있는 대관람차인 런던 아이(London Eye)를 보고 '놀이기구'라고 착각할지도 모르지만 이 거대한 관람차는 런던의 명물로 자리 잡았다. '런던의 눈'이라는 하는 이름처럼 관람차에 올라 최고 높이 135m까지 오르는 동안 런던을 한 눈에 볼 수 있기 때문이다. 135m 높이의 규모는 세계 최고라고 한다. 관람차는 매초 0.26m씩 움직이는데, 이는 사람 걸음의 평균 속도의 1/4 정도이다. 매우 느린 속도로 움직이기 때문에 관람차 안에서 보는 빅벤의 모습이 점점 작아진다는 것을 제외하면 관람차가 움직이고 있다는 사실을 거의 느낄 수 없다.

런던 아이를 만들고자 한 아이디어는 선데이 타임즈(Sunday Times)

신문에 새천년의 상징물에 대한 아이디어를 공모한 한 부부의 생각이었다. 얄궂게도 모든 공모작이 떨어지고 공모전 자체가 취소되었다. 이에 이 부부는 자신의 아이디어를 구현할 회사를 설립하였다. 이러한 이야기가 런던의 일간지인 이브닝 스탠더드(Evening Standard)에 실리고, 영국의 항공사 브리티시 에어웨이즈(British Airways)가 이들 부부와 함께 뜻을 모아 런던 아이를 세움으로서 부부의 꿈이 이루어지게 되었다.

11) 하이드 공원(Hyde Park)과 Speaker's Corner

런던의 가장 넓은 왕립 공원이다. 원래는 헨리 8세의 사냥터였으나, 찰스 1세가 공원으로 조성한 뒤 1637년부터 일반인에게 공개되었다. 이 하이드파크에는 승마를 할 수 있는 길인 로튼 로(Rotten Row), 음악 콘서트가 열리는 음악당(Bandstand), 아름다운 아치문인 마블 아치(Marble Arch)와 웰링턴 아치(Wellington Arch)가 있다.

무엇보다도 하이드파크에서 유명한 것은 자신의 의견을 말할 수 있는 스피커스 코너(Speaker's Corner)이다. 1872년부터 지금까지 계속 유지되고 있는데, 최초로 의회 민주주의를 발전시킨 영국의 면모를 느낄 수 있다. 그러나 이곳에서도 여왕에 대한 욕설이나 비방은 금지되어 있다.

18 스코틀랜드의 수도 에든버러(Edinburgh)

에든버러(Edinburgh)는 스코틀랜드의 수도로, 글래스고 다음으로 큰 도시이다. 1437년 스코틀랜드의 수도가 되었으며, 현재 인구는 약 500,000명이다. 고색창연한 중세도시의 모습을 그대로 간직하고 있어 유럽에서 가장 아름다운 도시 가운데 하나로 알려져 있다.

에든버러는 매년 1,300만 명이 찾는 관광도시로 영국에서는 런던에 이어 두 번째로 많은 관광객이 찾는 곳이다. 특히 매년마다 열리는 축제로 유명한데, 각각의 축제들이 집중되어 있는 8월 초부터 4주간은 시에 머무는 사람이 2배 이상 늘어나기도 한다. 이러한 축제 중 에든버러 국제 페스티벌(Edinburgh International Festival), 에든버러 밀리터리 타투(Edinburgh Military Tattoo), 에든버러 프린지 페스티벌(Edinburgh Festival Fringe, 세계에서 가장 큰 행위예술 페스티벌), 에든버러 국제 영화제(Edinburgh Interventional Film Festival)가 가장 널리 알려져 있다.

에든버러 국제 페스티벌은 매년 8월, 펼쳐지는데 세계 공연 예술의 최대 축제로 불리어 진다. 오페라, 연극, 뮤지컬, 콘서트 등의 각종 예술 공연이 상연되며 해를 거듭할수록 각 예술 분야의 특징이 접목된 새로운 형식의 예술 장르가 다양하게 만들어지고 있다.

에든버러 성에서 열리는 밀리터리 타투 퍼레이드(Military Tatoo

Parade)도 볼만한 이벤트로 스코틀랜드 전통 의상을 차려입은 대규모의 관악대가 백파이프를 연주하는데, 장대한 규모와 화려한 모습으로 관객들을 압도한다.

에든버러 국제 페스티벌을 크게 구분하자면, 축제의 시작을 알리는 밀리터리 타투 퍼레이드, 국제 예술제(에든버러 예술제의 공식적인 명칭은 이 축제를 일컫는다), 번외 공연이라 할 수 있는 프린지(Fringe)로 나뉜다. 사실 프린지는 에든버러 축제로 공식적인 인정을 받지 못하던 분야였으나 인기가 많아지면서 새로운 분야로 승격된 셈이다. 그 중 '공식 무대'라 칭해지는 공연은 국제 예술제로, 클래식 콘서트와 오페라, 발레, 현대무용, 연극 등 무게감 있는 공연이 주를 이룬다. 국제 예술제에는 실력과 명성을 고루 갖춘 유명 예술가들이 대거 참여한다.

〈난타 (NANTA ; NON-VERBAL PERFORMANCE)〉

한국의 '난타(NANTA)'도 이곳에서 공연했다. '난타(NANTA)'는 칼과 도마 등의 주방기구가 멋진 악기로 승화되어 국적을 불문하고, 남녀노소 누구나 신나게 즐길 수 있는 파워풀(powerful)한 공연이다.

1997년 10월 초연부터 폭발적 반응으로까지 한국 공연 사상 최다 관객을 동원하였고, 해외 첫 데뷔 무대인 1999년 에딘버러 프린지 페스티벌에서 최고의 평점을 받았다. 이후 계속되는 해외공연의 성공을 발판으로 2004년 2월 아시아 공연물 최초로 뉴욕 브로드웨이에서 성공적으로 진출을 이루어 한국 공연계의 획을 그은 작품으로 평가 받고 있다.

현재 전 세계 400만의 사람들에게 감동을 전하고 있으며 서울의 전용관에서 연중 상설공연 중인 난타는 한국에서는 지속적인 장기공연을 목표로 하고 있다.

연간 외국 관람객 약 38만 명이 관람하는 낙타는 2009 최우수 도시 프로그램상을 수상하여 한국을 대표하는 문화관광 상품으로 외국인 관광객들의 필수 방문 코스로 자리매김하고 있다. (traveli.net).

19

하일랜드의 수도
인버네스(Inverness)

　하일랜드(Highland) 지방의 수도로 중심지였다. 인버네스(Inverness)는 '강의 하구'란 뜻을 가진 인버(inver)와 네스(ness)의 합성어로 네스강의 하구라는 뜻이다. 네스강(江) 근처에 있으며 칼레도니아운하가 지난다.

　한때 피크왕국의 수도였으며 왕(王) 브루드(Brude)는 565년경 성 콜룸바(St. Columba)의 권유로 가톨릭으로 개종하였다. 12세기에는 캔모어의 왕 말콤 3세(Malcolm Ⅲ)가 이곳에 성을 세우고 특권도시로 삼았는데, 이 성에는 오랫동안 왕족들이 살며 요새로 사용했다.

　1746년에 제임스 2세(James Ⅱ)를 지지하던 자코뱅당이 요새를 파괴했고, 19세기 들어 그 자리에 다시 성을 지었는데 이 성은 아직도 남아있다.

　인버네스 성은 네스 강이 굽어보이는 절벽위에 위치해 있으며 1836년 ~1845년에 건축가 William Burn에 의하여 붉은 벽돌로 건축되었다. 최초의 인버네스 성은 11세기에 캐슬 힐(Castle Hill) 동쪽 크라운 지역에 요새로 지어졌을 것으로 추정되며 비록 증명할 자료는 없지만 맥베스가 던컨왕을 시해했던 비극이 연출되었던 장소로 알려져 있다. 그래서 가끔 네스 강둑에 왕복을 입은 던컨왕의 유령이 나타난다고 한다. 지금은 인버네스 시청사와 법원으로 사용되고 있다.

　인버네스의 근처에 괴물(monster)이 살고 있다는 네스湖(Loch Ness)가 위치해 있어서 외국에서 수많은 사람들이 찾는다. 그레이트 글랜 계곡에 위치한 급경사의 삼림으로 둘러싸인 아름다운 호수이며. 호숫가에 위치한 허물어진 어커트(Urquhart) 성터는 괴물의 출현을 입증해 주는 듯한 모습이다.

　이 호수의 길이는 36킬로미터, 깊이는 230m로 머리는 양이며, 목은 기린처럼 길고, 몸통은 물고기 모양을 한 기괴한 괴물이 살고 있다고 하며, 실제로 목격한 사람들이 있다고 한다. 그러나 영문학 작품 '베오울프'에 등장하는 수저지옥의 요정 '그렌델'과 비슷한 공상의 산물이라는 설도 있고, 빛과 그림자가 호수 면에 부딪쳐서 순간적으로 생기는 현상이라는 설도 있다. 1958년 캠브리지대학교 연구팀이 이곳에서 탐사를 계속하고 있지만 아직도 그 괴물에 대한 이렇다 할 증거를 찾지 못한 상태에 있다.

20 영국대학

　영국에는 옥스퍼드와 캠브리지 대학을 포함하여 각 지역에 소재하는 영국의 여러 대학들이 있다. M.D. Munro Mackenzie와 L.J. Westwood가 공동으로 쓴 글(Background to Britain, 1965)은 대학의 역사와 전통, 교육의 중점적인 강조사항, 수업과 강의방식 등에 대해 다음과 같이 간략한 정보를 제공하고 있다.

　옥스퍼드대학과 캠브리지 대학을 합쳐서 흔히 '옥스브리지'라고 부르기도 한다. 두 대학은 역사적으로 가장 오래된 대학이며 700년의 전통을 가지고 있다. 각 칼리지가 중심이 되는 여러 개의 단과대학들이 시기적으로 다르게 설립되어 그것들이 모여서 이루어진 체제를 갖추고 있는 것이 옥스퍼드와 캠브리지 대학이며, 각 대학은 독자적인 명칭을 갖고 있고 매우 큰 독립적인 권한을 지니고 있다.

　중세의 수도원 같이 가르치는 교수와 배움을 받는 학생 사이의 사제관계는 개인지도, 개인교수제인 것이 특징이다. 가르치는 사람은 교수 외에도 그 하위의 강사일 경우도 있다. 가르치는 사람을 튜더(tutor)라고 하고, 튜더에 의한 개별지도를 '튜토리얼'(tutorial)이라고 한다. 이러한 특징은 미국과는 크게 다른 차이점인 것이다.

21
영국의 명문 옥스브리지 대학

옥스퍼드 대학교(University of Oxford)는 영국 잉글랜드 옥스퍼드에 자리한 대학교이며, 1100년대에 설립되어 영어권에서 가장 오래된 대학교이기도 하다. 35개의 칼리지들이 있다. 1249년 유니버시티 칼리지가 최초로 세워졌으며, 1263년경 베일리얼 칼리지가, 1264년에 머턴 칼리지가 세워졌다. 초기 옥스퍼드대학교의 명성은 신학 및 교양 과정에서 비롯되었으며, 파리대학교보다 더 깊이 있게 물리학을 다루기 시작했다.

로저 베이컨은 파리를 떠난 뒤 1247~57년에 옥스퍼드에서 과학적인 실험과 강의를 했다. 그는 13~14세기에 이 대학교 내에서 영향력이 지대했던 프란체스코 수도회의 한 사람이었다. 그밖에 둔스 스코투스, 윌리엄 오브 오컴 등이 있었고, 존 위클리프(1330~84경)는 대부분의 생애를 옥스퍼드대학교에서 보냈다.

13세기 초 옥스퍼드대학교는 왕실로부터 인가를 받으면서 기반을 다졌으나, 옥스퍼드 시에 있는 종교단체들은 종교개혁기간 동안 박해를 받았다. 1571년 의회법을 통해 대학이 합쳐졌고, 이 대학의 법규는 1636년에 명예총장이었던 윌리엄 라우드 추기경이 성문화했다. 16세기 초 교수직이 생기기 시작했으며, 17세기 후반에는 과학 연구에 대한 관심이 급격히 고조되었다. 문예 부흥기에는 에라스무스가 새로운 교육을 도입했으며, 윌리엄 그로킨, 존 콜렛, 토머스 모어 경과 같은 학자들로 이 대학교의 명성이 높아졌다. 그때부터 전통적으로 고전·신학·정치학 분야에서 최고의 학문과 교육을 자랑하게 되었다. 19세기에 학생과 교수의 수가 급격히 증가했다. 1878년 옥스퍼드 최초의 여자대학인 레이디마거릿홀이 세워졌으며, 1920년부터 여자의 입학이 전면적으로 허용되었다. 20세기에는 교육과정이 현대화되어 과학이 보다 중시되었으며, 근대언어·정치학·경제학을 비롯해서 많은 학과들이 새로 추가되었다. 대학원 연구과정도 20세기에 급격히 확장되었다. 옥스퍼드대학교의 칼리지와 대학연구소로는 올소울스(1438), 베일리얼(1236~68), 브레이즈노즈(1509), 크라이스트처치(1546), 코퍼스크리스티(1517), 엑서터(1314), 그린(1979), 허트퍼드(1874), 지저스(1571), 케블(1868 설립, 1870 병합), 레이디마거릿홀(1878 설립, 1926 병합), 리너커(1962), 링컨(1427), 모들린(1458), 머턴(1264), 뉴(1379), 너필드(1937 설립, 1958 병합), 오리얼(1326), 펨브룩(1624), 퀸스(1340), 세인트앤스(1879 설립, 1952 병합), 세인트앤소니스(1950), 세인트캐서린스(1962), 세인트크로스(1965), 세인트에드먼드홀(1278), 세인트힐다스(1893 설립, 1926 병합), 세인트휴스(1886 설립, 1926 병합), 세인트존스(1555), 세인트피터스(1947 설립, 1961 병합), 서머빌(1879 설립, 1926 병합)·트리니티(1554~55), 유니버시티(1249), 워덤(1612), 울프슨(1966), 우스터(1283 설립, 1714 병합) 등이 있다. 옥스퍼드대학교 내에는 보들리언 도서관과 애슈몰린 미술고고학 박물관이 있다. 옥스퍼드대학교 출판사(1478)는 세계에서 가장 규모가 크고 권위 있는 대학 출판사에 속한다. 영국 역사상 옥스퍼드대학교 출신의 위인들로는 존 웨슬리에서부터 카디널 울시, 오스카 와일드, 리처드 버턴 경, 세실 로즈, 월터 롤리 경 등이 있다. 천문학자 에드먼드 헬리와 물리학자 로버트 보일리 등은 옥스퍼드대학교에서 주요연구를 했다. 이 대학에서 공부한 영국 총리들로는 대(大)윌리엄 피트, 조지 캐닝, 로버트 필 경, 윌리엄 글래드스톤, 로드 샐리스버리, H. H. 애스퀴드, 클레멘트 애틀리, 앤소니 이든, 해럴드 맥밀런, 에드워드 하트, 해럴드 윌슨 경, 마거릿 대처 등이 있다.

22 세상에서 가장 아름다운 캠퍼스[1]

세계에서 가장 아름다운 캠퍼스인 '스털링대학교(University of Stirling)'에 도착하여 기숙사(Murray Hall)로 들어갔다. 기숙사 1층 로비에서 Porter가 나를 친절히 방으로 안내 해주며 여러 가지 시설들을 사용하는 방법을 상세히 설명해 주었다. 나는 그때 그 수위가 하는 말을 전혀 알아들을 수가 없었지만 그냥 아는 체 고개만 끄떡이며 속으로 나의 형편없는 영어 (듣기) 실력에 매우 실망하였다. 오랜 시간 동안 비행기와 기차에 시달린 몸에다, 언어의 장벽에서 오는 심한 스트레스에 쌓여 3일 동안 기숙사 방에서 꼼짝하지 않고 잠만 잤다.

사흘 동안 방에서 푹 쉬고 기숙사 밖으로 나와서 학교 중앙에 위치한 에어스리 호수(Loch Airthry) 주위를 산책하였다. 산책하던 중 우연히 스쳐 지나가던 노부부(老夫婦)들이 처음 보는 나를 향하여 Hello라고 인사를 하여 나는 한껏 용기와 자신감이 생겼다. 이국땅에서 처음 대하는 따뜻한 미소와 인사에 나의 마음에 새로운 문화세계에 대한 호감을 갖게 해 주었다.

"캠퍼스 안에 이런 아름다운 호수가 있다니!" 정말 감탄사가 나왔다.

---

1) 차재국의 유학기에서 인용(www.blog.daum.net/jgcha)

호수 주위엔 갖가지 나무들과 꽃들로 장식되어 있다. 이 캠퍼스를 처음 보는 순간 호흡이 멈추는 듯 했다. 너무 아름다워서...

사실 내가 이 대학을 선택하게 된 이유 중의 하나도 캠퍼스가 가장 아름답고 낭만적이라는 것도 포함된다. 스코틀랜드에는 호수가 많아서 어딜 가나 절경을 쉽게 볼 수 있다. 어떤 이들은 하일랜드의 경치는 스위스의 그것을 능가한다고도 말한다. 스털링대학교는 하일랜드가 시작되는 곳에 위치해 있다. 하일랜드의 출발점답게 캠퍼스의 경치는 보는 이로 하여금 숨을 잠깐 멈추게 할 정도이다.

　봄이면 호숫가 잔디 사이로 수선화가 아름답게 뒤덮는다.
　여름이면 호수에 오리들이 온갖 새들과 함께 노닌다.
　가을이면 학교 뒷산의 단풍이 넘실댄다.
　겨울이면 하얀 눈이 캠퍼스를 순백색의 옷을 입힌다.

캠퍼스의 정문 앞엔 넓은 목초지위에 양떼들이 평화롭게 풀을 뜯는다. 캠퍼스 뒤엔 스코틀랜드의 장군의 기념탑 'Wallace Monument'가 그 위용을 떨치며 높이 서 있다. 캠퍼스 안엔 골프장이 '에어스리 성'(Airthry Castle)가에 아름답게 만들어져 있어 주말이면 학생들과 시민들은 골프를 즐긴다. 캠퍼스 입구 한쪽에는 대 운동장(축구장, 럭비장, 배구장 등)이 있고, 실내 체육관(Gannochy Sports Centre)에는 국립 테니스코트가 있고, MacRobert Centre에는 세계적인 concert가 자주 열린다. 캠퍼스 안에 4개의 영화관이 있어 학생들은 공짜로 영화 감상을 할 수 있다.

23
영국의 방송

    영국의 공공법인으로서 국영방송국인 BBC는 영국 국민들에게 어릴 때부터 모국어를 배우는 언어 교육의 차원에서 큰 역할을 담당하여 왔으며 어린이들을 위한 유익한 프로그램을 많이 제공한다. 제1차 세계대전 때는 윈스턴 처칠의 대국민 연설을 전하는 매체로서 국민의 사기를 고양시키는 일에 기여하였으며, 국왕의 연설도 이 BBC 방송을 통해서 행해진다. 그밖에도 스포츠, 교육방송과 방송통신대학(Open University) 강의 송신 등의 중요한 사회 교육적 역할을 수행하며 라디오 방송과 TV방송 양자를 통해 이루어진다.

    영국의 방송은 1927년 이래 BBC 독점사업이었으나 1955년부터 상업 텔레비전 방송으로 민방협회(IBA)의 감독 아래 프로그램 제작회사가 제공하는 방송을 전파에 실어 보내는 독립 텔레비전 공사(ITA)가 발족하였다. BBC가 2개국, 독립민영방송국(ITV)이 2개국의 채널을 가지고 있다. BBC의 2개 채널 중에서 'BBC 1'(channel 1)은 뉴스와 일반 오락 프로그램을 방영하고, 'BBC 2'(channel 4)는 예술과 교육 주제에 관련된 새로운 다큐멘트와 시리즈물 프로그램을 주로 방영한다. 흔히 이른바 'BBC English'라고 말하면 영국 및 세계 다른 지역에서 사용되는 영어 표준 발음 형태를 지칭한다.

24
정원의 나라

    런던의 매력은 무엇일까? 거대 도시인 런던은 수많은 공원이 있고, 모든 가정마다 정원을 가지고 있다. 영국인들은 정원을 사랑하고 가꾸는 정원사들이다. 런던은 정원도시(Garden City)로서의 매력을 지니고 있다.

    런던은 대도시 같은 느낌을 주지 않으며, 마치 전원도시 같은 느낌을 준다. 사람들은 런던에 와서 갖가지 시대의 건물이 녹색공간과 실로 멋지게 조화를 이루고 있다는 것을 깨달을 수 있다. 현대 도시계획의 혼란의 와중에 있으면서도, 도시 전체가 본래 마을의 매력을 잃지 않고 있다. 리젠스 양식 또는 빅토리아조풍의 호화로운 저택이 사실은 시골의 오래된 저택이었다는 예가 많으며, 옛날 그대로의 옥외 변소나 주차장으로 변한 옛날의 가축 축사가 그대로 있기도 하다.

    런던에서 도시와 시골이 어떻게 혼합되고 있는가를 피부로 느끼려면, 홀란드 파크 뮤즈의 주택가나 켄징턴가를 산책하는 것만으로도 충분하다. 번화가인 피커딜리 서커스 근처마저도, 예를 들어 셰퍼드 마켓에는 18세기의 마을 성격이 남아 있다. 또한 하이드 파크에서는 맑은 날 휴식 시간이 되면, 수천 명의 샐러리맨이 쏟아져 나와 상반신을 벗거나 수영복으로 갈아입고, 드러누워서 샌드위치를 먹거나 책을 읽는 모습을 볼 수 있다. 이러한 녹지와 공원이 런던에는 곳곳에 있다. 저녁이 되면 집집마다의 정원에 놀고 있던 새들과 다람쥐, 곤충들이 트라팔가 광장으로 모여 장관을 이루기도 한다.

'정원의 나라'(The Nation of Garden)라고 부를 만한 국민이 영국인이다.

정원 가꾸기를 좋아하는 국민들은 무척 많다. 하지만 영국인들만큼 정원 가꾸기를 좋아하는 국민들은 없다. 흔히 영국을 장미정원의 나라라고 부르듯이 실제로 영국의 정원에는 장미가 넘쳐흐른다. 장미뿐만 아니라 영국 고유의 여러 수목들이 어우러져 정원의 나라라고 불릴 만큼 모든 것이 잘 정비되어 있다. 영국 남서부의 공업지대를 제외하고선 영국 전역을 전원의 도시라고 부를 만하다. BBC방송국에서도 정원 가꾸기 TV 프로그램이 있을 정도로 영국 국민들의 정원에 대한 관심은 엄청나다. 정원에 대한 잡지 또한 헤아릴 수 없을 정도이며, 여론조사 결과 성인 남성의 60%가 여가 시간을 정원 가꾸기로 보낸다고 한다. 정원의 종류 또한 다양해서 꽃으로만 이루어진 정원이 있는가 하면 인공 폭포와 자연석으로 꾸며 놓은 정원도 있고, 새를 이용한 새 정원 등도 있다. 왕실에서부터 상류층, 하류계층까지 모든 국민이 정원 가꾸기에 열중하고 있는 것이다. 정원 가꾸기는 18세기 말 런던 근교를 중심으로 시작되었으며, 19세기 말 황폐화된 도시정비 계획의 일환으로 1주택 1정원 가꾸기를 정책적으로 추진하기도 했다. 그 결과 지금의 아름다운 영국이 탄생했으며, 국민의 정서순화에도 많은 기여를 하고 있는 것이다.

근대 이전에는 영국은 도시와 시골의 경계가 분명했었다. 주거단지들을 방어용 성벽으로 둘러 쌓여 있었고 그 주변은 식량을 위한 밭으로 둘러 쌓여 있었다. 이러한 영국의 전통적인 주거형태는 18세기부터 인구폭등과 산업혁명으로 모든 주거환경이 변화하게 된다. 도시들은 계속해서 외곽지역으로 팽창해가고, 농촌지역의 소규모 도시들까지 모두 삼켜 버리는 거대도시로 성장해갔다.

25 캔터베리 순례

캔터베리는 고대 켄트(Kent)주의 주도로서 이미 중세 이전부터 로마인이 정착하였던 곳이고 이어서 앵글로색슨족이 정착하였으며 캔터베리 성당이 완공된 602년 이후로는 영국교회(English Church)의 중심적인 거대도시가 된 유서 깊은 고도이다. 이 성당은 5년 전 597년에 건축되기 시작하였는데, 원래의 성당은 오늘날 전혀 남아있지 않으며 현재의 건물은 1067년으로 거슬러 올라간다. 1174년과 1470년 사이에 증축되었고 2차 세계대전 중에는 폭격을 받아 1/3정도가 허물어졌다.

초오서(1340~1400)가 살았던 시대에는 순교자인 캔터베리 대주교 성 토마스의 순례지로 유명했고 '캔터베리 이야기'(The Canterbury Tales)는 이러한 중세시대의 순례 이야기와 당시 영국의 중세 시대상을 초오서가 픽션으로 반영시킨 대서사시이다. 이 작품으로 하여 캔터베리는 오늘날 영국문학사의 중심적 장소 중의 하나가 되었다.

중세에 영국교회는 세속권력으로부터 끊임없는 도전을 받았으며 그와 같은 교회와 세속권력의 대결의 비극적인 사례의 하나가 12세기에 캔터베리 대성당에서 일어난 대주교 살인 사건이었다. 당시 유럽에서 마르틴 루터의 종교개혁으로 영국교회와 로마교회의 권위가 무너지기 시작하던 때에 일어난 이 사건은 헨리 왕의 신하 4명이 왕과 사사건건 맞서며 로마

교회의 교권을 옹호하던 캔터베리 대주교 토마스 베켓(Thomas Becket)을 성당 안에서 도끼로 죽인 것이었다. T.S.엘리엇의 극작품 '대성당의 살인'(Murder in the Cathedral)은 이 사건에 관한 내용이다. 토마스는 이 때문에 졸지에 성자가 되고 캔터베리는 더욱 유명을 더하여 신성한 순례지가 되었던 것이다.

26 영국의 신문

　영국 국민들은 신문 읽는데 유별나게 골몰하는 사람들이다. 아침 식사 시에, 아침 출근하는 버스나 지하철에서, 그리고 퇴근하는 차내에서도 신문은 그들의 일상생활의 필수품으로 자리 잡고 있으며 없어서는 안 되는 상용품목이다. 영국에는 다양한 여러 종류의 수많은 중앙지와 지방지들이 있다. 각종 기관에서 발행하는 기관지류를 포함하여 제마다 고유의 특색과 논조를 가지고 있다.

　오늘날 영국에서 가장 영향력 있는 신문은 'The Times'이다. 이 신문이 창업된 때는 1785년으로 거슬러 올라간다. 1785년 1월 1일 온갖 사업에 실패한 중년의 40대 존 월터가 생계를 위한 궁리 끝에 시작한 것이었다. 그 이름은 '더 데일리 유니버설 레지스타'(The Daily Universal Register)였는데, 이 때 이미 런던에는 조간지가 8개, 석간지가 9개가 있어 군웅할거의 전국시대를 이루었다. 3년 후에 'The Times of Daily of Universal Register'로 개명하였고 다시 3개월 후에 명칭에 대한 여러 사람들의 불평을 받아들여 맨 앞의 'The Times'만 남겼다. 적자에 허덕이던 이 신문을 신문이라는 것이 무엇이라는 것을 정확히 인식한 탁월한 신문기업가인 존 월터의 아들 월터 2세가 이어받아 탁월한 경영수완으로 그 기반을 닦아나가기 시작했고 그것이 오늘날의 세계적인 신문이 된 것이다.

1933년 미국 미주리대학 신문학과는 '더 타임스'에 대해 "공정한 태도, 풍부한 학식, 용기, 금전의 유혹에 굴하지 않는 영국적인 명예심, 완결함, 정확하고 교양 깊고 세련된 논설면... 빈틈없이 배려한 특집기사, 탁월한 경제평론과 세계정세의 전망..."이라고 높은 기품을 평가하였다.

27
양치는 섬나라

영국에서 여행했을 때 우리의 시선을 끄는 인상 깊은 풍경 중의 하나가 양이 풀을 뜯고 있는 풍경이다. 어느 지역이나 이곳저곳 어디서나 흔히 볼 수 있는 광경이 풀을 뜯고 있는 방목한 양들인 것이다. 자동차를 몰고 길을 달리다 보면 울타리에서 뛰쳐나온 양들이 찻길에 올라와 달리는 자동차에 치어 죽은 모습을 볼 수 있다.

전통적으로 영국의 방목은 먹는 식용의 목적이 아니라 양털을 얻기 위한 것이었다. 식용을 위한 양고기는 뉴질랜드에서 수입한다.

28 노팅햄과 로빈훗, 셔우드 숲

Nottingham과 Sherwood Forest 노팅햄의 북쪽에 펼쳐지는 광대한 Sherwood Forest는 약 700년 전 로빈훗 일행이 활약한 마을이다. 그 이야기의 진위는 아직 정확하지 않지만 그의 무용담은 전 세계에 알려져서 그의 활약에 흥분하거나 강한 매력을 느끼는 사람이 지금도 끊이질 않는다. 노팅햄은 6세기에 앵글로 색슨인이 정착하고 9세기에는 바이킹의 침입을 받아서 혼합문화가 지배적이었는데 11세기에는 노르만인의 지배에 들어갔다. 또 교역의 도시로 철광산업과 직물산업이 발달하여 산업혁명의 선구적 무대가 되었다. 현재도 첨단 기술이 모여 있는 유수한 공업도시이다. 그런 번영을 배경으로 시인 바이런. 작가 D.H.로렌스 등을 배출한 도시이기도 하다.

노팅햄 성(Nottingham Castle, Sheriff's Stronghold) 1068년 정복 왕 윌리엄이 이곳에 성을 쌓을 것을 명령하였는데 사암질의 암반에 해자(垓子/垓字) [1])를 파는 것이 대단히 어려운 공사였다고 한다. 13세기 초에 존 왕의 재건 계획을 지휘한 것은 노팅햄 주의 장관 Philip Marc이다. 강제와 협박을 겸비한 잔인한 지배자로서 그야말로 로빈훗의 원수였다고 전해진다. 당시 성은 통치, 군대, 재정의 거점이 되었다. 7세기에 들어서

---
1) 적의 침입을 막기 위해 성 밖을 둘러 파서 못으로 만든 곳.

성은 뉴캐슬 백작에게 팔렸고 바위산에 저택을 세웠다. 1875년에 보수하여 이 지방에서 제1호의 박물관으로 개장되어 오늘에 이르고 있다. 녹색으로 둘러싸인 정원에서 성을 향해 올라가서 들어가는 박물관 Castle Museum에는 여러 가지 물건이 전시되어 있어서 재미있다.

타원형의 'The Allegory of Restoration'이라는 그림은 런던의 화이트 홀 궁전에 장식되었던 것이 300년 동안 행방불명되었다가 어느 집 다락방 속에서 갑자기 나타났다는 전력을 가지고 있는 그림이다. 1330년 10월의 어느 날 밤 에드워드 3세의 부하들이 성에 침입하여 어머니 이사벨라 여왕의 애인 로저 모티머를 체포했다는 스파이 대작전과 같은 사건이 발생하였다. 그 침입로가 되었던 동굴이 Mortimer's Hole로서 성 옆에 남아 있다. 또 성문은 1255년에 만든 것이다. 금세기에 들어와서 개축하였으며 안은 로빈훗 전시실로 사용하고 있다.

'셔우드 숲'은 원래 왕실의 소유의 수렵지로 사용되었는데, 일반인의 출입은 삼림법(Forest Law)으로 금지되어 있었다. 그러나 왕위가 바뀜에 따라 왕마다 관심의 정도나 목적이 달라졌고, 이에 따라 왕실 소유가 아닌 여러 권력 있는 공작들의 분할소유로 나누어지기도 했다. 가장 넓었을 때인 존 왕 때는 10만 에이커였던 것이 지금은 4560에이커 정도의 셔우드 숲 국립공원으로 관리되고 있고, 여러 학교의 학생들이나 대학들이 연구 프로젝트를 수행할 뿐만 아니라 관광산업으로 활용되고 있다. 한때 가장 중요한 관심사가 된 것이 참나무 숲이었다. 역사적인 명소로서, 그리고 다양한 식물상과 동물상 및 생태체계 연구를 위한 훌륭한 교육연구 자원으로서 오늘날 보존 관리되고 있다.

29 노르위치 대성당 천장의 장식물

이 장의 글은 노르위치 대성당 둥근 천장의 돌출 장식물 새김그림에 관한 것이다(from Glimpses of England 1983). 필자 Peter Milward는 일본의 소피아에 있는 학교에 영어 교사로 재직하고 있는데, 영국의 문화와 삶에 대해 가르친다. 외국어를 가르치는데 있어서 그의 신념은 "보는 것이 아니라 믿는 것이다"이다. 그래서 말보다는 사진에 의존하며 자신이 찍은 영국 탐방지역의 실물 사진을 학생들에게 보여준다.

그러한 사진들 중에서 학생들을 반드시 감동시키는 두 장의 슬라이드가 있는데, 첫 번째 슬라이드는 노르위치 대성당의 내부를 찍은 것으로 노르위치 대성당 지붕의 중심에 있는 둥근 천장의 그림이 새겨진 돌출 장식물이다. 필자는 이것을 가리키면서 학생들에게 "어떤 것이라도 보이느냐"고 물어보니 학생들은 보이지 않는다고 대답한다. 그가 두 번째 슬라이드를 학생들에게 보여주자 학생들은 감탄한다. 왜냐하면 그것은 평범한 카메라로 찍은 것이 아니라 망원경 렌즈가 있는 카메라로 확대하여 찍어서 육안으로는 볼 수 없는 것을 보여주기 때문이다. 그 둥근 천장의 여러 돌출 장식물엔 각각 성경의 다른 장면을 그려놓았는데, 낙원에서의 아담과 이브, 노아와 방주 등의 그림이 새겨져 있다. 하지만 필자는 그 시대의 예술가들이 그 시대에는 망원경이 없었는데, 왜 사람의 눈으로는 볼 수 없고 망원경으로만 볼 수 있는 그런 높은 곳에 작품을 만들었는지

의문을 제기한다.

  이에 대해 필자의 생각엔 그것은 아마도 예술가들에게는 그들의 작품이 신과 천사들이 찬양하고 보는 것으로 충분했기 때문이라고, 그리고 20세기의 우리는 지금까지 신과 천사들을 위해서만 준비해두었던 특권을 얻게 되었고, 그것이 우리가 천국에 더 가까워진 신호이기를 희망한다고 응답한다.

30 영국경찰

　외국인이 영국 경찰을 처음 봤을 때 당장 눈에 띄는 두 가지가 있는데, 첫 번째는 총을 가지고 다니지 않는다는 것이고, 두 번째는 매우 특이한 형태의 경찰 헬멧을 쓰고 있는 것이다. 이러한 영국 경찰은 친절하고 호의적이며 유머가 있고 국가의 공복이지 주인나리 행세를 하는 직업이 아니라는 사명감에 투철하다. 그들은 방문여행자들에게 길을 친절하게 안내하는 일을 하는데 대부분의 시간을 보낸다.

　영국의 경찰 'policeman'은 'copper', 'bobby'라는 별명으로 흔히 불리고 있는데, 'copper'는 'cop'라는 동사, 즉 '잡다', '붙잡다'의 뜻인 'take' 'capture'에서 나왔고, 후자는 런던의 경찰 제도를 확립한 Sir Robert Peel의 이름(first name)에서 유래하였다. Bobby Robert Peel은 1829년에 런던의 경찰 제도를 확립하였다. 그는 1788년에 태어나 1850년에 세상을 떠난, 영국의 정치가였으며, 1834~1835와 1841~1846까지 수상(Prime Minister)을 지냈다. 그리고 Roman Catholics를 위한 자유를 도입했다고 한다.

31 가장 위대한 국왕 알프레드

 '영국사'를 쓴 앙드레 모로아는, 알프레드(Alfred)는 "전설상의 왕이지만 그의 전설은 진실이다."라고 말했다. '알프레드 왕과 과자'(King Alfred and the Cakes) 이야기나 '알프레드 왕과 거지'(King Alfred and the Beggar) 이야기는 전설처럼 되어 전해오는 너무나 감동 깊고 재미있는 이야기인데 J.M. Baldwin이 아동 교육을 위해 쓴 Fifty Famous Stories에 게재되어 있다.

 군인, 문학자, 항해가, 입법자 등으로서의 재질을 고루 갖추었던 알프레드는 성실하고 영명하였으며 독실한 가톨릭 신자였고, 당시의 침입자인 바이킹족(데인족, 덴마크인들)으로부터 영국을 구출하였다. 그는 성년이 되기 전에 로마 순례를 가서 교황으로부터 총독 임명을 받고 영국, 당시 웨섹스 왕국에 돌아와 형들과 함께 데인군과의 전투에 참가해 단연 두각을 나타냈다. 그는 침략시대의 싸움 소리를 들어가면서 세 형이 전사했다는 기억 속에서 성장했는데, 병약하고 민감했던 그는 그러나 강자가 되겠다는 굳은 정신력을 가지고 있었다. 그는 우수한 기사이며 대단한 사냥꾼이었으나 어렸을 때부터 향학열이 높았다. 그의 가문의 마지막 형이 전사하자 현인회의(Witan)[1]는 알프레드의 조카들은 전시에 통치하

---

[1] Witan, also called Witenagemot, the council of the Anglo-Saxon kings in and of England; its essential duty was to advise the king on all matters on which he chose to ask its opinion.

기에는 너무 어리다는 판단 하에 결국 알프레드를 왕으로 추대했다.

웨섹스를 공략한 데인군과의 전투에서 거의 혼자 몸으로 소택지 늪에 있는 섬으로 간신히 도망하여 몇 명 안 되는 시종무관(侍從武官)[2]과 함께 조그마한 방루를 구축하여 그 해 겨울을 나고 잠복하던 그곳에서 웨섹스의 자기 농민들에게 자신이 살아있음을 알려 그들과 왕이 함께 데인군을 진격하여 항복을 받았다. 그 후부터 데인인은 북부와 동부를 지배하고 알프레드 왕은 경계선 이남을 평화롭게 통치할 수 있게 되었다.

알프레드는 전쟁과 재난으로 황폐한 그의 나라에 학문을 진작시키고자 최선의 노력을 기울였다. 그는 귀족과 부유한 자유민의 자제에게 라틴어, 영어, 마술(馬術), 매사냥 등을 가르치기 위해 큰 학교를 설립했다. 매년 그 해에 일어난 주요 사건을 기록하는 앵글로색슨 연대기의 착수를 명령했고, 라틴어 저명 서적을 영어로 번역하기도 했는데, 특히 이 철학적인 왕의 마음에 꼭 들었으리라고 생각되는 보시우스 Boethius의 '철학의 위안'(Consolation of Philosophy)도 번역했다. 그 외의 번역 책으로 Bede의 '영국교회사'(Ecclesiastical History), 오로시우스 Orosius의 '세계사'(Universal History), 그레고리우스 대교황의 '성직자의 계율'(Pastoral Care) 등이 있다. 상당히 정밀한 번역가였던 그는 말 하나하나를 정확히 가려서 썼고 사상은 깊이 검토해서 진정한 뜻을 찾은 후에 정확한 영어로 옮겼다고 말했다. 학식과 신앙이 두터웠던 이 무사왕(武士王)은 또한 발명가이기도 했는데 그는 수도원의 성무일과(the divine office, 聖務日課)를 정해진 시간에 시행하기를 바라는 마음에서 각제등(角製燈)에 정확히 6시간 만에 타 없어지도록 만든 4개의 초를 세우는 방법을 안출했다.

---

[2] an officer in attendance on the King[Queen]

32
셰익스피어와 스트래퍼드

영국의 위대한 대문호 윌리엄 셰익스피어는 1564년 4월 23일에 스트래퍼드 어폰 에이번 (Stratford-upon-Avon)이라는 마을에서 태어나 자랐으며 그곳에서 결혼도 하였다. 그리고 셰익스피어는 태어난 지 며칠 후인 4월 26일에 홀리 트리니티 교회(Holy Trinitage Church)에서 세례를 받았다. 그가 태어난 집은 스트래퍼드의 Henley st.에 위치하고 있고 지금은 Shakespeare's Birthplace라고 불리며 현재 스트래퍼드의 주요한 관광 명소이다.

〈셰익스피어의 출생지에 대해 알아두자.〉

반은 나무로 만든 건물(The half-timbered building)이 셰익스피어 가족의 집이며 윌리엄 셰익스피어가 그의 유년기를 보낸 곳이다. 이층에는 셰익스피어가 태어난 방이 있다. 그리고 창문 곁에는 긁혀진 흔적이 있는데 이것은 19세기 셰익스피어의 생가를 보러온 특별한 방문객들이 사인(signature)을 남긴 자국이라고 한다.

이외에도 셰익스피어의 아버지인 John Shakespeare가 쓰던 방과 3개의 침실들이 있다. 셰익스피어의 생가에 들어가면 지금 현재 가장 먼저 보게 되는 것은 윌리엄 셰익스피어의 삶과 배경에 대한 전시품들이다. 그 전시품들 - The Globe Theatre의 설계도, 셰익스피어가 The Grammar

School에서 사용했을 것으로 추정되는 책상, 셰익스피어의 연극에서 실제 사용되던 소품들, 그가 직접 쓴 글들이 자세한 설명문과 함께 전시되어 있다. 밖으로 나가면, 아름다운 영국의 전형적인 정원이 펼쳐져 있고 이 정원 속의 나무와 꽃들은 셰익스피어의 작품에서도 종종 등장한다.

셰익스피어는 1584년까지 스트래퍼드에 있었지만, 1586~7년경에 런던에 가서 그의 본격적인 활동을 시작했다. 1592년경에는 그는 그곳에서도 인정받는 극작가가 되었으며, 그의 대부분의 작품들은 셰익스피어가 런던에 머물렀던 이 시기에 쓰인 것이다. 그의 직업상의 위치가 절정에 있었던 1597년에 그는 스트래퍼드의 Chapel st.에 있는 New Place를 샀고 그의 고향에서 주요한 주민(townsman)이 되기 위한 준비를 서서히 하기 시작했다. 셰익스피어는 그의 고향을 사랑하여, 비록 그의 절정기는 런던에서 보냈지만, 그 동안에도 셰익스피어의 마음은 스트래퍼드와 가까이 있었다.

〈셰익스피어의 대저택 New Place를 탐방하면 볼 수 있는 것〉

1611년 정도에 셰익스피어는 London Theatre를 떠나 다시 그의 고향인 스트래퍼드에 돌아와 대저택 New Place에서 1616년에 생을 마감할 때까지 그의 여생을 보냈다. 오늘날 방문객들은 New Place에서 정교하게 Elizabethan style로 꾸며진 형형색색으로 만발한 아름다운 정원을 볼 수 있다.

〈Holy Trinity Church〉

셰익스피어는 죽고 나서 예전에 자신이 세례를 받았던 곳인 홀리 트리니티 교회(Holy Trinity Church)에 묻혔으며, 그곳에는 지금 그의 가족들도 곁에 묻혀 있다. 스테인드 글라스가 아름다운 그 교회에는 지금도 셰익스피어를 기리는 방문객들의 발길이 끊이질 않는다.

33 아서왕(King Arthur) 이야기

아서(Arthur)왕은 6세기경 영국의 전설적 인물이며 켈트 민족에 속하는 영웅이다.

브리튼 지방을 소재로 한 일련의 중세 로맨스에서 원탁의 기사들을 다스리는 왕으로 나온다. 이러한 전설들이 어떻게, 어디에서 유래했는지, 그리고 그가 역사상의 실제 인물이었는지는 확실하지 않다.

아서가 역사상의 인물로서 웨일스인들을 이끌어 템스 강 중류에서 전진해오는 서부 색슨족에게 저항했다는 가설은 2명의 초기 연대기작가인 길다스와 넨니우스의 주장을 합친 자료와 10세기 후반의 〈웨일스 연대기 Annales Cambriae〉에 근거를 두고 있다.

9세기 넨니우스의 〈브리튼 역사 Historia Britonum〉에 따르면, 아서는 색슨족에 저항해서 12번의 전쟁을 치렀으며 몬스 바도니쿠스에서 가장 큰 승리를 거두었다고 한다. 그러나 이 작품에 나오는 아서에 대한 기록은 출전이 불확실하고 아마도 시(詩) 작품에서 옮긴 것으로 보인다.

'아서왕 이야기'는 켈트족의 다양한 신화와 전설에 기독교 전승까지 덧씌워진 것으로, 여러 중세 작가 특히 프랑스 출신의 작가들이 아서의 출생에 대한 일화, 기사들이 벌이는 모험, 왕비인 귀네비어와 기사인 랜슬롯 경의 불륜의 사랑 등 여러 가지 다양한 이야기를 만들어냈다. 예수가 최후의 만찬에서 사용한 뒤 아리마태아의 요셉에게 주었다는 성배 탐

색, 귀네비어와 랜슬롯의 불륜의 사랑 때문에 결국 기사들 사이의 우정은 깨지고 아서는 죽으며 왕국도 파멸을 맞는다.

　아서와 그의 왕실에 관한 이야기는 11세기 전에 웨일스 지방에서 큰 인기가 있었다. 이 이야기가 유럽에서도 유명해진 것은 12세기의 수도사 몬머스의 제프리가 라틴어로 〈브리튼 왕 열전 Historia regum Britanniae〉(1135~39)을 쓰면서부터였다. 이 이야기는 동부 프랑스에서 로마군을 무찌르고 영광스럽게 개선했으나 조카 모드레드가 이끄는 반란군과 싸워 치명상을 입은 한 왕을 찬양하는 내용이다. 12세기말 켈트족 이야기에서 소재를 빌려온 크레티앵 드 트루아는 5편의 로맨스에서 아서를 불가사의한 힘을 가진 통치자로 설정하고, 또 아서 왕의 전설에 성배를 찾는 내용을 덧붙였다.

　13세기 산문형식의 로맨스가 다루기 시작한 2가지 주제는 성배를 차지하는 일과 랜슬롯과 귀네비어의 사랑이다.

　한편 영국에서는 15세기에 토머스 맬러리는 사라져 가는 중세적 질서에 대한 애석함을 느끼고 아서왕 전설을 집대성해 산문으로 기록한 〈아서왕의 죽음〉(1485)을 출판하였는데, 이것은 영국 최초의 산문소설이라는 점에서, 중세문화의 아름다운 영상을 후대의 문인들 가슴에 소생시켰다는 점에서도, 영문학사상에 불후의 명성을 남기고 있다.

　아서왕 전설은 이후 만화, 동화, 소설, 애니메이션, 영화 등으로도 많이 소개됐다.

34 호반지대

영국의 국립공원(National Park)으로 지정된 중서부에 있는 호반지대 The Lake District는 영국에서 낭만주의 문예사조의 문을 열었고 계관시 인이 된 William Worsworth가 이 지역의 대자연 풍경의 경이와 아름다 움에 감탄하여 "인간이 지금까지 발견한 곳 중에서 가장 아름다운 곳" (The loveliest spot that man hath ever found)이라고 선언했을 만큼 산자수려하다. 여러 산들과 계곡들이 어우러져 있고, 물과 호수가 산악 과 더불어 신비의 절경을 이루고 있는 여러 지역들은 수많은 여행자들이 끊이지 않고 찾아와서 즐긴다. 특히 이름난 명소로서 켄달(Kendal)은 남 쪽 방향의 주 관문이며, 케스윅(Keswick)은 북쪽 지역의 중심지이다. 윈 드미어(Windermere)는 남쪽으로부터 들어오는 여행자들이 맨 처음 보 게 되는 리본 모양으로 펼쳐져 있는 곳이다. 브록홀(Brockhole)은 호반 지대 국립공원의 중심이 되는 곳인데, 여행자들이 이 국립공원 지대의 감상을 높일 의도로 '센터'로 지정되었다. 그리고 그래스미어(Grasmere) 와 리달(Rydal)은 워즈워드와 불가분의 관계를 갖는 곳이다. 이 밖에도 여러 지역들이 있는데 이 호반지대에 관해 몇몇 지역들의 지리정보를 기 억해두면 유익한 도움이 될 것이다.

PART 2
미국편

01 미국의 개요

〈북아메리카 대륙의 48개주와 알래스카·하와이의 외부 2개주로 구성된 국가〉

공식명칭 : 미합중국(United States of America)
인　　구 : 311,591,917 (2011년 추정)
면　　적 : 9,826,630km²
수　　도 : 워싱턴 D.C.
정　　치 : 연방공화제
의　　회 : 양원제
국가원수 : 대통령
정부수반 : 대통령
공식언어 : 없음 (대다수가 영어 사용)
독립날짜 : 1776.07.04
화폐단위 : 미국달러(U. S. dollar/U.S.$)
국가(國歌) : The Star-Spangled Banner
국　　기 : 성조기(Stars and Stripes)

미국은 북아메리카 대륙의 캐나다와 멕시코 사이에 있는 나라이며, 1607년 영국이 제임스강(江) 연안에 식민지를 조성한 이후 영국의 식민

상태였다가 1775년 미국독립혁명 후 1776년 독립을 선언하고 1783년 파리조약에서 독립이 승인되었다. 그리고 본토와 알래스카 · 하와이로 구성된 연방공화국이다. 즉, 50개 주(state)와 1개 수도구(district: 컬럼비아구. 약칭 D.C) 외에 해외속령으로 푸에르토리코, 사모아제도, 웨이크섬, 괌섬과, UN(United Nations)의 신탁통치령인 캐롤라인 제도, 베이커 아일랜드, 하울랜드 아일랜드, 자비스 아일랜드, 존스턴 환초, 킹맨 환초, 미드웨이 제도, 내바사 아일랜드, 팔미라 환초, 버진 아일랜드, 웨이크 아일랜드 등이 있다.

1947년 7월 18일부터 1994년 10월 1일까지 미국은 태평양 제도에 신탁통치를 실시했으나 최근 4개의 지역과 새로운 정치적 관계를 수립했다. 북마리아나 제도와는 자치연방협정(1986년 11월 3일 발효)을 체결하고, 팔라우와는 자유연합협정(1994년 10월 1일 발효), 마이크로네시아 연방과 자유연합협정(1986년 11월 3일 발효), 마샬 제도 공화국과 자유연합협정(1986년 10월 21일 발효)을 체결했다.

02 미국 식민자들이 미국에 왔던 이유

　북미 대륙에 유럽인들이 식민 사업으로 식민지를 건설하려했던 것은 풍부한 금은보화와 물자를 획득하려는데 있었다. 영국은 15세기 말 부터 신대륙과 관련을 맺었으나 국내의 정치적 사정으로 해외진출을 할 겨를이 없었고 16세기 후반으로 들어가 엘리자베스 여왕에 이르러 식민지 건설 사업에 관심을 가지기 시작했다. 그러나 본격적으로 식민 활동을 한 때는 제임스 1세 때부터였다. 엘리자베스 여왕의 경우는 당시 종교개혁 시기에 영국보다 먼저 신대륙의 식민 사업에 뛰어들어 여러 식민지 타운을 건설하였고 유럽의 최대 강국이었으며 구교의 종주국으로 자처하였던 스페인과 맞서 싸웠으며, 신대륙 식민 사업으로서 얻은 보화와 물자를 수송하던 스페인의 식민도시와 해상의 수송선박을 습격 약탈하였다. 그러다가 1588년 이러한 영국에 복수하고자 벌였던 스페인의 무적함대와의 전투에서 영국이 승리하였고 이를 계기로 신대륙 식민 사업에도 탄력을 얻고 활발한 개척 사업에 발을 내딛게 된다.

　그러나 식민 사업은 쉬운 일이 아니었으며 기아와 질병 등으로 실패를 거듭하였다. 그러던 중 1606년 제임스 1세 때 북미 식민지 건설사업을 본격적으로 하기 위해 조직된 '런던회사'(London Company)와 '펄리머스회사'(Polymouth Company)에 의해 새로운 진전을 보게 되는데 이러한 회사들은 국왕의 허가를 받고 이권사업의 형태로서 식민지 개척사업을 벌였다. 런던회사는 1607년 104명의 이주민을 보내어 버지니아의 제임스타운(James Town)에 식민의 거점을 확보했는데 이것이 북미에 처음으로 건설된 버지니아 식민지이다. 플리머스회사는 1607년 메임(Maine)에 식민지를 건설하려 하였으나 이듬해 실패하였다. 이 회사는 처음의 열의를 상실하고 회사의 권리를 1620년 뉴잉글랜드 회사(Council for New England)에 넘겼으나 바로 이해 이 회사와는 관계가 없는 사람들이 또 하나의 식민지를 열었다. 이들이 이른바 'Pilgrim Fathers'이다. 이들은 신앙의 자유를 찾아 네덜란드로 망명한 일도 있는 분리주의자들(separatists)에 속하는 청교도들이었다. 그러나 네덜란드도 이들이 안주할 땅이 못되었으므로 다시 영국으로 돌아왔다. 그러던 중 런던사회와의 교류가 이루어져 동회사 관할지의 어디에든 가서 그들만의 자치가 가능한 특수식민지를 건설할 수 있는 허가를 얻었다. 그리하여 1620년 7월 102명이 메이플라워호를 타고 런던사회의 관할지를 향해 떠났으나, 11월에 플리머스 회사의 관할지에 속하는 Cape Cod에 상륙하자 그대로 안주하기로 결정하고 출항지의 이름을 기념하기 위하여 식민지의 이름을 '폴리머스'라고 하였다.

하지만 이곳에서도 식민 사업은 순탄하지 않았다. 한겨울을 보내는 동안 기아와 질병이 겹쳐 혹한으로 반수가 사망하였다. 그러나 살아남은 사람들은 윌리엄 브래드포드(William Bradford)의 영도 하에 토지의 공유제를 사유제로 바꾸고 이주민을 유치하면서 농업, 어업, 모피수집에 종사하여 7년 뒤에는 런던회사에 짊어졌던 채무를 청산할 수 있을 정도가 되었다.

03 미국문화의 특성 : 미국적 용광로

　미국을 두고 흔히 '미국적 용광로'(American Melting Pot)라는 말을 쓰는데 이 말은 온갖 나라에서 미국으로 몰려온 이민자들이 민주주의, 자유, 시민의 책임이라고 하는 미국적 가치의 '용광로' 속에 들어가 '하나의 미국인'으로 새롭게 태어난다는 개념을 가지고 있다. 이 개념은 오랫동안 미국사회를 설명하는 이론으로 통용되어 왔다.

　1억 5천만에 이르는 미국인구의 대부분은 세계 각국으로부터 이주해 온 이민자들이다. 미국사회가 가지는 정체성은 다양한 인종과 민족들 개개인의 고유한 특징을 인정해 주고 그것들을 하나로 화합시키는 'melting pot' 개념에 있다. 전체적으로는 여전히 백인(앵글로 색슨족)이 대다수이긴 하지만 흑인계, 히스패닉계, 남미계 이주민들도 무시 못 할 세력으로 자리 잡고 있다. 그리고 한국인을 비롯한 아시아인들이 부쩍 그 영향력을 확대시켜 나가고 있다.

　다인종의 조화 및 샐러드볼 이론 : 60년대에는 격심한 흑백대립이 있었고, 70~80년대에는 중남미, 아시아 출신 이민자들이 대거 유입되면서 '용광로' 이론은 힘을 잃었다. 20세기 초의 제2물결의 이민자들과 흑인들은 지배계급인 앵글로색슨, 프로테스탄트 문화에 동화하려는 의지가 강했고 그것이 가능했다. 그러나 전혀 다른 얼굴과 문화를 가진 제2물결의 이민자들과 흑인들은 우월의식을 가진 백인들로부터 받는 소외 때문에, 그리고 스스로도 자기민족의 정체성 유지와 고유문화를 강조하면서 다른 민족과의 교류를 기피하는 경향이 강했기 때문에 자의반 타의반으로 백인사회에 동화되지 않았다. 그러자 '샐러드볼' 이론이 등장했는데 그것은 다인종과 다민족들이 각각의 개성을 잃지 않으면서도 서로 조화를 이루면서 하나의 사회를 이룬다는 것이다.

그러나 현실을 들여다보면 샐러드의 각 재료들이 서로 조화롭게 어울려 하나의 맛으로 통합되기보다는 잘못 만든 샐러드처럼 재료들이 한 그릇 안에 담겨만 있을 뿐 따로 놀고 있다는 반론도 많았다. 이러한 점에서 미국이 점점 공통의식과 목적의식이 없는 여러 커뮤니티로 갈라지고 인종들 사이에 연결고리가 없는 분열된 사회가 되어갈 것이라고 걱정하는 목소리도 높아져왔다.

그러나 앞으로 한 세기 안에 미국은 적어도 인종적으로는 '용광로'나 '샐러드볼'이 될 것이라는 조사가 계속 나오고 있다. 왜냐하면 백인도 흑인도 히스패닉인도 아시아인도 아닌 새로운 차원의 인종, 다시 말해 다인종 혼혈인이 급속히 늘어나고 있기 때문이다.

이민세대로 갈수록 다인종 혼혈인 : 혼혈인종은 지난 1970년에 50만 명에서 1990년에는 200만 명으로 4배가 늘었고 1995년 현재 미국인 15명 중에서 1명은 다인종의 피가 섞여있는 것으로 나타났는데 2050년에는 혼혈 미국인이 21%에 이를 것으로 예측하고 있다.

1995년 현재 미국 인구의 구성은 백인 74%, 흑인 12%, 히스패닉 10%, 아시아인 3%인데 2050년이면 백인이 53%, 히스패닉 25%, 아시아인 8%, 흑인 14%가 되어 더 이상 백인중심 사회가 아닐 것이라는 예측이 이미 몇 년 전부터 나왔다.

그러나 다인종 혼혈인의 증가는 기존의 인종구분에 근거하여 보는 예측조차 무색하게 한다. 이민세대가 내려갈수록 타인종과의 비율이 높아져 3세대 히스패닉계의 경우 그 비율이 무려 57%까지 이를 것으로 전망하고 있다. 한국인의 경우 아시아계에서 가장 높은 63%가 타인종과 결혼했고 특히 한국여자와 백인남자의 결혼비율이 높다.

인종관념 약화 전망 : 1995년 현재 10년만의 인구조사(센서스)를 맞아 인구통계 학자들은 이러한 다인종 혼혈인종을 어떻게 구분해야 할 것인지에 대해 고심한다.

그 예로서 1997년에 타이거 우즈는 마스터즈 대회에서 우승한 후 오프라 윈프리 쇼에 출연하여 자신이 흑인이라고 불리는 데 대해 거부감을 표시하면서, "나는 나의 인종 배경을 밝히기 위해 '카블리네이션'(Cablinasian)이라는 신조어를 만들었다"고 말했다. '카블리네이션'은 백인(Caucasian), 흑인(Black), 미국원주민(Indian), 동양계(Asian)의 머리글자를 따서 합성한 것이다. 우즈에 의하면 자신의 혈관에는 백인과 인디언의 피가 각각 1/8, 흑인, 중국인, 태국인의 피가 각각 1/4씩 흐르고 있으므로 자기는 기존의 어떠한 인종구분에도 해당하지 않는다는 것이다. 우즈와 같은 혼혈인종이 자기의 피가 섞인 모든 인종란에 표시를 할 경우 미국의 인구 구성비는 100%가 넘는 기이한 현상이 생기게 된다.

한편, 일부 학자들에 의하면 이러한 다인종 혼혈인의 점차적인 증가가 미국인의 인종관념을 약화시켜 미국의 오랜 고질병인 인종문제의 해소에 크게 기여할 것이며 '제2의 용광로'로 작용할 것이라고 희망한다.

04 개척정신

서부개척사 : 17세기 초 영국식민지 건설과 동시에 시작되어, 1890년의 이른바 '프런티어 소멸'(Frontier는 변경의 뜻)로 끝난 미국 서부개척의 역사에서 '서부'란 어느 특정한 지역을 가리키는 개념이 아니다. 다만 백인이 정착한 외연부(marginal area, 外緣部)와 그 서쪽에 펼쳐진 광활한 미개척지역을 포함해 막연히 서부라고 불렀던 지역이다. 그러므로 백인의 서점운동(westward movement, 西漸運動)[1]과 함께 '서부' 그 자체도 서쪽으로 이동해 갔다.

미국인이 서부로 가게 된 목적은 기본적으로 보다 나은 생활과 경제적 향상에 있었다. 그 이유는 광대하면서도 인구밀도가 낮고 풍부한 천연자원의 혜택 속에 있는 서부에서는 개인적으로 성공할 기회가 얼마든지 있었기 때문이다.

1803년 제퍼슨의 자의적인 루이지에나 인수는 의회의 반대를 받기는 했으나 당시 미국의 영토를 2배 이상 확대시켰고 1819년 스페인으로부터 플로리다 지방을 사들이고 제2차 영미 전쟁 이후 잭슨과 같은 서부 출신의 대통령들이 동부로 가져온 프론티어적이고 발랄한 서부의 기질은 광대한 새로운 영토에 대한 개척을 자극하여 그 결과 1840년대 말에는

---

1) 북아메리카 대륙의 동해안 지방에 한정되어 있던 아메리카 식민지(후에 미국)에서 늘어나는 이주민들의 미개척지역(서부)으로의 정주지(定住地) 확대와 인구 이동.

대서양에서 태평양에 이르는 오늘날 미국의 영토가 확립되었다.

이 시기는 미국에게는 '팽창의 시대'였고 당시 그것은 미국인들에게 '명백한 운명'(Manifest Destiny)로 보였다. 즉, 이 말은 미국인들이 장차 북아메리카 대륙의 전부를 차지할 것이라는 낙관적인 태도를 나타내주는 말로서 당시 미국인들에게 가장 관심 있는 주제는 팽창이었다.

미국의 영토가 서쪽으로 뻗어나가 오늘날의 모습을 갖춘 1824년에서 48년 사이의 기간은 '잭슨 시대'로 불리며 이 시기에 이루어진 영토의 확대 과정과 그러한 확대를 가능하게 했던 정치, 사회, 경제적 배경 및 영토의 확대가 미국역사에 미친 영향에 대해 간략하게 살펴보고자 한다.

초기의 서부개척 : 독립전쟁기의 13개주로 출발한 미국은 1820년대에 이르면 미시시피를 넘어서 진출한 개척자들의 대열에 의해 미주리주가 성립하고 1830년대에는 아칸소주가 성립된다. 이러한 초기의 개척자들에게 가장 큰 위협은 북서부에서는 원주민인 인디언들이었는데 백인들이 서쪽으로 이주함에 따라 이들 인디언 부족들은 점차 서쪽으로 밀려나게 된다.

하지만, 이들 중에는 백인들의 진출에 완강히 저항한 부족도 있었는데 특히, Black Hawk 추장이 이끄는 Sauk족에 의해서 이른바 블랙호크 전쟁(Black Hawk War)이 일어난다. 그러나 이 전쟁에서 인디언들은 패배하게 되고 완강히 저항하던 이들 Sawk족, Fox족, Winnebago족 등이 더욱 서쪽으로 밀려남에 따라 위스콘신과 아이오와가 미국인들의 손에 들어오게 되었다. 그리고, 남부의 인디언들도 백인들과의 엉터리 조약으로 인해 점차 땅을 잃어 갔는데 이 과정에서도 부추장인 오스케올라를 지도자로 한 세미놀족의 저항은 미국인들로 하여금 '세미놀 전쟁'(Seminol War)을 치르게 하였고 이것 역시 인디언들의 패배로 끝이 났다.

미시시피 강을 넘어 초기 개척자들의 선구적인 역할을 한 사람들은 사냥꾼과 모피 상인들이었다. 이러한 활동의 최초의 성공자는 1808년에 아메리카 모피 회사를 세운 J.J.Astor였는데 그는 무자비한 방법으로 상권을 확장시켜 서부 지역의 모피를 거의 독점하다시피 하였다. 그리고, 북서부지역에서 W.HAshley는 '로키 마운틴 모피회사'를 설립하였고 이 회사를 사들인 J.S.Smith는 1826년에 미주리에서 캘리포니아로 탐험대를 파견하여 미국인들에게 극서(Far West)에 대한 관심을 불러일으켰다. 이외에도 J.Bridge, T.Fitzpatrick 등이 개척자로서 유명한데 특히, 프랑스 이민의 아들인 J.C. Fremont는 미시시피강·상류와 미주리강 상류를 탐험하였고 캘리포니아, 리오그란데 강, 시에라 네바다 산맥, 콜로라도 강 등을 발견하였고 그의 탐사 보고서는 서부로의 이주를 촉진사켰고 후일 대통령 후보로까지 지명되었다.

확장의 배경과 영향 : 영토적 팽창은 경제적 팽창의 시기였고 이것은 다양한 지역을 연결하는 교통 혁명을 통해 가능하였다. 초기 개척기의 중요한 교통수단은 하천이었는데 미국의 하천은 남북으로 흐르고 있었으므로 동서를 연결하기 위해 미국인들은 1800년에서 13년에 이르는 시기에 유료도로(Turnpike)를 건설하여 이 문제를 해결하려 하였고 그 결과 대서양 연안지대와 오하이오 수로망을 연결시키는데 성공하였다. 다음으로 나타난 것이 증기선과 운하였다. 최초로 나타는 운하는 이리운하(Erie Canal)였는데 이것으로 뉴욕의 허드슨 강과 오대호 연안이 연결되어 물자의 수송비가 감소하였고 1825년에서 40년에 이르는 시기에는 '운하의 시대'라 할 만큼 많은 운하들이 생긴다. 그리고 증기선의 등장으로 인해 미시시피강의 연안의 지역들이 급속히 개발되었다.

하지만, 운하로는 산악지역과의 연결이 불가능하였는데 이것을 가능하게 한 것이 철도였다. 최초로 1830년에 '볼티모어-오하이오 철도'가 부설된 것을 계기로 철도는 점점 뻗어나가 1860년에는 총 철도 길이가 영국의 3배가 되고 상공업의 동부와 농업의 서부가 경제적으로 긴밀히 연결되었다. 이것으로서 미국의 동북부 지역의 공업화가 촉진되었으며 이것은 미국에서의 산업혁명의 진행이라 할 수 있다. 그 결과 1850년대에 미국에서는 공업 생산품이 농업 산출고를 능가하게 되어 단순한 농업 국가에서 농공업 국가로 변모하게 되었다. 그리고, 활발한 서부개척 활동은 동부의 빈민이나 새로운 이민에 의해서 험난한 자연과 인디언들과 싸움을 통해 이루어짐에 따라 이 과정을 통해 개인주의적이고 능력위주의 진취적인 '프론티어 정신'(Frontier spirit)이 함양되고 그것이 미국인들의 국민성 속에 깊이 뿌리박게 하였다.

그러나, 미국의 이러한 팽창이 부정적으로 작용한 부분이 있었는데, 동북부 지역에 편중된 산업화는 지역 간의 산업과 사회경제 구조의 차이를 야기시켰고 그것은 멕시코와의 전쟁에 대한 여론에서도 보여지는 노예주와 비노예주 간의 대립으로 나타나게 되었다.

즉, 북부에는 공업에 기반한 자본주의 사회가 성립되어 공업의 발전을 위해 보호무역과 연방정부의 강화를 주장하게 되고 남부는 반대로 노예제를 바탕으로 한 대농장경영이 지배적이어서 값싼 공산품의 수입을 위한 자유무역주의와 주권존중의 지방분권을 원하게 되었다. 그리고 서부는 자영농민의 사회로서 경제적으로 동북부에 의존하는 경향이 강해지게 되었다. 그래서 이러한 대립은 1861년부터의 '남북전쟁'(Civil War)의 원인이 되었다.

19세기 전반 급속도로 일어나 미국의 팽창은 이 시기까지의 미국 역사를 프론티어로(변경)의 진출과 개척의 역사 그리고, 프론티어가 사라질 때까지 그것이 서부로 이동해 가는 역사로 규정짓게 하였다.

신생국 미국은 이러한 영토의 확장을 통해 풍부한 자원과 경제적 기반을 획득하여 빠른 산업화를 이루었고 유럽의 열강들과 어깨를 나란히 하게 되었으며 이 팽창의 시기에 보여준 미국인들의 개척정신은 미국 국민성에 한 특징을 형성하였지만 이 시기에 나타난 지역적으로 편중된 산업화는 지역 간의 대립을 조장하였고 이 대립을 넘어서 오늘날의 형성하기 위해서는 남북전쟁이라는 비극을 거쳐야만 했다.

05 미국의 문화적 지역구분

미국 전체를 지역으로 구분(Cultural Regions of America)하는 이론을 보면 대체로 어떤 일반론도 모든 부류에 들어맞지는 않는다. 미국은 나라를 구성하는 민족이나 하부문화에 있어 다양성을 지닐 뿐만 아니라 중요한 정치적, 지리적, 사회적 세분화에 있어서도 다양하다. '미합중국' (United States)이라는 이름도 미국이 다양한 별개의 단위들로 구성되어 있다는 사실을 반영한다. 이 구성단위 중 최초의 13개 단위(주)들은 영국과의 독립전쟁 전에 대영제국(British Empire)의 분리된 식민지로 존재하였다. 오늘날 미국은 주 이외에도 더 나아가서 군(country), 군구(township, town), 도시(city)로 세분된다. 그러나 이러한 구분마저도 복잡하게 하는 교차적인 정치적 세분도 자주 있다.

미국의 주 및 더 작은 단위들로 형식적인 정치적 세분화를 하는 것은 대부분 통치의 편의를 위한 전체적인 정치제도의 소산이다. 대부분의 주들의 경계선은 기존의 역사적, 지리적 구분을 인정하기 보다는 연방제도의 임의적인 확장이다. 그래서 미국인들은 나라를 항상 더 크게, 더 자연적이지만 일반적으로 비공식적인 구역들로 나누어 왔다. 이러한 지역구분은 그 지역에 살고 있는 사람들에 의해 인정되고 물리적 지형, 역사적 지형, 시민의 배경 등으로 인한 단절에 의해 한정되는 것이다.

보통 미국을 4개의 큰 기초문화 지역들(basic cultural regions)로 구분한다. 북동부(Northeast), 남부(South), 중서부(Mideast) 또는 중북부(North Central), 서부(West)가 그것이다. 이 세분화는 언론인들(journalists), 미국 인구조사국(the United States Census Bureau), 태도나 견해를 조사하는 여론조사기관(polling organizations)이 사용하는 방법이다. 북동부 지역은 뉴욕시를 중심으로 하는데 뉴잉글랜드와 중부 대서양 연안의 주도 포함한다. 남부지역은 버지니아주에서 텍사스주까지 뻗치는데 미주리주는 포함되지 않는다. 중서부 지역은 시카고를 중심으로 하며, 서부지역은 대초원의 서쪽에 있는 모든 지역과 하와이와 알래스카를 포함한다. 이러한 구분들은 편의에 의한 것으로서 더 세분하는 범주도 있는데 극서부(Far West), 남동부(Southeast)가 있다.

06 정부와 정치

1) 서문

앞에서 언급한 대로 미국은 50개 주의 연방체이며 연방정부의 수도인 콜롬비아 특별구가 있다. 헌법은 연방정부의 구성을 규정하고 그 권한과 역할을 상술하며 연방정부와 각 주정부와의 관계를 정의한다. 권한은 연방정부와 주(지방)정부 사이에 분담되어 있다. 각 주에는 군(郡), 타운십(郡區), 도시와 마을이 있고 각각은 고유의 선출된 정부를 갖고 있다.

미합중국 정부의 권한과 역할은 입법, 사법, 행정 등 삼권분립의 원칙에 근거한다. 헌법 제1조는 입법부에 관해 규정하고 의회에 입법권을 부여하는 내용을 담고 있다. 제2조는 대통령의 권한을 규정하고 있다. 제3조는 대법원과 의회가 설립 필요성이 있다고 보는 하급법원에 사법권을 부여한다. 이른바 '권력의 분산' 제도는 각 부에 독자적인 운영권을 보장하지만 '견제와 균형'의 원리에 따라 권력의 집중을 방지하고 국민의 권리와 자유를 보호하고 있다.

가령 대통령은 의회가 승인한 법안을 거부할 수 있고 연방법관에 복무할 개개인을 지명한다. 대법원은 의회가 제정한 법안이나 대통령이 승인한 법안에 대해 위헌결정을 내릴 수 있다. 한편 의회는 대통령이나 연방법관과 판사를 탄핵할 수도 있다.

2) 헌법

미국의 헌법은 세계 최초의 성문 헌법이다. 헌법 기안자들은 정치 사회 경제 상황에 따라 수정을 가능하게 하는 조항을 삽입했다. 비준된 이래 헌법은 27차례 수정되었다. 최초의 헌법수정 10개 조항은 권리 선언(The Bill of Rights)이라고 불리며 개인의 권리와 자유를 보장하는 내용을 담고 있다.

헌법에는 정부를 대통령을 수반으로 하는 행정부와 양원(상원과 하원)으로 구성되는 의회를 포함하는 입법부 그리고 대법원을 중심으로 하는 사법부로 나누고 있다. 헌법은 또한 견제와 균형이라는 제도를 통해 각 부의 역할을 제약하는데 이는 각 부의 권력편중을 방지하는 것이 목적이다.

3) 행정부

미국의 행정수반은 대통령이고, 부통령과 함께 4년 임기로 선출된다. 1951년 수정된 헌법에 따라 중임까지 가능하다. 대통령의 권한은 막강하지만 제약을 받기도 한다. 국가정책 입안의 최고 책임자로서 의회에 법안을 발의할 수도 있고 의회를 통과한 법안을 거부할 수도 있다. 대통령은 군의 최고 통수권자다.

행정부는 미국의 법률을 집행하는 책임을 지고 있다. 부통령과 각료인 행정부처의 장(長) 그리고 독립행정기구 책임자들이 대통령의 업무를 보좌하고 있다. 대통령의 권한과는 달리 이들의 책임이 헌법상 명시되지는 않았지만 특별한 권한과 역할을 부여 받는다.

버락 오바마(Barack Hussein Obama) 미합중국 제44대 대통령은 15개의 행정부서, 대통령 집무실과 수많은 여타 독립 정부기관으로 구성된 행정부를 통할한다. 여러 행정부서가 연방법의 일상 집행과 관리를 담당하는데 이들은 의회가 국내 및 국제문제의 구체적인 분야를 처리하기 위해 만들었다. 대통령이 추천하고 상원의 인준을 받는 부서장들은 대통령의 내각으로 알려진 자문 위원회를 구성한다.

4) 입법부

입법부 즉 의회는 50개 주에서 선출된 의원으로 구성되어 있다. 양원제인 현재의 의회는 헌법에 따라 설치되어 국가세입을 지출하고 법안을 기초한다. 따라서 사람들은 보통 의회가 '국고사용권'을 행사함으로써 미국의 정책에 영향을 미치고 있다고 말한다. 의회는 연방법률을 제정하고 전쟁을 선포하며 조약을 발효시키는 유일한 미국 정부 부문이다.

하원의원은 2년 임기로 선출되며 각각 출신주의 선거구를 대표한다. 선거구의 숫자는 10년마다 실시되는 인구조사 결과에 따라 결정된다.

상원의원은 6년 임기로 선출되는데 2년마다 3분의 1에 해당하는 숫자의 의원들이 시차적으로 선출된다. 헌법에 따라 부통령이 상원의장이 된다. 그는 가부 동수(可否同數)인 경우에는 제외하고는 표결권이 없다.

상원은 부통령이 없을 때 임시의장을 선출한다. 하원은 자체의 의장, 즉 하원의장을 선출하며 하원의장과 상원임시의장은 각 원의 최다수당 소속이다.

법안이 법으로 확정되기 위해서는 상하양원을 통과해야 한다. 상원 또는 하원이 제출한 법안은 1개 혹은 복수 위원회의 조사, 수정, (상임)위원회의 표결과 상원 혹은 하원 본회의에서 심의하게 된다. 상원 혹은 하원이 통과시킨 법안은 교차 심의하게 된다. 동일한 내용의 법안이 상하양원을 모두 통과하면 승인을 위해 대통령에게 보내진다.

5) 사법부

사법부는 미국 대법원이 이끌고 있는데 헌법에 의해 특별히 설립된 유일한 법원이다. 의회는 13개 (순회)항소법원과 95개 연방지방법원을 설립했다. 대통령은 대법관을 비롯한 궐석이 있을 때 연방법원 판사를 임명할 권한을 가진다. 대법원은 워싱턴 D.C.에 소재하며 여타 연방법원은 미국 전역 도시에 산재해 있다.

연방법원은 헌법, 연방법률과 조약에서 발생하는 소송, 해사(海事) 소송, 외국인이나 외국정부 관련 소송, 그리고 연방정부 자체가 당사자가 되는 소송을 심리한다. 사소한 예외는 있으나 소송은 하급법원으로부터 상고 되어 대법원으로 온다. 이들 소송의 대부분은 행정부가 취한 조치와 의회 혹은 주에서 제정한 법률에 관한 해석과 합헌성에 관한 분쟁과 연관이 있다.

6) 주정부

주정부는 연방정부와 같은 형태를 따라 권한이 행정부, 입법부, 사법부로 분산되어 있다. 일반적으로 주경계 내부에 속하는 문제가 주정부의 관심사다. 이들은 주 국내통신 및 재산권, 산업, 사업과 공익사업에 관한 규제, 주 형사법규와 주 내부의 노동환경을 포함한다.

이런 관계로, 연방정부는 주정부가 미국의 헌법 혹은 법률과 조약을 부인하거나 위반하는 법률을 채택하지 않도록 요청한다. 연방정부는 책임을 보건, 교육, 복지, 교통, 주택 및 도시개발과 관련된 문제에까지 계속 확대시켜왔다. 이들 분야에서 정책들은 이제는 종종 주와 연방정부 사이의 협력을 토대로 개발되고 있다.

7) 지방정부

미국 통계조사국(상무부 소속)은 2002년에 미국에 있는 지방행정단위 87,900개를 파악했는데 시, 군(郡), 타운십(township, 郡區), 학교구, 특별구를 포함한다.

주정부는 연방정부와 같은 형태를 따라 권한이 행정부, 입법부, 사법부로 분산되어 있다. 일반적으로 주 경계 내부에 속하는 문제가 주정부의 관심사다. 이들은 주 국내통신 및 재산권, 산업, 사업과 공익사업에 관한 규제, 주 형사법규와 주 내부의 노동환경을 포함한다.

미국 시민의 4분의 3 이상은 현재 읍, 대도시 혹은 그 근교에 살고 있다. 시는 시민의 요구를 직접 충족시켜주고 있는데 경찰, 소방에서부터 위생규범, 보건규칙, 교육, 대중교통과 주택문제에까지 모든 것을 제공한다. 주와 연방기관의 협력이 필수적이다.

주의 하부 행정 단위인 군(郡)은 반드시 그런 것은 아니지만 통상 두개 또는 그 이상의 타운십(郡區)과 여러 개의 마을로 구성된다. 행정위원회는 세금의 부과, 자금의 차입과 지출, 군 직원들의 임금 결정, 선거관리, 고속도로 건설과 보수 그리고 연방, 주 및 군의 복지정책을 시행한다.

8) 정당

오늘날 두 개의 주요 정당이 미국에 있는데 민주당과 공화당이다. 민주당은 1800년 이전 형성된 토머스 제퍼슨 당에서 유래한다. 공화당은 1850년대 노예제도의 확산에 반대한 에이브라함 링컨 등에 의해 창당되었다.

민주당은 보다 진보적인 당으로, 공화당은 보다 보수적인 당으로 여겨지고 있다. 민주당원들은 일반적으로 정부는 국민의 요구에 따라 사회 및 경제정책을 제공해야 할 의무가 있다고 믿는다. 공화당원들은 민주당의 정책을 전적으로 반대하는 것은 아니지만 그런 정책은 납세자들에게 과다한 부담을 주는 것으로 믿고 있다.

공화당원들은 민간 기업에 대한 지원을 강조하고 있는데 그것은 강력한 민간부문은 시민들의 정부에 대한 의존을 줄일 것이라는 신념 때문이다.

양당은 다양한 계층의 미국인들로부터 지지를 얻으면서 광범위한 정치적 견해를 수렴하고 있다. 그들이 참정권 행사나 공직출마를 위해 정당에 가입할 필요는 없지만 당이 제공할 수 있는 재정적, 인적지원 없이 출마한다는 것은 어려운 일이다.

9) 선거

(1) 대통령 선거

미국 헌법은 대통령 선거를 4년에 한 번씩 실시하도록 규정하고 있다. 그러나 대통령과 부통령을 선출하는 과정은 선거일 훨씬 이전에 시작된다.

당 내부의 지명 절차는 최초의 주 예비선거와 당원대회부터 공식적으로 시작하는데 보통 선거가 있는 해 2월에 개최된다. 이와 같은 예비선거와 당원대회에서 대표단이 선출되며(보통 특정 입후보자 지지를 약속함) 이들은 전당대회에 주를 대표해 참석한다.

전통적으로 여름에 개최되는 전당대회에서 주 대표들은 당의 대통령 후보를 선출하게 된다.

선거일은 선거가 있는 해 11월 첫 월요일 다음의 첫 화요일로서 법정 연령의 모든 시민은 투표요건(예컨대 투표등록)을 충족시키기 위해 자신의 주에서 필요로 하는 조치를 취하고 투표의 기회를 갖는다. 그러나 대통령은 공식적으로 직접 보통선거에 의해 선출되는 것은 아니다. 헌법은 선거인단으로 알려진 간접 보통선거 절차를 요구하고 있다.

(2) 선거인단

정당(혹은 무소속 후보)은 각주에서 선거관리위원장에게 대통령 후보에게 지지를 약속하는 선거인 명부를 제출하는데 그 숫자는 주의 투표권 수와 일치한다. 각주에는 주 출신 상원의원 수(항상 2명)와 같은 숫자의 선거인에 하원의원 수를 더한 숫자의 선거인이 배정된다.

선거일이 지난 12월 둘째 수요일 다음의 첫 월요일에 선거인들은 그들의 주 수도에 모여 투표하고 공식적으로 차기 대통령을 선출하게 된다. 대체로 한 주에서 최다 득표한 대통령후보는 해당 주의 선거인 모두를 확보하게 된다(메인 주와 네브라스카주는 예외). 대통령당선자와 부통령당선자는 1월 20일 선서를 하고 취임한다.

(3) 의원선거

의회는 두 개의 원, 즉 상원과 하원으로 나누어져 있다. 상원은 각주 대표 두 명으로 구성할 것을 헌법으로 규정하고 있다. 현재 숫자는 100명이다. 상원의원의 임기는 6년이고 2년에 한 번씩 상원의 3분의 1이 개선된다. 1913년 이전 상원의원은 주 입법의원에 의해 선출되었는데 그것은 건국의 아버지들이 상원의원이 주를 대표하므로 주 입법부가 그들을 선출해야 한다고 믿었기 때문이다. 제17차 수정헌법은 이 절차를 바꾸어 상원의원을 주 유권자들이 직접 뽑을 것을 의무화 했다.

1789년 최초로 의회가 개원했을 때 59명의 하원의원이 있었다. 주의 숫자와 인구가 늘면서 하원의원의 숫자는 현저히 늘었다. 1911년 통과된 법은 하원의원 숫자를 435명으로 고정시켰다. 하원의원은 2년마다 선거를 치르게 되어있다. 각주 하원의원 숫자는 미국의 가장 최근 인구조사에 따라 달라진다. 각주는 의회선거구 숫자와 같은 숫자로 나누어진다. 하나의 의회선거구에는 해당 선거구에 거주하는 유권자가 뽑은 하원의원이 한명 있다.

(4) 주와 지방정부

연방정부와 마찬가지로 주정부도 3개의 부, 즉 행정, 입법, 사법부를 갖고 있다. 이들의 기능과 활동범위는 연방정부기관과 대체로 비슷하다. 주 행정 수장인 지사는 보통선거로 선출되며 일반적으로 임기는 4년이다(몇 개의 주에서는 임기 2년임). 단원제를 운영하는 네브라스카주를 제외한 모든 주 입법부는 통상 상원과 하원, 대의원, 혹은 총회로 불리는 양원제를 갖고 있다.

전국에 걸쳐 시정부의 형태는 매우 다양하다. 그러나 대부분 유권자들이 선출하는 일종의 중앙시의회와 여러 국의 지원을 받아 시정을 총괄하는 행정관을 두고 있다.

10) 미국의 수도

뉴욕 시는 헌법비준과 함께 미국의 첫 수도가 되었다. 조지 워싱턴은 유서 깊은 시청 발코니에서 선서를 하고 미국 초대 대통령에 취임했다. 대통령의 과제 중 하나는 정부의 항구적인 수도로 지정할 곳을 찾는 문제였다. 타협의 일환으로, 1791년 수도를 10년간 펜실베이니아주 필라델피아로 이전한 다음 포토맥 강변의 적절한 항구적인 위치로 이전할 것을 결정했다. 워싱턴이 선택한 곳은 메릴랜드주와 버지니아주의 땅이 맞물리는 곳이었다. 당시 이곳은 주로 농지와 소택지였다. 의회는 1800년 12월 첫 월요일에 새 수도에서 개원하기로 예정했다. 피에르 샤를 랑팡이 이 "연방도시"의 설계를 하였으며, 1800년 6월 11일 항구적인 미합중국의 수도가 워싱턴 DC에 자리를 잡게 되었다.

11) 국기

성조기는 1777년 6월 14일 필라델피아에서 개최된 제2차 대륙회의에서 결의안 채택의 결과에서 유래한다. 결의안 내용: "미합중국 국기에는 적색과 백색의 13줄을 번갈아 두고, 합중국은 13개의 별로서 청색 바탕에 백색으로 새로운 집합체를 대표할 것으로 결의함." 뉴욕 시는 헌법비준과 함께 미국의 첫 수도가 되었다. 조지 워싱턴은 유서 깊은 시청 발코니에서 선서를 하고 미국 초대 대통령에 취임했다.

결의안은 몇 각형의 별인지에 대해서 그리고 청색 바탕에 별이 배열되는 방법에 대해서는 언급하지 않았다. 그 결과 많은 변형이 나타났다. 독립전쟁 중에는 몇몇 우국지사(憂國之士)가 신생국의 국기를 만들었다. 벳시 로스가 대표적인 인물로 알려지고 있으나 그녀가 최초로 성조기를 만들었다는 증거는 없다.

1818년 4월 4일이 되어서야, 먼로 대통령은 국가의 성장을 적절히 상징할 수 있음을 보장하는 국기의 디자인을 규정한 법안을 수락했다. 법안은 미국 국기가 청색 바탕에 20개 백색별의 연합체를 갖고, 매번 새 주가 편입되는 즉시 다음 독립기념일에 별을 추가할 것을 요청했다. 적색과 백색으로 번갈아 있는 13줄은 변경하지 않기로 했다.

1916년 우드로 윌슨 대통령은 성조기가 탄생한 6월 14일을 국기의 날로 전 국민이 기념할 것을 선포했다. 의회는 1949년에야 이날을 항구적인 기념일로 정했다.

위의 성조기에서 13개의 줄무늬는 독립당시의 13주를 의미하고, 청색 바탕의 50개의 별은 미국을 구성하는 50개 주를 뜻하며, 줄무늬의 백색과 적색은 모국인 영국과 영국으로 부터의 독립을 뜻하며 청색과 청색바탕의 별은 하늘을 뜻한다.

12) 국가(國歌) & 선서문

1814년 9월 13일 밤새도록 영국 함대는 메릴랜드 주 볼티모어 항 맥헨리 요새에 포격을 가했다. 34세의 변호사이자 시인 프란시스 스코트 키는 이 공격을 포로 교환선 갑판에서 지켜보았다. 그는 친구의 석방을 위해 갔으나 공격이 끝난 뒤까지 상륙허가를 거부당했다. 이튿날 아침 전투가 끝나자 키는 망원경을 요새로 돌려 미국기가 아직도 펄럭이는 것을 보았다. 이 광경에 크게 감동한 나머지 그는 주머니에서 편지지를 꺼내 시를 쓰기 시작했는데 이것이 마침내 미국의 국가 'Stars and Spangled Banner'로 채택되었다. 아래에 1절 가사를 영문과 번역을 실었다.

> O say, can you see, by the dawn's early light,
> What so proudly we hailed at the twilight's last gleaming,
> Whose broad stripes and bright stars, through the perilous fight,
> O'er the ramparts we watched, were so gallantly streaming?
> And the rockets' red glare, the bombs bursting in air,
> Gave proof through the night that our flag was still there;
> O say, does that star-spangled banner yet wave
> O'er the land of the free and the home of the brave?
>
> 오, 그대는 보이는가, 이른 새벽 여명 사이로
> 어제 황혼의 미광 속에서 우리가 그토록 자랑스럽게 환호했던,
> 넓직한 띠와 빛나는 별들이 새겨진 저 깃발이, 치열한 전투 중에서도
> 우리가 사수한 성벽 위에서 당당히 나부끼고 있는 것이.
> 포탄의 붉은 섬광과 창공에서 작렬하는 폭탄이
> 밤새 우리의 깃발이 휘날린 증거라.
> 오, 성조기는 지금도 휘날리고 있는가
> 자유의 땅과 용자들의 고향에서!

13) 대문장(大紋章)

The Great Seal (FRONT)
Description: An artist's rendition of the front of the Great Seal of the United States (Courtesy of the U.S. Department of State)

The Great Seal (BACK)
Description: An artist's rendition of the back of the Great Seal of the United States (Courtesy of the U.S. Department of State)

1776년 7월 4일 대륙회의는 한 위원회에 미국의 대문장을 고안할 권한을 부여하는 결의안을 가결시켰다. 그 임무는 건국 아버지들의 신조, 가치관과 신생국 주권을 반영할 계획으로서 1782년 6월 20일 현실이 되었다.

미국의 문장인 대문장 앞면은 공식문서에 나타나는 대통령의 수많은 서명을 인증하는 것으로 여기에는 조약비준서, 국제협정문, 대사와 공무원 임명장, 대통령이 외국 정부의 수반에게 보내는 통신문이 있다. 이것은 또 주화, 우표, 여권, 기념물과 깃발에도 나타난다. 미국 국민은 이 앞면과 함께 비교적 친숙하지 않고 문장으로는 결코 사용되지 않는 뒷면을 매일 1달러 지폐를 사용할 때 보고 있다.

앞면에 뚜렷하게 그려진 미국의 용맹스러운 독수리가 초기 13주를 의미하는 13개의 적색과 백색 줄로 구성된 방패를 떠받치고 있고, 방패를 결합시키는 청색 가로장은 의회를 의미한다. 미국의 표어 E Pluribus Unum(다수로부터 하나를 의미함)는 이런 연합을 말해준다. 독수리가 쥐고 있는 올리브가지와 13개의 화살은 평화와 전쟁, 오직 의회에 부여된 권한을 암시하며, 성좌(星座)는 주권국들 가운데 자리 잡고 있는 신생국을 상징한다.

대문장의 뒷면에 있는 피라미드는 힘과 결단을 상징한다. 그 위에 있는 눈과 표어, Annuit Coeptis (그는[하나님은] 우리의 과업에 영광을 베푸셨다는 의미임)는 미국의 대의에 이로운 많은 하나님의 중재를 암시한다. 아래 로마숫자는 독립선언 일자다. 그 밑에 있는 Novus Ordo

Seclorum(시대의 새 질서를 의미함)는 1776년 새로운 미국 시대의 시작을 나타낸다.

14) 충성의 맹세 & 대통령 취임 선서문

충성의 맹세는 1942년 6월 22일 승인된 한 법령에서 의회의 공식적 인정을 받았다. 그러나 이 맹세는 1892년 미국 발견 400주년을 기념하기 위해 매사추세츠 주 보스턴의 유스 컴페니언 매거진(Youth's Companion Magazine)에 처음 발표되었다.

원본에는 이 맹세가 '미합중국의 국기'가 아닌 '나의 국기'로 되어있었다. 자구의 수정은 1923년에 채택되었다. "신아래(under God)"라는 말은 1954년 6월 14일 승인된 의회의 법령에 의해 추가되었다.

"나는 미합중국의 국기와, 국기가 상징하는, 분리될 수 없고, 모두를 위해 자유와 정의를 주는 하나님 아래 단일국가인 공화국에 대한 충성을 맹세합니다."

Oath of office of the President of the United States (대통령 취임 선서문)

"I do solemnly swear (or affirm) that I will faithfully execute the office of President of the United States, and will to the best of my ability, preserve, protect, and defend the Constitution of the United States."

15) 자유의 여신상

자유의 여신상은 프랑스인들이 100여 년 전 미국인들에게 미국 독립전쟁 중 확립된 우정에 대한 보답으로 기증했다. 여러 해에 걸쳐, 자유의 여신상은 이 국제간의 우정은 물론 자유와 민주주의를 상징할 정도가 되었다. 조각가 프레데리크 오귀스트 바르톨디(Frederic Auguste Bartholdi)는 조각품 설계를 부탁 받고 1876년에 완성하여 미국 독립선언 100주년을 축하해 줄 것을 염두에 두었다.

자유의 여신상은 미국과 프랑스의 공동 작업으로서 미국인은 받침대를 축조하고 프랑스인이 조상을 맡아 이곳 미국에서 조립하자는데 동의했다. 그러나 대서양을 사이에 둔 이들에게는 자금부족이 문제였다. 프랑스에서는 공공요금, 다양한 형태의 오락과 복권이 모금의 수단이었다. 미국에서는 자선무대행사, 미술전시회, 경매, 권투시합이 소요자금을 제공하는데 도움을 주었다.

한편 프랑스에서 바르톨디는 기사에게 도움을 요청해 거대한 동으로 된 조상(statue, 彫像)의 설계와 관련된 구조적인 문제를 해결했다. 알렉상드르 구스타프 에펠(에펠 탑의 설계자)은 거대한 철탑과 조상의 동(銅) 외장이 독자적으로 움직이면서도 곧게 서있게 해줄 보조골격의 설계를 부탁 받았다. 한편 미국에서는, 받침대를 위한 모금활동이 의외로 부진해지자 조지프 퓰리처(퓰리처상으로 유명함)는 자신의 신문 사설면 "The World"를 개방해 모금활동을 지원했다. 퓰리처는 그의 신문을 이용해 받침대 축조자금 융통에 실패했던 부유층과 함께 자금제공을 부유층에만 의존하며 만족해하던 중산층을 비난했다. 퓰리처의 신랄한 비판 움직임은 성공적으로 미국인에게 기부동기를 부여했다.

받침대를 위한 자금조달은 1885년 8월 완료, 1886년 4월 받침대 공사가 끝났다. 자유의 여신상은 1884년 7월 프랑스에서 완성되어 프랑스의 프리깃 함 '이제흐(Isere)호'에 실려 프랑스에서부터 1885년 6월 뉴욕만에 도착했다. 수송도중 조상은 350개의 조각으로 각각 나누어 214개의 나무상자에 포장되었다. 조상은 4개월에 걸쳐 새 받침대위에서 재조립되었다. 1886년 10월 28일, 자유의 여신상 헌정식이 수천 명의 관중

앞에서 거행되었다. 자유의 여신은 10년 늦은 백 주년 기념품이었다.

　자유의 여신상과 그 여신상이 놓인 섬에 대한 이야기는 다음과 같다. 여신상은 포트 우드(1812년 전쟁에 대비해 완성됨)의 별 모양을 한 담장 안뜰의 대리석 받침대에 놓여 있는데 미국 등대관리위원회가 1901년까지 관리와 운영을 해 오다가 1901년 이후에는 전쟁성(War Department) 소관이 되었다.

　1924년 10월 15일 대통령의 성명서는 포트 우드(와 그 안에 있는 자유의 여신상)를 국립기념관으로 선언하면서 기념관의 경계는 포트우드의 외곽 테두리로 정했다. 1965년 5월 11일 엘리스 아일랜드도 국립공원관리국으로 이적되고 자유의 여신상 기념관의 일부가 되었다.

　1982년 5월, 로널드 레이건 대통령은 리 아이아코카(크라이슬러 자동차 회사 사장)를 자유의 여신상 복원을 위한 민간부문 사업 책임자로 임명했다. 8천7백만 달러의 복원사업을 위한 모금은 국립공원관리국과 자유의 여신상-엘리스 아일랜드재단 사이의 민관제휴로 시작되었는데 오늘날까지 이런 제휴는 미 역사상 가장 성공적이었다.

　1984년 자유의 여신상 복원사업 초기에 유엔은 자유의 여신상을 세계 문화유적지로 지정했다. 1986년 7월 5일, 새로 복원된 여신상이 자유주간(Liberty Weekend)에 일반에게 다시 공개되면서 그의 100주년을 기념했다. 자유의 여신상은 2001년 9월 11일 사태로 문을 닫았다. 100일 후 리버티 아일랜드의 재개장에도 불구하고, 자유의 여신상은 안전과 보안상의 이유로 무기한 폐쇄되었다.

　여신상의 머리에 쓰인 왕관에 있는 25개의 유리창은 지구상에서 발견된 보석의 원석과 세계를 비치는 천국의 빛을 상징한다. 여신상 왕관의 7개 빛은 지구의 7개 대양과 대륙을 나타낸다. 여신상이 왼손에 쥐고 있는 서판에는 (로마숫자로) '1776년 7월 4일'이 적혀있다.

　여신상에 있는 동의 총중량은 6만2천 파운드(31톤)이고 여신상에 있는 철제의 총중량은 25만 파운드(125톤)이다. 여신상의 콘크리트 받침대의 총중량은 5천4백만 파운드(2만7천 톤). 여신상 동 외장의 두께는 3/32인치 즉 2.37밀리미터다. 바람에 의한 움직임: 시속 50마일의 바람은 여신상을 3인치(7.62cm) 그리고 횃불을 5인치(12.70cm) 움직인다.

　1886년 10월 28일 그루버 클리브랜드 대통령은 미국을 대표해 여신상을 받으면서 이렇게 말했다고 한다 "여신상이 이곳에 안식처를 찾았음을 우리는 잊지 맙시다. 그녀가 선택한 제단도 소홀히 해서는 안 될 것이오."

07
미국의 역사

1) 서론

미국은 한편으로는 신생 국가이면서 또 한편으로는 오랜 역사를 가지고 있다는 양면성을 가지고 있다. 미 대륙에 최초로 정착한 사람들, 즉 아시아에서 건너 온 수렵인들이나 유목민들은 약 30,000년 전에 이미 북미 지역에 살고 있었다. 그러나 미국은 1776년 독립을 선언하면서 비로소 국가의 형태를 갖추게 되었다. 미국의 역사는 미합중국이라는 역사를 만들어온 다양한 인종적 집단의 역사이기도하다. 1492년 유럽인들이 처음 미 대륙에 상륙한 이후, 많은 국가에서 수많은 이주민들이 미국으로 건너왔으며, 그들은 미국에서 새로운 삶의 터전을 마련하게 되었다.

2) 미국 초기의 역사

북미 대륙에 처음으로 건너 온 사람들은 아시아에서 이주해 온 수렵인과 유목민들이었다. 그들은 약 30,000년 내지 34,000년 전에 사냥감을 잡기 위하여 시베리아 해안을 따라서 당시 아시아 대륙과 북미 대륙을 연결하고 있던 육지를 통하여 건너오게 되었다. 그들은 아메리카 원주민인 인디언들의 조상이다. 그들은 일단 알래스카에 정착하고 나서 수 천

년에 걸쳐 점차 남쪽으로 이동하여 오늘날의 미국에 해당하는 지역에 정착하게 되었다.

당시 북미 지역에서의 초기 원주민들의 생활은 현재 북미와 남미 전역에서 그 증거들이 발견되고 있는데, 기원전 10,000년경에는 서반구의 많은 지역에서 이미 상당히 안정적인 정착을 이루고 있었던 것으로 보인다.

바로 그 시기에 지구상에서는 맘모스(Mammoth, 화석코끼리의 한 무리)들이 점차 멸종하기 시작했고, 그 뒤를 이어 바이슨(아메리칸 들소)이 당시 북미 지역의 원주민들에게 고기와 가죽의 주요 공급원으로서 자리 잡게 되었다. 그 이후 점차 채집 수렵 생활을 하게 되고 처음으로 농사를 지으려는 시도가 나타나게 되었다.

특히 현재의 멕시코 중부에 해당하는 지역에 살고 있던 인디언들은 이미 기원전 약 8,000천 년경부터 옥수수, 호박 및 콩을 재배하기 시작하면서 가장 발달된 농업 양식을 선보였다. 이러한 농업에 관한 경험은 점차 북쪽으로도 퍼지기 시작했다.

그 후 기원전 3천 년경에는 뉴멕시코와 애리조나의 강 계곡 지역에서도 원시적인 형태의 옥수수들이 재배되기 시작했다. 그 다음에 최초로 관개 농경에 대한 증거가 나타나기 시작했으며, 기원전 300년경에는 원시적인 형태의 촌락 생활이 이루어졌던 것으로 보인다.

당시의 인디언들의 관습과 문화는 그들이 매우 광활한 지역에 흩어져 살고 있었고 다양한 환경에 적응해야 했다는 점을 감안해 보면, 매우 다양했다는 사실을 알 수 있다. 그러나 어느 정도는 공통점을 찾을 수 있다. 모든 면에서 북미 지역의 인디언 사회는 그들이 살고 있던 땅과 매우 밀접한 관계가 있었다. 대부분의 인디언 부족들, 특히 숲이 울창한 동부 지역과 중서부 지역에 살고 있던 부족들은 사냥이나 수렵 채집을 하는 한편 옥수수와 그 밖의 다른 농작물들을 경작하여 생활했다.

인디언들은 근본적으로 씨족 중심적이었으며 공동체 생활을 영위했다. 그리고 당시 인디언 아이들에게는 오늘날 유럽의 어린이들보다 오히려 더 많은 자유가 주어졌으며 여러 가지 행동들이 너그럽게 받아들여졌다. 다양한 인디언 부족들 사이에는 교역이 활발하게 이루어졌다.

그 후 유럽인으로서 북미 대륙에 최초로 도착한 사람들은 약 1000년경에 레이프 에릭슨이 이끄는 가운데 도착한 아일랜드계 바이킹들이었다. 1492년 드디어 이탈리아의 탐험가인 크리스토퍼 콜럼버스는 스페인 왕의 명령에 따라 유럽에서 서쪽으로 항해를 계속 한 끝에 현재의 바하마 군도 중 한 섬에 상륙하게 되었다.

사실 콜럼버스는 죽을 때까지 미 대륙의 본토를 한 번도 보지 못했다. 그러나 미 대륙에 대한 최초의 탐험은 콜럼버스의 도움을 받아 마련되었던 스페인령으로부터 시작되었다. 그로부터 40여 년이 채 지나지 않아, 스페인의 탐험가들은 중남미 지역에 광활한 대지를 확보했다. 그 후 1513년에는 후안 폰세 데 리온이 이끄는 일단의 스페인 사람들이 오늘날의 세인트 어거스틴 인근의 플로리다 해안에 상륙했다.

한편 스페인이 남쪽에서 북쪽으로 밀고 올라가는 동안, 오늘날 미국의 북부 지역은 지오바니 다 베라자노와 같은 탐험가들의 탐험에 의하여 서서히 드러나게 되었다. 프랑스로 가기 위하여 항해에 나섰던 플로렌스 출신의 베라자노는 1524년에 오늘날의 노스캐롤라이나 지역에 상륙했다. 그는 그 후 대서양 해안을 따라 북쪽으로 계속 항해하여 오늘날의 뉴욕 항에 도착했다.

3) 식민지 시대

1600년대 초에는 유럽으로부터 북미지역으로 수많은 이민자들이 몰려왔다. 영국에서 온 이주민들은 종종 정부의 직접적인 지원보다는, 돈을 벌기 위한 목적에서 이민을 주선한 민간 업자들의 지원을 받고 오는 경우가 많았다.

영국인들은 1607년에 최초로 버지니아의 제임스타운에 식민지를 건설했다. 그 후 뉴잉글랜드, 중부 식민지 그리고 남부 식민지등에 초기 이주민들이 점차 정착하게 되었다.

1620년 영국을 떠나 메이플라워호를 타고 도착한 청교도(Pilgrims)들은 매사추세츠 주에 플리머스 식민지를 건설했다.

그 후 1681년 돈 많은 퀘이커 교도였던 윌리엄 펜은 광대한 땅을 불하받았는데, 이 땅이 오늘날의 펜실베니아이다. 펜은 사람들을 펜실베니아에 정착시키기 위하여 적극적으로 이민자들을 모집했다. 그 중에는 종교적 박해를 피하여 온 사람들이 많았다. 예를 들어, 퀘이커 교도, 메노파 교도, 아미시 교도, 모라비아 교도, 침례교도 등이었다. 1683년에는 펜실베니아에 독일 이민자들이 처음으로 정착하게 되었다. 그리고 1733년 경에는 대서양 연안을 따라 모두 13개의 영국 식민지가 건설되었다.

대부분의 이민자들은 정치적 박해를 피하거나 종교의 자유를 찾아서, 아니면 고국에서는 얻을 수 없었던 새로운 기회나 모험을 찾아서 자신들이 살던 나라를 떠나 온 사람들이었다. 이민자들은 대부분 영국 출신이었으나, 그 밖에도 네덜란드인, 스웨덴인, 독일인 등이 있었으며, 소수이기는 하지만 프랑스의 위그노와 스페인인, 이탈리아인, 포르투갈인 등이 있었다. 대부분의 식민지 주민은 미국으로 이주하는 비용을 댈 수 있는 경제적 능력이 없었다. 그러다 보니 그 중 일부의 경우에는 일정한 기간 동안 계약에 따라 노동을 하기로 약속하고 연한(年限)계약 노동자로서 미국에 이주해 왔다. 그 밖의 다른 경우에는 식민지 이주 대행업체에서 교통비와 관리 비용을 지불하는 경우도 있었다. 한편 1619년 아프리카의 흑인 노예들이 처음으로 버지니아에 도착했다. 아프리카 노예들도 처음에는 연한 계약 노동자로 일하다가 일정 기간이 지나면 자유를 얻을 수 있을 것으로 생각되었다. 그러나 1660년대에 이르자 아프리카 노예들은 족쇄를 채운 채 강제로 끌려와서 평생 노예 생활을 하는 신세로 전락하게 되었다.

뉴잉글랜드 지역과 중부 지역 식민지들의 경제 및 사회적 구조는 남부 정착 지역의 경제 및 사회적 구조와는 달랐다. 뉴잉글랜드 지역은 일반적으로 돌이 많고 척박한 지역일 뿐만 아니라 겨울이 상대적으로 길어, 농사를 지어 생활하기가 매우 힘든 지역이었다. 따라서, 뉴잉글랜드의 식민지 주민들은 다른 생계 수단을 찾게 되었다. 그들은 수력을 활용하여 제분소나 제재소를 세웠다. 초기 정착민 중 많은 사람들이 항구 부근의 마을이나 도시에 살게 되면서, 많은 뉴잉글랜드 식민지 주민들이 무역이나 사업을 하게 되었다. 이제 바다는 큰 부를 쌓을 수 있는 좋은 기회가 된 것이다.

한편, 중부 지역의 식민지들은 뉴잉글랜드보다 더 많은 나라의 이주민들이 건너오면서 훨씬 더 다양한 모습을 보여 주었다. 18세기 말 경에 이르자 필라델피아의 인구는 30,000여 명에 달하게 되었다. 그들은 언어와 종교적 배경이 서로 다르고 매우 다양한 산업 활동에 종사하고 있었다. 필라델피아의 경우는 퀘이커 교도들이 장악하고 있었던 반면, 펜실베니아주의 다른 지역들은 다른 종파들 역시 상당한 세력을 차지하고 있었다. 특히 독일인들은 식민지에서 가장 뛰어난 영농 기술을 발휘했다. 그밖에도 역시 중요한 부분을 차지했던 것은 직물, 제화, 가구제작 및 기타 공예품 제작 등의 가내 수공업이었다. 반면 스코틀랜드인들과 아일랜드인들은 시골 지역에 정착하여 농지를 개간하고 수렵활동이나 자급자족의 농업을 통하여 생계를 유지했다.

남부의 정착 지역들은 거의 대부분 농업에 종사했다. 버지니아와 메릴랜드에서는 농장의 노동력을 흑인 노예들에게 의존하고 있던 대농장주들이 정치적 영향력을 휘두르고 가장 좋은 농토를 차지하고 있었다. 그와 동시에 그보다 작은 농지에서 농사를 짓고 있던 자작농들은 민중 의회(popular assemblies)에 의석을 차지하고 공직에 진출하기도 했다. 한편, 사우스캐롤라이나 주의 찰스톤은 남부 지역에서 가장 유명한 항구 및 교역의 중심지로 자리 잡게 되었다. 버지니아 주는 담배 재배라는 단일 품목에 집중하고 있던 반면, 사우스캐롤라이나 주와 노스캐롤라이나 주는 쌀과 염료(indigo)를 수출하기도 했다.

18세기 초에 이르자, 각 주의 식민지 의회들은 두 가지 중요한 권한을 확보하게 되었다. 한 가지는 세금과 지출에 관하여 표결을 할 수 있는 권한이었으며, 나머지 한 가지는 단순히 주지사의 제안에 따라 조치만 취하는 것이 아니라 의회 스스로 법안을 제안할 수 있는 권한이었다. 식민지 의회들은 이러한 권한들을 사용하여 귀족 출신의 주지사들의 권력을 견제하고 자신들의 권한과 영향력을 강화할 수 있는 법안들을 통과시켰다. 시간이 흐르면서, 식민지 행정의 중심은 점차 런던으로부터 각 주의 주도로 옮겨갔다.

4) 독립전쟁과 건국 (1770년 대부터 1800년 대까지)

일부에서는 미국 독립 혁명의 역사가 1775년 역사적인 첫 발의 총성이 울리기 훨씬 전부터 이미 시작된 것으로 보아야 한다고 주장하는 경우도 있다. 그러나 실제 영국과 미국이 대결 국면으로 치달은 것은 청교도들이 버지니아 주의 제임스타운에 최초로 정착하고 나서 1백 5십년이 지난 후인 1763년경이었다. 1763년에 7년 전쟁과 프랑스-인디언 전쟁이 막을 내리게 되자 영국은 캐나다와 미시시피 주 동쪽의 북미 대륙 전체를 지배하게 되었다.

한편 1763년 당시 그 동안 상당한 독립을 누리고 있던 식민지들은 이제 더 많은 자유를 요구하게 되었다. 그 당시 미국 식민지들은 막강한 경제력을 바탕으로 나름대로 문화적인 역량을 갖추고 있었을 뿐만 아니라 오랫동안 상당한 자치의 경험을 가지고 있었던 것이다.

  그러나 당시 점점 확대되어 가고 있던 대영 제국을 운영하기 위한 자금이 필요했던 영국은 새로운 재정 정책을 취하기 시작했다. 식민지들을 방어하기 위하여 필요한 자금들은 더욱 강력한 중앙 집권 정책을 통하여 식민지들로부터 충당할 수 밖에 없었다. 이와 같은 중앙 집권 정책은 필연적으로 식민지들의 자치권에 타격을 주게 되었다. 그러자 식민지 주민들은 영국 정부가 부과한 설탕 법, 인지세 법, 타운센드 법, 및 강압 법(Coercive Act) 등을 비롯한 새로운 조세 제도와 각종 규제에 저항하기 시작했다. 그들은 자신들이 선출한 식민지 의회에서 부과하는 세금만 부담할 것이라고 주장하면서 "대표 없는 곳에 과세 없다"는 구호를 외치며 실력 행사에 들어갔다. 영국과 미국 사이의 갈등이 점점 심각해지자, 영국 국왕 조지3세는 1775년 8월 23일에 식민지들이 반란을 도모하고 있다고 공표하기에 이르렀다.

  결국, 1776년 7월 4일, 대륙 의회(Continental Congress)는 독립선언문을 채택하고 독립전쟁이 시작되었다. 미국과 영국 사이의 전쟁은 1783년까지 계속되었다. 양국은 '파리 조약(Treaty of Paris)'이라는 평화 조약을 체결하여, 당시의 13개 식민지(현재의 주)의 독립과 자유 그리고 주권을 인정하게 되었다. 조약에 따라 영국 정부는 이들 13개 식민지들에게 서쪽으로는 미시시피 강, 북쪽으로는 캐나다 그리고 남쪽으로는 플로리다까지 걸쳐있는 광대한 영토를 넘겨주게 되었다. 플로리다는 나중에 스페인에게 다시 반환되었다.

  독립 전쟁 결과 13개 식민지들은 '자유롭고 독립적인 연방'을 구성하게 되었으나 아직 단일 국가의 형태를 갖추지는 못하고 있었다. 영국으로부터 독립한 미국인들은 독립선언문에서 공표한 자신들의 이상을 법적으로 구현하고 각 주의 헌법을 통하여 자신들의 불만 사항들을 해결할 수 있는 기회를 가지게 되었다. 일찍이 1776년 5월 10일, 미 제헌 의회는

13개 식민지들에게 각각 자체적인 정부들을 구성할 것을 권고하는 결의안을 통과시킨 바 있었다.

그 밖에도 국가적인 차원에서는 1776년 존 디킨슨이 제안한 '연합규약과 영속적인 연합(Articles of Confederation and Perpetual Union)'이 1777년 11월 대륙 의회에서 채택되었으며, 1781년부터 효력을 발생하게 되었다. 그러나 이 연합 규약에 의하여 구성된 정부 구조는 사실 많은 문제점을 내포하고 있었다.

예를 들어, 중앙 정부는 관세를 부과하고, 통상 활동을 규제하며 세금을 부과하는 등의 권한을 가지지 못했다. 또한 중앙 정부는 외교 활동에 있어서 전권을 확보하지 못했다. 당시에는 13개 식민지 중 많은 주 정부들이 자체적으로 외국과 외교 협상을 하고 있었다 뿐만 아니라 9개 주들은 자체적으로 군대를 가지고 있었으며 일부 주에서는 해군력까지 보유하고 있을 정도였다.

1787년 5월, 필라델피아에서 헌법의 초안을 마련하기 위한 회의가 열렸고 헌법이 통과되면서 세금을 징수하고 외국과의 외교에 전권을 가지며 군대를 유지하고 외국과의 무역이나 각 주 사이의 교역 활동을 관할하는 강력한 연방 정부가 탄생하게 되었다.

연방 정부는 헌법에 따라 각각 서로 독립성을 유지하는 입법, 행정, 사법의 3부로 나뉘게 되었다. 각각의 기관에게 주어진 권한은 나머지 두 개 기관이 가지고 있는 권한들에 의하여 절묘하게 균형을 갖추도록 되어 있었다. 그리고 각각의 기관은 다른 기관들의 권한 남용을 견제하는 역할을 하게 되어 있었다. 헌법이 채택되고 나서 2년 안에 전체적으로 권리장전(Bill of Rights)이라고 부르는 10개의 수정안들(amendments)이 헌법에 추가되었다.

5) 미국 독립선언문

1775년 4월에 시작된 대영제국과 아메리카 식민지들 사이의 전쟁이 계속되면서 화해전망이 사라지고 완전독립이 식민지들의 목표가 되었다. 1776년 6월 7일 대륙의회 회의석상에서 버지니아의 리처드 헨리가 "식민지들은 자유롭고 독립된 주가 되어야 할 권리가 있다"는 결의문을 상정했다. 이어 6월10일 독립선언문을 마련하기 위해 한 위원회가 임명되었다. 초안 작성은 토마스 제퍼슨에게 위촉되었다. 7월 4일 선언문이 채택되어 서명과 비준을 받기 위해 13개 주의 각 입법부로 보내졌다.

이 선언문은 세 부분으로 구성된다. 첫 부분은 민주주의와 자유에 관한 정치철학의 심오하고도 웅변적인 성명이고, 둘째 부분은 조지 3세가 미국의 자유 사항들을 전복시켰음을 증명하기 위한 구체적인 불만들을 진술했고, 그리고 셋째 부분은 독립과 독립정책에 대한 지지를 다짐하는 엄숙한 성명이다.

"인간사의 진행과정에서 한 국민이 자기들을 타자에게 얽매이게 하는 정치적 속박을 해체하고, 그리하여 스스로 지상의 열강들에 끼어 자연의 법칙과 신의 법칙에 따른 독립적이고 평등한 위치를 차지하는 것이 필요하게 될 때는 인류의 의견들을 예절 있게 존중하면서 자신들이 독립하지 않을 수 없는 이유를 선언해야만 한다. 우리는 다음과 같은 것들을 자명한 진리로 믿는 바, 즉 모든 사람은 평등하게 창조된다는 것, 그들은 창조주로부터 양도할 수 없는 일정한 권리를 부여 받는다는 것, 그리고 이에는 삶, 자유 및 행복의 추구 등이 포함된다는 것, 이러한 권리를 확보하기 위해 인간들 사이에 정부들이 수립되며, 이들의 정당한 권력은 피치자의 동의에 연유한다는 것, 어떠한 형태의 정부라도 그러한 목적들을 파괴하는 것이 될 때에는 그 정부를 바꾸거나 없애버려 새 정부를 수립하되, 인민들에게 자신들의 안전과 행복을 가장 잘 이룩할 것 같이 보이는 그런 원칙들에 입각하여 그 토대를 마련하고 또 그런 형태 하에 권력을 조직하는 것이 인민의 권리라는 것 등이다. 사실 신중을 기하기 위해서는, 수립된 지 오래된 정부는 사사로운 일시적 이유로 바꿔서는 안 되며, 또 모든 경험에 의하면 인류는 악폐라 할지라도 그것을 견딜 수 있는 동안은 자기들에게 익숙한 (정부)형태를 폐기함으로써 그러한 악폐들을 시정하느니 오히려 참고 견디려는 경향이 있다. 그러나 항상 동일한 목적을 추구하기 위해 부조리와 권리 침해를 끊임없이 일삼음으로써 국민을 절대적인 전제 하에 묶어두려는 의도가 분명할 때는 국민들은 그러한 정부를 떨쳐버리고 자신들의 미래의 안전을 지켜줄 새로운 수호자들을 마련할 권리와 의무가 있다. 이렇듯 이들 식민지들은 참을성 있게 고통을 견디어 왔으며, 부득이 구 정부 체제를 바꾸어야 할 필요성에 당면해 있는 것이다, 대영제국의 현 국왕의 역사는 오직 이들 주에 대해 절대적 전제체제를 부과하려는 직접적인 목적만을 지닌 위해와 권리침해가 반복된 역사이다. 이를 입증하기 위해 공정한 세계에 대하여 그 사실을 제시하는 바이다... 이러한 모든 억압 행위에 대해 우리는 가장 겸허한 표현을 사용하여 시정을 청원하곤 했다. 그러나 청원할 때마다 그 대답은 반복된 위해(危害)였다. 이렇듯 폭군으로 규정지을 수 있는 그 모든 행동에 의해 그 성격이 드러난 군주는 자유시민의 통치자가 되기에는 부적절하다. 또한 우리는 우리의 영국 동포들에게 주의를 불충분하게 환기시켜 온 것도 아니다. 우리는 그들의 의회가 우리에게 부당한 관할권을 뻗치려는 시도에 대해 수시로 경고해 왔다. 우리는 그들에게 이곳에서의 우리의 이주와 정착상황을 일깨워 주곤 했다. 우리는 그들의 타고난 정의감과 관용에 호소했고, 우리의 혈연에 호소하여, 우리들 상호관계와 통신을 불가피하게 저해할 그 같은 권리침해를 거부하도록 간청해 왔다. 그러나 그들은 여전히 정의와 동일혈족의 소리에 귀를 기울이지 않았다. 때문에 우리는 부득이 독립을 선언하고 그들을 여타 인류를 대할 때와 마찬가지로 싸울 때는 적으로 대하고, 평화 시에는 우방으로 대할 수밖에 없다. 그러므로 우리 미국 대표들은 소집된 전체대륙의회에서, 우리 의도의 결백성을 굽어보시는 세계 최고의 심판자에게 호소하면서, 이들 식민지의 선량한 인민의 이름으로, 그리고 그들의 권한에 의해, 다음과 같이 엄숙하게 발표하고 선언한다. 즉, 이들 연합 식민지는 자유독립주들이며, 또 마땅히 그래야 하며, 그들은 영국국왕에 대한 일체의 충성으로부터 해방되며, 그들과 대영제국 사이의 모든 정치적 결합이 전면 해체되며, 또 마땅히 그래야만 하며, 그리고 그들은 자유 독립국으로서 전쟁하고 강화하고, 동맹 맺고 통상하고, 그리고 독립 국가들이 행할 권리가 있는 모든 행동과 일을 수행할 완전한 권한을 보유한다. 그리고 우리는 신의 섭리의 보호에 굳게 의지하면서 이 선언을 지지하기 위해 서로 우리의 생명, 우리의 재산 및 우리의 신성한 명예를 걸기로 다짐하는 바이다."

08 미국의 일반적인 문화양상[1]

1) 평등주의

만일 여러분이 (사회)계급이 분명하게 인식되고 존중되는 나라 출신이라면, 여기서는 그러한 의례가 없다는 점을 모를 수도 있을 것이다. 예를 들면 미국에서는 빈객(an honored guest, 賓客)이라 해서 식사자리, 거실, 승용차 안의 어느 특정한 자리에 좌석 배정을 하는 경우는 거의 없다. 몇 가지 격식이 있기는 하다: 통상적으로 빈객은 만찬 파티에서 집주인의 오른쪽에 앉고, 남이 문을 열어주거나 엘리베이터에 맨 먼저 타게 되는 것을 볼 수 있다. 보통 제일 먼저 도착하는 빈객을 제외하고, 미국인들은 사회생활에서 똑같은 대접을 받기를 기대한다.

2) 비격식성

미국의 비격식성은 잘 알려져 있다. 새로 도착하는 사람들 중에, 특히 사업 분야에서 이를 처음 겪게 될 때 이런 비격식성을 존경심의 결여로 해석하는 이들이 많다. 예컨대, 만나자마자 거의 즉시로 이름을 부르는

---

1) 알리슨 라니에, 『미국생활과 문화탐방』. 서울: 동인, 2009.

것은 신분을 의식하는데 익숙한 사람들에게는 충격적인 일이 될 수도 있는데, 일부 문화권에서는 이름을 부르는 것은 상당히 친숙한 사이임을 나타내기 때문이다.

미국인들이 특히 비격식적인 상황에서 악수를 하지 않아도 놀랄 필요는 없다. 그 대신 이들은 그냥 고개만 까딱하거나 웃는다. 격식을 차리는 악수 대신 흔히 허물없이 "Hi", "How are you doing?" 또는 "Hello"라고 하는데, 의미하는 바는 똑같다. 또한 파티에서 모든 사무실 동료나 다른 사람에게 개별적으로 작별인사를 하는 미국인을 볼 수도 있다. 그 대신 – 이 역시 시간과 속도에 대해 다른 감각적인 바 – 이들은 그저 유쾌한 작별 손짓을 하거나 모든 사람들에게 비격식적으로 예를 들면, "내일 봅시다 (Well, see you tomorrow). 또는 "다들 안녕(So long, everybody)"이라고 하는 정도이다. 그리고 나서 물론 악수하지 않고 파티 장소를 떠난다.

심지어 회사의 고위 중역들도 와이셔츠 바람으로, 때로는 넥타이도 안 매고 책상에 앉아 사무보는 모습을 볼 수 있다. 이들은 전화를 하면서 의자 뒤로 편하게 몸을 기울이기도 한다. 이는 남을 무례하게 대하려는 의도는 아니다. 긴장되고 바쁜 도시의 거리를 벗어나면 미국인들은 비격식적인 사람들이다.

미국인들의 속도는(일에서나 놀이에서나) 전적으로 황급하고, 격렬하고 일에 파묻히고, 경쟁적이거나, 아니면 정반대로 "한가롭다(laid-back)"라고 묘사되는 바대로 완만하고 느슨하며 비격식적이다. 미국인은 이 양 극단을 오가는 경향이 있는데, 미국과 미국인을 이해하려면 이 극단을 오가는 '시계의 추'를 이해할 필요가 있다.

미국인들은 친절하지만, 그렇다고 꼭 좋은 친구가 된다는 것은 아니라고들 한다. 연구자들에 따르면 '친구'를 어떻게 정의하느냐에 따라 이는 전적으로 맞는 말이다.

많은 미국인들에게는, 친절한 관계가 있는 사람이면 그저 다 친구다.

직장동료, 학교급우, 친구의 친구, 많은 다른 친지들이 다 "친구"에 포함된다. 사실 '친지(acquaintance)'라는 단어는 다소 부정적으로 들릴 수가 있어서, 보통 잠시 만나본 사람이거나, 알기는 하지만 특별히 좋아하지는 않는 사람을 지칭할 때 쓰인다. 많은 다른 나라에서는 '친구'라는 단어는 대부분의 사회활동을 함께 하는 매우 가까운 몇 사람들한테만 쓰인다. 새로 사귄 미국인 친구가 얼마만큼의 시간을 함께 하는가에 대해 여러분들과는 생각이 틀리다면 아마도 실망하게 될 수도 있다.

3) 사적인 질문

대화상의 질문들이 여러분들에게는 너무 사적이고 또 너무 많다고 여겨질 수도 있을 것이다. 특히 이제 막 도착한 경우라면 더욱 그러할 것이다. "무슨 일을 하세요?" "결혼은 하셨나요?" "아이는 있으세요?" (아이가 정말로 있다면, "애는 몇이세요?") "골프 치세요?" "평균타수는 어떻게 되시나요?" 이러한 것들은 미국적인 기준에서 보면 사적인 질문은 아니다. 이러한 질문들은 관계형성을 위한, 또는 대화의 토대를 만들려는 공통의 장을 위한 탐색인 것이다. 이러한 질문들은 친절함을 보이기 위한 것들이다.

상대방은 여러분에게 관심이 있는 것이지 여러분의 사생활을 (적어도 일부러) 꼬치꼬치 캐내려는 것은 아니다. 이러한 질문들은 '신분확인' 질문이라고 여겨질 수 있다. "무슨 일을 하세요?"라는 질문에 여러분이 답을 하면, 질문자는 여러분이 높은 신분 직업을 가지고 있는지 낮은 신분 직업을 가지고 있는지를 알게 된다.

기혼자들은 미혼자보다 꼭 사회신분이 높은 것은 아니지만, 초대를 한다든가하는 경우 흔히 독신자와는 아주 다른 대접을 받는다.

문화권에 따라 무엇이 사적인가 하는 기준이 달라진다는 것을 명심해야 한다. 질문을 함으로써 서로 친숙하게 된다.

많은 미국인들은 전국을 자주 옮겨 다니고, 한 해 동안에도 수많은 사람을 만나기 때문에, 서로에 대해 재빠른 평가를 내리는 경향이 있다. 빨리 빨리 질문을 함으로써, 관계를 맺기를 원하는지 어떤지를 결정하게 되는데, 이는 이렇게 유동적인 사회에서는 서로에 대해 좀 더 천천히 알아갈 시간이 별로 없다는 것을 잘 알고 있기 때문이다. 좀 덜 유동적인 나라에서는 사람들은 달리 행동한다. 이들의 자신의 사생활을 먼저 보호하고, 친밀한 관계로 나아가는 발걸음을 제지하고 적절한 시간동안 새로운 사람을 평가한다. 그런 다음에야 비로소 편안하게 아이들, 사는 곳, 직업 등에 관하여 이야기하게 된다. 이는 목적이 다르다기보다는 타이밍의 차이이다. 미국인들은 더 빨리 움직이고 마치 2배속으로 재생된 영화처럼 살아가는데, 내일이면 먼 곳으로 전근가게 될지도 모르고, 바다를 가로질러 되돌아가게 될지도 모르기 때문이다.

사람을 사귀는 첫 단계가 오랜 시간이 걸리는 나라 출신들에게 이런 미국식 방식은 개인적인 긴장감을 유발한다는 면에서 위협적인 것으로 보일 수 있다. 그렇지만 미국인들조차도 너무나 사적이어서 결과적으로 무례하게 여겨지는 주제들은 피한다. 나이, 재정문제, 의류가격, 개인 소지품, 종교, 정치적 견해, 연애(또는 성) 생활, 왜 애가 없는가 또는 왜 결혼 안 했는가 따위가 이에 속한다.

그러나 역설적이게도, 앞으로 더 만날 기회가 (거의) 없는 경우라면 전혀 낯선 사람들 사이에 이러한 친밀한 질문들 (그리고 심지어 묻지도 않은 대답들!)이 드물지 않다. 예컨대, 장거리 버스, 기차 또는 비행기의 옆자리 사람이 자신의 내밀한 얘기를 자세히 얘기한다고 해도 놀랄 필요는 없다.

어떤 사람이 여러분에게 너무나 사적인 것으로 여겨지는 질문을 할 때는, 대답을 회피하는 방법이 있다. 웃음을 띠고 상냥하게 "다음에 말씀드리지요" 또는 "얘기 안 하는 게 좋겠네요" 따위의 질문을 피한 다음 빨리 주제를 바꾼다. 상대 미국인은 알아듣고서 기분 나빠하지 않을 것이다.

4) 호칭과 직함

직함과 호칭형태의 문제는 정말로 낯설게 여겨질 수 있을 것이다. 미국인들은 계급, 특히 사회 계급에 대해 별 느낌이 없어서, 나이나 지위 때문에 존경 어린 대접을 받는 것을 즐거워하는 사람은 거의 없다(즐거워한다는 것을 인정할 사람은 더욱 없을 것이다). 미국인들은 특별 대접을 불편해한다. 많은 미국인들은 심지어 '..씨, ..부인, ..양, ..미즈 (Mr, Mrs, Miss, Ms)' 같은 직함도 경직되고 격식적이라 생각한다. 중년이 훨씬 넘은 사람들이 아주 어린 사람들에게조차도 "그냥 샐리 (헨리, 돈) {Sally (Henry, Don)}이라고 불러줘요" 라고 말하는 것을 들을 수 있다. 이름을 부르는 관계가 된다는 것은 상대가 나를 받아들이고 친숙한 관계가 되었음을 알리는 표시로 받아들여진다.

대부분 소개는 이름으로 시작한다. 'Mary Smith, 이 분은 John Jones 예요.' 이렇게 되면, 여러분에게 선택권이 열려있게 된다. 여러분은 이 여자를 Mary라고 부를 수도 있고, 아니면 Ms. Smith라고 좀 더 격식적으로 부를 수도 있다. 때로는 양쪽 다 몇 분 동안 격식적인 호칭을 쓰다가 어느 한 쪽이 "그냥 Mary라고 불러주세요"라고 할 수도 있다. 만일 여러분이 그렇게 빨리 이름을 부르는 것을 원하지 않으면 안하면 된다. 아무래도 상관하지 않는다.

Ms는 미혼, 기혼녀 모두에게 쓰인다. 남자들은 결혼 여부가 밝혀지지 않기 때문에, 여자만 그래야 할 이유는 없다고 느끼는 여자들이 있다. Ms는 대화보다는 글을 쓸 때 더 흔히 쓰인다. Ms는 발음이 'Mizz'인데 말하기가 그리 쉽지 않다고 여기는 사람들도 있다. 어떤 여자들은 여전히 전통적인 직함인 Miss와 Mrs를 받아들이고 때로 Ms보다 더 선호하기까지 한다. 하지만 그렇지 않은 여자들을 만나더라도 놀라지는 말 것이다.

미국인들끼리 말할 때는 Mr. Johnson, Mrs. Gray 또는 Ms. Wilkins처럼 성(姓) 앞에 쓰이는 경우가 아니라면 이러한 직함을 거의 쓰지 않는다는 사실이 눈에 띌 것이다. 미국인에게는 프랑스나 스페인어의 Monsieur, senor, Madmoiselle 또는 Madame에 정확히 해당하는 단어가 없기 때문에 대화할 때 예컨대 "오늘 아주 좋아 보이십니다, 선생님(You're looking very well today, Mr.)" 같은 말은 하지 않는다. 그래서 실제로 "Good morning, Mr"라던가 또는 "How are you, Mrs?" 같은 표현은 거의 들을 수 없다.

만일 여러분이 고국에서는 대화 내내 이러한 호칭을 듣는데 익숙해져 있다면, 이곳 미국에서는 쓰이지 않는다는 것이 처음에는 차갑고 살갑지 않으며, 심지어는 무례하다고 느껴질 수도 있을 것이다. 여러분이 원한다면 고국에서 쓰던 'Monsieur', 'Senora'와 같은 호칭을 언제라도 대화중에 끼어 넣어도 된다. 이런 것이 미국인들에게는 흥미롭거나 색다르게 들리고, 심지어 아부를 받는다는 느낌도 조금은 들것이다. 그렇지만 미국인들이 그렇게 안한다고 해서, 기분 나빠할 필요는 없다. 미국 남부에서는 'Sir', 'Miss', 그리고 'Ma'am' 같은 호칭이 때로 사용되는데 이는 'Senor'/'Monsieur', 'Mademoiselle'/'Senorita', 'Madame'/'Senora'가 사용되는 방식과 유사하다. 그러나 미국 대부분 지역에서, 이러한 직함은 너무나 격식적이어서 일상적으로 사용되기에는 적합하지 않다고 여겨진다.

이 나라에서 계급 차이는 거의 없기 때문에, 미국인들에게 명문귀족 사람들에게 붙는 각하(Lord), 백작(Count), 공작(Duke) 같은 세습 직함 따위는 없다. 그렇지만, 단지 물려받은 것이 아니라 (스스로의 노력으로) 획득한 신분을 나타내주는 직업상의 직함은 더러 쓰인다. 가장 빈번히 이런 직함이 붙는 직업에는 외교관, 주지사, 국회의원(또는 정부 고위

직), 판사, 군 장교, 의사, 교수, 가톨릭 성직자, 랍비, 개신교 목사 등이 포함된다.

예컨대, 존스 대사(Ambassador Jones), 스미스상원의원(Senator Smith), 러셀주지사(Governor Russell), 할리판사(Judge Harley), 클라크장군(General Clark), 브라운박스(Dr. B개주)[의사], 그린박사(Dr. Green)[박사학위 소지자], 하킨스교수(Professor Harkins), 화이트신부(Father White), 코헨랍비(Rabbi Cohen), 토마스목사(Reverned Thomas) 같은 호칭을 들 수 있다.

일반적으로, 여타 직업을 가진 남자들은 'Mr'로 여자들은 'Miss', 'Mrs.' 또는 'Ms.'로 호칭된다. 상대에 대한 호칭에 관해 확신이 들지 않는다면, 주저하지 말고 묻는다. 예컨대, "스미스부인이신가요(Is it Mrs Smith)?" 또는 "롱박사이신가요(Is it Dr. Long)?"라고 물어볼 수 있다.

물어보기는 좀 거북하지만 여전히 존중하는 태도를 보이고 싶다면, 언제라도 Mr 또는 Ms라는 호칭을 쓸 수 있다. 상대방은 아마도 당신이 딜레마에 처해 있음을 깨닫고서 적절한 직함을 알려줄 것이다.

여러분이 직업상 신분이 높지 않다면 격식적인 호칭은 곧 없어진다는 것을 알게 될 것인데, 미국인에게는 우호적인, 비격식적인 관계가 지위나 신분보다 더 중요하기 때문이다. 미국인들은 상대를 존중하면서도 얼마든지 찰리(Charlie), 또는 페드로(Pedro)처럼 이름으로 부를 수 있다. 미국인들에게 비격식성은 상대에 대한 존경심의 결여를 의미하지는 않는다.

자기 모국에서 상당한 관심과 대우를 받는데 익숙한 방문객들이 처음에는 모욕적으로 느끼는 미국 관습들이 또 있다. 미국에서 남들과 같은 대접을 받게 되면, 자신의 직위에 걸맞은 존경심을 충분히 못 받고 있다는 느낌을 가질 수도 있을 것이다. 그러한 경우, 문화적인 적응과정을 거치게 되면 이러한 것도 긍정적인 경험이 될 수 있을 것이다.

5) 손수 하는 사회

미국은 의도적으로 평등주의가 뿌리내린 사회이기 때문에, 미국인들은 – 변호사든, 은행장이든, 회사 중역이든 상관없이 – 통상 자기 가방은 자기가 들고 다니고, 빨래도 스스로 하며, 식료품점에서도 줄을 서서 기다리고, 구두도 자기가 닦는다. 이 나라에서, 사람을 부리는데 드는 높은 비용을 감당할 수 있고 또 그렇게 하기를 원하는 사람이라면 누구나 그렇게 할 수는 있다.

하지만, 일상적인 일들 – 아무리 하찮은 것이라도 – 을 스스로 한다고 해서 절대로 사회적으로 불명예스러운 것은 아니다. 사실 대부분의 미국인들은 스스로 일을 성취해나가는데 자부심을 가지고 있으며, 집안 일을 하는데 여가시간을 많이 투자하기도 한다. 목제 테라스를 만드는 일에서부터 식당이나 화장실을 리모델링하는 일에 이르기까지, 손수 하는 일에 필요한 물품을 파는 홈 디포, 로우스 같은 도매상점들이 전국에 걸쳐 있다.

가사 도우미나 운전사 또는 정원사를 부릴 능력이 되지만, 이들을 채용하지 않는 미국인들도 많다. 이들에게는 가족의 프라이버시, 독립성, 책무의 부담에서 해방되는 것들이 더 우선인데, 집안에 도우미가 있으면 이러한 것들이 적어도 부분적으로는 훼손되기 마련이다. 대부분의 경우, 가사 도우미의 자리는 작동이 쉬운 가전제품, 조리/포장 음식, 구김 안가는 천, 기타 일손을 절약해주는 것들로 대체되었다. 그렇다고 가사 도우미를 아무도 고용하지 않는다는 뜻은 아니다. 점차로, 중산층마저도 보모, 집안청소일꾼, 정원사/조경사 등을 시간제로 고용하는데, 특히 한 부모 가정이거나, 부부 모두 전업 직업을 가진 경우는 더욱 그러하다.

바바라 에렌레이와 알리 러셀 호크스차이드가 편집한 '세계의 여성: 신 경제하의 보모, 가정부, 성 종사자' 라는 책에서 보면, 난민과 경제적 이민자들의 유입으로 인해 미국인들이 여태껏 간직해 온 자립(정신)이 변하고 있다. 많은 미국 중산층들이 저임금에도 기꺼이 일을 하려는 가난한 이민자와 난민들을 이용해 먹고 있다. 이러한 서비스업에 고용된 사람이나 이들을 고용한 사람 모두가 통상의 직업인과 마찬가지로, 동일한 정부와 사업 규약에 예속되어 있음을 상기하는 것은 중요한 일이다. 피고용인들은 근로소득세를 내고, 또 사회보장국에는 고용인과 함께 자신의 부담금을 내야 한다.

미국인들에게 청소원이나 정원사 같은 서비스업은 여타 다른 직종과 마찬가지로 받아들여지고, 때로 봉급도 사무원, 점원, 웨이터와 맞먹는다. 가사 도우미를 고용하는 미국인들은, 삶의 다른 영역에서와 마찬가지로, 이들을 사회적으로 동등한 사람으로 대우하려 노력하여, 자신들을 이름으로 호칭하라고 하고, 명령을 내리기보다는 요청을 하는 쪽을 택한다.

6) 권위에 도전하기

많은 나라에서 권위는 도전의 대상이 아닌데, 이는 존경심 때문이거나 아니면 두려움, 때로는 계급의 위계질서가 오랫동안 고착되어서 도전하지 않도록 훈련이 되어 있기 때문이다.

미국인들은 어릴 때부터 질문하고 분석하고 탐구하는 훈련을 받는다. 어린아이는 "가서 직접 살펴보라"는 말을 듣는다. 많이 학교에서 과제는, 다양한 자료와 사고력을 사용하는 것을 북돋는 쪽으로 꾸며진다. 세계의 설탕 공급(또는 금(金)표준, 헨리8세, 페루의 미술 등)에 관한 글을 쓰는 과제로 인해, 어린아이라 해도 전혀 낯선 정보를 탐색해야 한다. 어린이들은 저학년부터 도서관과 인터넷 사용법을 배우고, 새로운 사고와 정보를 탐색하는 방법을 배운다. 일부 젊고 재능 있는 학자들은, 십대 때에 이미, 우주물리학에서 해양학에 이르는 모든 과학의 영역에서 독창적이며 귀중한 공헌을 해오고 있다.

산업계는 이러한 미개발의 자원(의 가치)을 너무나 잘 알고 있기 때문에, 매년 전국적인 경쟁을 통하여 총명하고 탐구적인 정신을 가진 젊은이들을 찾아내고 (그리고 나중에 고용하기 위해) 십대들에게 장학금을 제공한다. "권위에 도전하는 질문을 하라"는 표현은 오랫동안 미국 젊은이들의 좌우명이어서, (화장실) 낙서에서 보면, 그 옆에 '왜?' 라는 질문이 쓰여 있는 경우도 종종 있다.

다른 나라 사람들이 보기에 이렇게 질문과 탐색에 대해 강조하는 것은 적절하지 않을 수 있다. 타국에서 온 방문자들은 종종 미국 젊은이들은 존경심이 없다고 느낀다. 새로 온 사람들은 젊은 직원이 나이든 중역에게 감히 도전하거나 논쟁하는 것을 보고서 놀라워하고 빈번히 화를 낸다. 이들은 젊은이들이 혁신적인 제안을 하는 것이 언제나 마음에 드는 것도 아니다. 중역자신의 청사진, 보고서, 분석 자료를 젊은이가 면밀히 검토하거나 – 심지어 이의를 제기할 수도 있다. 이를 모욕이나 체면 깎이는 일로 여겨서는 안 되고, 또 중역의 경험이나 능력에 대해 "신임하지 않음"을 나타내는 표시로 여겨서도 안 된다.

연구에 대한 미국의 접근 방식은 완전히 다르다. 미국에서는 사람에 강조점을 두지 않는다. 사람 그 자체가 아닌 그 사람의 '생각'이 분석대상인 것이다. 미국인에게 이 둘은 전혀 별개이다. 이것이 미국인의 마음이 작동하는 방식인 것이다.

즉, 미국인은 사실을 추구하되 한 개인으로서의 상대방을 공격하지는 않는다. 그러므로 사교적인 대화에서도 사람들은 종종 논쟁을 하고, 하나의 아이디어를 골라내어 독창성의 여부를 따지며 결론에 이의를 제기하기도 한다.

일반적으로 미국인들은 무례하게 굴려는 의도가 있는 것은 아니고 단지 깊은 관심을 가지고서 그 아이디어를 심도 있게 탐구하려는 것뿐이다. 미국인들은 대부분 국민들보다 더 이러한 성향이 있다. 그러나 일부 문화권(예를 들면, 이스라엘, 독일)에서는 미국인들보다 훨씬 더 강하게 사람들과 아이디어에 도전적인데, 이들은 너무 논쟁적인 사람으로 인식될 수도 있음을 염두에 두어야 한다. 물론 어느 문화권에서든 자신의 지식과 기술을 적절하게 다루지 않아서 무례하게 여겨지는 사람들이 있음은 사실이다. 이기적이거나 거만한 행동에는 종종 같은 사무실내의 동료들의 따돌림과 경멸이 뒤따른다. 그러므로 총명한 젊은 남녀들은 자신의 지식과 기술을 협조적이고 유익한 방식으로 이용하는 방법을 터득해야 한다.

7) 단도직입성

미국의 개인적인 자유의 정도가, 많은 외국 방문자들에게는 과도하게 보여서 결과적으로 불편하게 느껴지는 것과 마찬가지로, 비 미국인들이 "완전한 정직성"에 대해 보이는 태도는 미국인들에게는 진지하지 않고 또 불확실하게 보인다.

많은 나라에서 사람들은 사실이든 아니든 상대방이 듣고 싶어 할 것으로 여겨지는 바를 말한다. 이들에게는 이렇게 하는 것이 공손한 것이다. 미국인들에게는, 동기가 아무리 선한 것이라 해도 고의로 사실을 왜곡하는 것은 오해를 불러일으키는 것으로 – 심지어는 부정직한 것으로까지 여겨진다. 미국에서 단도직입성은 공손함보다 더 가치 있게 여겨진다. 미국인은 어릴 때부터 '정직이 최상의 방책'이라는 가르침을 받는다.

이와는 대조적으로, "진실/사실을 아는 것은 좋은 일이지만, 야자나무에 대한 얘기를 하는 것이 훨씬 낫다"는 아랍의 격언이 있다. 아랍 세계와 여타 나라에서, 예절, 명예, 가족의 충성심, 그 외에 많은 다른 가치관들이 우선순위에 있어 정직성보다 훨씬 앞설 수 있다. 그러나 미국인들에게는 신뢰와 진실의 관계가 밀접하여 매우 중요하다. 어떤 사람에 대해 "그는 믿을 사람이 못된다"는 말은 가장 심각한 비난이다.

이러한 가치관의 차이를 살펴보건대, 특히 계약 협상 같이 정확성이 중요한 분야에서는 오해와 짜증이 빈번히 일어나는 것은 당연한 일이다.

어느 외국 사업가가 "미국인에게 사업거래는 구애와 비슷합니다."라고 말한 적인 있다. 미국인들은 통상 이러한 종류의 전략에 별로 능숙하지 못하다. 그 대신 통상적으로 미국인들이 하는 말은 믿을 수 있다.

여러분은 미국인들과의 협상에 있어 자신이 어떤 상황에 처해있는지를 알 수 있다. 광고와 정치 분야가 아니라면, 미국인들은 보통 자기네들의 제품이 바람직한 것이라는 확신을 심어주기 위하여 과장하거나 헛된 약속을 하지 않는다. 이러한 정확성(단도직입성) 대 예절(체면유지)이라는 거듭되는 문제는 서로 다른 문화권의 사람들 사이에서 많은 오해를 불러일으킨다. 여러분이 이런 상황에 대해 사전 지식이 있다면, 문제를 인식하는 것이 때로 더 쉬울 것이다.

미국인들이 그냥 'Okay', 'Sure', 'Nope' 같은 단음절 단어로 말하고, 또 대답하거나 "Hi"라는 말로 인사를 한다고 해서 무례하게 군다고 생각하지는 말아야한다. 미국인들의 간결성은 사람을 무시하는 것은 아니다. 다만 격식적인 어투에 익숙한 사람들에게 미국인들은 무뚝뚝하게 보일 것이다. 미국인들의 비격식성은, 화자들의 상황과 신분에 맞게 언어형식을 고르는 게 필요한 형식적인 만남/작별 인사 표현보다 더 바람직한 것으로 인식되고 있다.

욕설과 성(性)에 대한 언급을 듣고서 놀랄 수도 (더 나아가 기분이 상할 수도) 있을 것이다. 이러한 유의 표현들은 일상적인 것이 돼 가고 있는데, 부분적으로는 최근의 음악과 영화가 그런 표현으로 가득 차 있기 때문이기도 하고 또 부분적으로 모든 언어는 끊임없이 변해가고 있기 때문이기도 할 것이다. 이런 표현들 가운데 어떤 것이 사용되고 어떤 것이 부적절한 지를 터득하기 위해서는 예민한 관찰 감각을 길러야 할 것이다. 확신이 없을 때는 피하는 것이 상책이다. 어떤 사람이 그런 표현을 할 때 이해를 못한다면, 무슨 뜻인지 조용히 물어볼 수 있다.

미국인들은 때로는 당황스럽기 때문에 무뚝뚝하다. 미국인들은 종종 사람들이 짧게 든 길게 든 자기들을 칭찬하거나 감사표시를 할 때 이에 정중하게 대답하는 것을 어색해 한다. 뭐라 말해야 좋을지 몰라서 그러한 예법을 무시함직도 하다. 그러므로 "그런 말씀 마세요(Don't mention it)"라든가 "아무것도 아니에요(It was nothing)" 같은 표현을 들을 수 있는데, 이는 무례하게 대하려는 의도는 아니다.

사실 미국인들은 여러분들의 예의범절과 사려 깊음이 마음에 들지만, 자화자찬하는 것으로 비쳐지고 싶지는 않을 것이다. 미국사회의 모순 중 하나는 남의 칭찬을 받는 것 같은 상황에서 겸손한 태도를 가지는 것은 높이 평가하면서도, 구직 때 자신의 업적에 관해서는 전혀 겸손하지 않다는 것이다.

8) 침묵

많은 미국인들은 침묵을 불편해한다. 이들은 침묵이 몇 초 이상 지속되면 이 공백을 '한담'으로 채우는데, 이는 대부분의 대화에서 중요한 부분이다. 한담이란 날씨, 영화, 책, 지역사회 행사, 가족과 같은 대화 주제를 가리킨다. "안녕하세요(Hello)"라는 인사를 건넨 후, 그 다음의 말은 예를 들면, "날씨 좋지요(Beautiful weather, isn't it)?" 또는 "어제 저녁 그 경기 보셨어요(Did you watch the game last night)?" 같은 것이 될 수 있다. 그 뒤에도 한담이 더 이어진다. 이런 식의 대화는 파티에서, 버스나 지하철에서, 학교에서, 슈퍼마켓에서, 운동경기장에서, 또 백화점에서 들을 수 있다.

조용한 가운데 공부하기보다는 라디오를 틀어놓는 학생들이 많다. 가정주부들은 다른 방에서 일을 할 때 조차도 소리와의 '교제'를 위해 텔레비전이나 라디오를 틀어놓기도 한다. 운전자들은 출근길에 승용차 라디오를 듣는다.

미국인들이 침묵을 불편해하는 이러한 모습은 혼란스러울 수 있다. 영어를 배우는 많은 방문자들에게 '침묵은 금이다' 라는 말은 고국에 있을 때 익숙하게 듣던 격언이다. 미국인들도 조용한 장소를 찾는 때가 있기는 하다. 조용히 공부하는 것을 더 좋아하는 학생들도 있을 것이고, 자녀들이 조용히 하도록 독려하는 부모도 있을 것이며, 승용차 라디오를 틀지 않는 사람들도 있을 것이다.

그러므로 미국인이든 비 미국인이든 모든 사람은, 어떤 때는 침묵을 피하고 싶고, 또 어떤 때는 침묵 속에 있고자하는 이웃, 친구, 이방인들의 욕구에 민감하게 주의를 기울여야 한다.

9) 공인과 시인

의사소통 학자인 딘 반런드는 자신의 기념비적인 저서 '일본과 미국의 공인과 사인'에서 공인의 면모와 친한 친구에게만 보이는 면모 사이의 경계가 문화마다 다르게 그어진다고 하였다. 미국인들이 어떤 식의 프라이버시는 별로 원하지 않다가 다른 식의 프라이버시는 강력하게 원하는 모습은 타국에서 갓 온 사람들에게는 종종 혼란스러울 것이다. 대체로 미국은 높은 담장과 안뜰이 있는 나라는 아니다. 미국의 잔디는 울타리도 없이 이웃과 붙어있는 일이 흔하다. 특히 작은 마을에서는 친구들이 미리 전화하지 않고도 서로 방문하고, 초인종을 누르지도 않고 상대의 집에 들어가는 경우조차 있다. 그렇지만 요즈음에는 출근 때나 저녁 외출 때, 아니면 쇼핑이나 여행을 갈 때 작동되는 보안시스템을 갖춘 집들도 많다.

미국은 큰 나라이다. 성벽이 둘러쳐진 도시에서 살아본 적도 없고, 이웃 나라의 적대적인 왕자들로부터 자신을 보호해야 하는 상황에 놓여본 적도 없다. 정착 초기에 미국의 대부분 지역은 인구밀도가 너무 낮아서 이웃은 환영의 대상이지, 방어의 대상이 아니었다. 새로운 얼굴이나 새로 도착한 사람들로 인해 기쁨이 일었다. 이 나라가 발전 도상에 있던 19세기에 사람들은 협력하지 않으면 생존할 수 없었다. 이들은 서로를 보호해줬고 삼림을 개간할 때나 철로를 놓을 때, 축사에 지붕을 씌울 때, 밭의 옥수수껍질을 벗길 때 함께 노동하였다. 이들은 삶의 모든 국면에서 서로에게 의지하였다.

이러한 초기의 경험으로부터 개방성의 유산을 가지게 되었는데, 이는 여러 가지로 나타난다. 여러분은 미국인의 집을 방문하게 될 때 – 문이 없거나 벽이 없는 거실, 가족실, 식당에서 – 이런 개방성을 느낄 수 있을 것이다. 직장과 거주 환경에서 프라이버시를 더 중시하는 문화권 사람이라면, 노크도 없이 사무실로 어슬렁거리며 들어오는 동료나, 방을 나가면서 문도 안 닫는 사람, 혹은 애초에 남의 방문이 왜 닫혀있는지를 궁금해 하는 사람들 조차에게도 익숙해질 필요가 있을 것이다.

실질적인 사업토론이나 협상을 진행할 때 미국인들은 프라이버시를 고집하는데, 이런 경우가 개방성에 대해 예외적인 경우이다. 전화가 울려대고 사람들이 들락거리는 가운데 사업을 진행시키는 관행은 미국인들을 신경과민하게 만들고, 실망하게 만든다.

미국인들은 또 개인적인 프라이버시를 존중한다. 혼자만 있을 시간이 필요하다. 가족 단위는 작다. 각각은 자신을 별개의 개인으로 여긴다. 어린이들에게도 가능하면 자기만의 방이 주어지는데, 방문을 닫고 있는 것을 좋아한다.

많은 문화권에서는 혼자 있고 싶어 한다는 것은 뭔가 잘못 됐다는 신호이다. 미국인들은 그렇지 않아서, 친구나 찾아온 친지와 늘 함께 있게 되면 이를 꺼리는 경우가 흔하다.

여러분이 이곳에 와 거주하게 될 때, 미국인들은 처음의 환영(분위기)이 가시고 나면, 여러분이 도움을 청하거나 더 친밀한 관계를 모색하지 않는 한(간섭하지 않고) 여러분을 내버려두는 경향을 보인다는 것을 알게 될 것이다.

10) 사회적 거리와 신체접촉

인류학자인 에드워드 홀은 그의 저서 '감춰진 차원'에서, 모든 인간은 대화 시에 자신과 상대방의 간격을 조절해주는 "쾌감대"가 있다고 하였다. 이 간격이 문화에 따라 달라지는 양상은 흥미롭다.

예를 들어, 그리스인, 아랍인, 남아메리카인은 통상 매우 가까이 서서 대화를 하는데, 대화가 무르익어 흥이 나면 더욱 가까이 다가서기도 한다. 미국인들은 이를 어색하게 느껴서 종종 몇 인치 가량 뒤로 물러난다. 연구에 따르면 미국인들은 서로 21인치(52cm) 떨어져 있을 때 가장 편하게 느낀다고 한다. 아시아와 아프리카 대부분 지역에서는 대화 시의 두 사람 간의 간격은 훨씬 크다. 공간/간격의 문제는 거의 언제나 무의식적인 것이지만, 흥미로운 관찰 대상이다.

이 쾌감대는 또한 앉아 있는 사람들의 간격이나, 대화 시 서로에게 몸을 기울이는 정도, 논쟁이나 자기주장을 펼칠 때의 움직이는 방식, 혼잡한 상황에서의 행동 등에도 적용된다. 예를 들어 미국인들은 붐비는 엘리베이터 속에서 조차도 몸이 닿지 않도록 애를 쓴다.

미국인들의 대화 시의 쾌감대가 상대적으로 넓기는 하지만, 종종 손으로 - 손짓만이 아니라 접촉을 통해서도 의사소통을 한다. 따뜻한 감정을 나타내기 위해 상대의 어깨에 손을 올려놓는다거나, 위로의 표현으로 상대의 등에 팔을 두르기도 한다. 우스운 이야기임을 강조하기 위해 상대의 옆구리를 찌르거나, 안심시키기 위해 팔을 다독거리기도 하고, 애정표현으로서 어린아이의 머리를 쓰다듬기도 한다. 이들은 기꺼이 상대방의 팔을 잡고 길을 건너는 것을 돕거나, 만나고 헤어질 때 포옹을 하는 경우도 빈번하다. 많은 사람들에게 - 특히 아시아 출신들에게 - 그러한 신체접촉은 환영받지 못한다. 그 반면, 남 유럽인과 라틴아메리카인들에게 미국인들은 자신들과 비교할 때 손짓과 접촉을 잘 하지 않기 때문에 차갑게 여겨진다.

11) 이동하는 미국인

미국인들은 활동적인 국민이다. 많은 사람들은 기회가 되면 언제라도 여행을 하고, 대부분이 이 나라를 벗어나지는 않더라도 가족여행은 연중행사의 전통이 되었다. 특히 휴일의 고속도로는 자동차로 혼잡하다. 또 기차 버스 비행기도 만원이 된다. 배낭을 메거나 자전거를 타고 산으로 바닷가로 국립공원으로 향하는 숫자도 점점 늘어나고 있다. 미국인, 그리고 미국문화를 접하기 위해 타국에서도 수백만 명의 관광객들이 미국인들의 대열에 합류한다. 미국인뿐만 아니라 전 세계에서 온 여행객들로 인해 혼잡스럽고 떠밀리더라도 놀라지는 말아야 한다.

"그냥 서있지만 말고, 뭐라도 해라"라는 금언에는 아무것도 안하는 것보다는 무엇이든 하는 게 낫다는 의미가 내포되어 있다. 많은 사람들이 텔레비전을 보느라 너무나 많은 시간을 낭비하면서도, 텔레비전이나 책 없이 그냥 소파에 누워 있는 것은 대부분 사람들에게는 생각조차 할 수 없는 일이다. 텔레비전이나 책을 보고 있으면 무언가를 하고 있다는 느낌을 받기 때문일 것이다. 미국인들은 침묵에 대해 인내심이 낮은데, 그와 유사하게 전혀 아무것도 안하고 있을 때면 극도로 불편해진다.

앞에서 논의한 대로, 미국은 유동적인 사회이다. 온 나라를 가로질러서 친구도 가족도 없는 곳으로 이사를 갈 수 있다는 사실은 많은 외국 방문자들에게는 곤혹스럽게 보일 수도 있다. [이 나라에까지 찾아온 사람들에게는 그렇게 곤혹스럽지는 않을 수도 있겠다.]

낯선 곳으로 이사 다니는 것은 매우 흔한 일이고, 사람들은 이사한 곳에서 아주 자유롭게 새로운 신분을 만들 수 있다. 사람들은 이름, 종교를 바꾸고, 그러는 가운데 경제적인 위치도 바꾸려 노력한다.

12) 자연지배

아시아인들과 같은 많은 사람들은 자연과의 균형을 추구한다. 많은 미국인들은 그 반대로 자연을 지배하려 노력한다. 강을 이용하고, 우주를 정복하며, 황무지를 경작하는 일에 대해 이야기한다. 아시아인들은 (그리고 많은 다른 나라 사람들 역시) 보다 더 타협, 의견일치, 화합의 관점에서 생각한다. 미국인들은 마음만 먹으면 무엇이든지 할 수 있다고 믿는다. "어려운 일은 오늘 이루어질 수 있다. 불가능한 것은 시간이 조금 더 걸린다." 그러므로 탐구하고, 도전하는 - 때로는 거만한 - 정신이 작동하는 것이다.

다행히, 자연을 지배할 수 없다는 점을 깨닫기 시작하고 있다. 일시적인 이득을 위해 얼마나 낭비하고 망치고 오염시켰나를 이제 이해하기 시작한 것이다. 이제 이 나라의 자원, 환경, 건강에 관해 걱정을 하고 있다. 어디를 가든 이에 관한 기사를 신문에서 볼 수 있고 또 사람들이 널리 토론하는 것을 들을 수 있을 것이다.

13) 개인의 성공과 직업/직장 전환

세계의 많은 지역에서, 개인적인 영향력은 출세하는데 필수적이다. 대부나 후원자가 필요하다. 그렇지만 이곳 미국에서는 꼭 그렇지는 않다. 모든 사람이 때로 영향력을 이용하는 것은 당연한 것이지만, 미국에서는 이것만 의지하여 크게 출세하는 사람은 거의 없다. 일반적으로 여기 미국에서 성공으로 이어지는 특성은 (어떤 직업에서든) 열심히 하겠다는 의지, 학식 또는 기량, 독창력, 그리고 상냥한 인간성이다. 달리 표현한다면, 개인적인 성공이라는 분야에서조차도 미국은 손수 해나가는 사회이다. 대체적으로, 성공은 대물림되는 것도, 부여되는 것도 아니다. 그러므로 미국인의 고용관행은 많은 다른 나라와는 다르다는 의미이기도 하다.

어떤 나라에서는 직장을 그만두는 것은 충성스럽지 못한 것으로 여겨진다. 고용인과 피고용인 상호간에 깊은 충성심이 존재하기 때문이다. 평생직장이라는 안전조치와 가족적 명예가 연루되어 있는 경우가 빈번하다. 그러나 미국인들은 "직업/직장 전전하기"를 미국의 유동성의 한 특성으로 여긴다. 자신을 발전시키고, 상층으로 올라가서, 더 나은 직업 자격요건을 갖추어 이 회사에서 저 회사로 옮기는 것은 권리라고 생각한다.

이렇게 끊임없이 인원이 바뀌는 것은 많은 외국인들에게는 불합리하게 보인다. "너의 뿌리가 어디냐?" "너는 어떻게 그렇게 차갑고 비인간적일 수 있니?" "너는 사람이 아니라 기계를 대하는 것처럼 행동하는구나." 이런 외국인들은 많은 미국인들이 정말로 이리저리 옮겨 다니는 것을 좋아한다는 것을 이해하지 못한다. 새로운 직업/직장은 새로운 도전, 기회, 친구, 경험 그리고 종종 이 나라의 새로운 지역을 경험하게 해준다.

직원이 직장을 그만두는 경우, 고용인도 아주 만족해할 수도 있다. 고용인은 그 직원의 최상의 아이디어를 이미 얻어냈을 수도 있다. 이제 새로운 직원이 새로운 아이디어, 더 나은 기량, 새로운 능력을 회사에 쏟아 부을 수도 있는 일이다. 그리고 또 신참자는 연배가 높지 않으므로 낮은 임금에서부터 시작할 수도 있다.

사실 미국에선, 직장을 바꾸는 일이 너무나 쉽사리 받아들여져서 유능한 직원은 두세 회사들 사이에서 왔다 갔다 하기도 하는데, 직장생활 하는 동안 한번 이상 원래의 회사로 환대를 받으며 돌아가기도 한다. 옮길 때마다 직급이 더 높아지는 것은 물론이다.

14) 물질주의

승용차, HDTV, 수영장 따위의 (높은) 사회적 신분 상징들은 종종 미국 방문자들을 혼란스럽게 만든다. 사치품 시장은 부자들에게만 소량의 고가품을 공급하고, 다른 사람들은 사치품 구경도 못해보는 제도에 익숙한 문화권들도 있다. 미국에서는 딱히 그렇지는 않다. 미국 경제는 대량시장의 기반 위에서 꾸려져가기 때문에 육체노동자, 광부, 농부 심지어 생활보호 대상자들도 다른 나라에서라면 커다란 부를 상징하는 물건들을 소유하고 있다. 그러한 사치품을 사는데 필요한 작업시간으로 볼 때 가격이 낮다. 비서, 고등학생, 은행계원, 점원, 수위도 자동차, 온갖 사치품을 사고 휴가 여행을 떠날 수 있는 능력이 있고 실제로도 그렇게 하고 있다. 흔히 이들은 이런 물건들을 할부로 구입하는데, 합당한 기간에 걸쳐 갚아나가는 비용은 이들의 임금에 비춰보아 엄청나게 비싼 것은 아니다. 사실 해외에서는 사치품으로 여겨지는 물품들도 여기서는 필수품으로 여겨지는 경우가 많다.

이런 차이는 부를 자기 식대로 해석하여 캐딜락 승용차나 골프회원권을 상류층이나 고등교육의 표시로 생각하는 방문자에게는 곤혹스러울 수도 있다. 그래서 이런 방문자는 이런 것들을 소유하고 있는 사람은 자기 본국의 유한 계급자들이 누리는 사회적 신분을 지니고 있을 것으로 기대한다. 여기서는 꼭 그렇지는 않다. 꼭 고급품은 아니라 해도 정말로 많은 물건들을 소유한 것처럼 보인다. 텔레비전 프로그램과 잡지 기사 가운데는 가지게 된 모든 물건 관리를 다루는 분야가 있는데, 급성장의 궤도를 달리고 있다. 저장 컨테이너 쪽은 새로운 산업과 조직 전문가라는 성장세의 직업은, 새로운 물건에 대한 구매 욕구는 높으나, 물건 정리 능력이 떨어지는 미국인들을 도와주고 있다. 소유 물품에 온통 사로잡혀서, 충동구매 때문에 정상적인 삶이 방해되는 지경에 이르는 사람들의 정신 상태를 가리키는 진단 병명마저 있을 정도이다. 이는 부자들만의 고통이 아니다. 할인 매점에는 값싼 상품들을 얼마든지 구입할 수 있기 때문에, 노동자 계급조차도 필요 이상으로 구입할 수 있다. 게다가, 수양을 쌓은 사람들은 차고 세일과 앞마당세일(이사 세일은 말할 것도 없고 – 얼마나 유동적인가를 기억하자!)을 통해 소지품을 줄이려 노력하는데, 다른 한편에서는 이런 세일에서 온갖 것들 – 책, 잡지, 레코드와 테이프, CD, 가정용 영화, 의류, 소소한 기계류, 골동품, 심지어 텔레비전, 에어컨, 컴퓨터 같은 가전제품 – 을 사들인다.

여러분들도 틀림없이 곧 알게 되겠지만, 이런 한도 끝도 없는 물질주의의 주된 원인 중 하나는 광고이다. "이웃 사람에게 지지 않는다"(keeping up with the Joneses)는 말은 이웃사람들의 소비 습관이 자신에게 미치는 영향을 나타내는 흔한 표현이다.

예를 들어, 이웃인 질 존스(Jill Jones)가 새 차를 산다면, 차는 상대적으로 덜 적절해 보일 것이다. 비슷한 예로, 이웃이 수영장을 설치하거나 집을 늘리면, 옆집도 그렇게 하고 싶어질 것이다.

보스턴 대학의 경제학자인 줄리엣 쇼어는 자신의 저서 '과소비 미국인: 왜 필요도 없는 것을 원하는가?'에서, 오늘날의 한 가지 문제는 이제 더 이상 자신을 이웃과 비교하지 않는다고 얘기한다. (사실 비교 대상이 될 만큼 이웃을 잘 아는 경우는 드물다.) 그보다는 텔레비전을 통한 대중광고가, 그들이 지지 않아야 되는 '가상적인 이웃'이라는 세상을 창조해 내였다. "연수입이 만 팔천 불인 시인/웨이터, 3만 불인 교사, 연 수입 6자리 수인 편집자와 발행인들 모두가 동일한 하나의 준거집단에 속하려

하는바, 이로 인해 같은 상표의 생수와 포도주를 마시고, 같은 의복을 입으며, 아파트에는 똑같은 가구를 들여놓는 상황에서, 경제 수준이 낮은 쪽의 사람들은 자신들이 동일 집단에 속해 있는 것이 쉽지 않다는 것을 안다." 많은 미국인들은, 특히 다른 상품과 비교해 볼 때 여러분의 눈에는 이상하리만치 낮은 휘발유 가격에 대해 (비싸다고) 불평하면서도, 커다란 차 – SUV – 를 모는 것이 의아하게 여겨질 수도 있다.

신축 주택의 평균 크기가 지난 50년 간 두 배로 커졌는데, 이는 존 드 그라프, 데이비드 완, 토마스 네일러가 최근의 동명의 저서에서 "부자병 (앤플루엔저)"라 이름 붙인 바로 그 증세이다. 결국 모든 새로운 물건들을 저장하기 위해 더 큰 집이 필요하다.

물론 이렇게 사들이는 것에는 사회적, 경제적 (또한 환경적) 비용이 수반된다. 오래된 경제공황 시절의 격언인 "낭비가 없으면, 궁핍도 없다." (waste not, want not)라는 표현은 이제 더 이상 들을 수 없다. 물건을 사고 버리는데 이에 따르는 영향에 대해서는 별로 생각하지 않는데, 이는 미래에는 필히 다루어져야 할 현상이다.

15) 편협성

거대한 국토로 인해, 많은 미국인들은 해외로 모험을 찾아 나서지 않더라도 미국 내에서도 얼마든지 미국인들의 마음을 사로잡는 것들이 많다고 생각한다. 미국인들 가운데 대략 20% 정도가 여권을 소지하고 있는 것으로 추정된다. 이들 중 많은 사람들은 귀화 시민이어서 주로 자신의 모국으로 여행하기 위해 여권을 취득했음을 고려한다면, 미국 태생의 여권 소지자 수는 한층 더 적다.

주요 방송국의 저녁 뉴스에는 미국, 미국인의 관심사와 직접 연관이 없는 뉴스는 거의 다루어지지 않는다. 미국은 미국 밖의 세상에 대해 아는 것이 별로 없는 사람들로 가득 차있다. 미국 태생의 시민 가운데 외국어를 할 줄 아는 사람은 별로 없고, 대부분의 공립학교에서는 11, 12세까지 외국어를 가르치지도 않는다. 1년 정도라도 외국어를 배워야 할 필요를 느끼는 사람은 거의 없는데, 심지어 대학졸업자들도 그렇다.

그러나 이제 이는 변하고 있다. 2001년 911사태와, 뒤이은 아프가니스탄과 이라크 전쟁 이후 편협한 세계관에는 결과가 따른다는 것을 깨닫는 미국인들이 늘고 있다. 대학생들 간에 해외유학에 대한 관심은 그 어느 때보다 더 고조되고 있다.

BBC 세계 뉴스는 전미 공영 라디오 방송국, 유선/위성 텔레비전 그리고 인터넷으로 시청이 가능하다. 정부기관 - 특히 법 집행기관과 타 부서 - 은 외국의 언어와 문화에 통달한 사람을 채용하는 것이 중요하다는 것을 인식하고 있다. 글로벌 시대의 사업체들은 해외지사에서 잘 꾸려나갈 수 있는 경영자와 중역을 채용하고 있다.

반면에, 더욱 새로이 고립주의를 열망하는 미국인들도 더러 있는데, 미국의 정책이 미국을 향한 폭력을 더 부추긴다고 생각하기 때문이기도 하고, 더러는 외국인들을 원조하려는 열망을 예전보다 덜 느끼기 때문이기도 하다.

이유가 무엇이든, 여러분이 만나게 될 많은 미국인들은 애처롭게도 세상에 대해 별로 아는 것이 없을 것이라는 것은 불행한 사실이다. 당신의 나라가 그 지역의 문화 중심지라거나 탁월한 점이 많다는 사실을 미국 동료가 모른다면, 무시당한다는 느낌이 들 수도 있을 것이나, 너무 기분 나쁘게 받아들이지 않도록 한다. 많은 미국인들은 비록 무식하기는 하지만 여러분으로부터 배우기를 갈망한다는 것을 알게 될 것이다.

무릇 일반화와 마찬가지로 고정관념에 빠지지 않도록 주의한다. 실제로 세상사에 박식하고, 해외여행이나 거주를 해보았고, 또 정말로 외국어를 할 줄 아는 미국인들도 많다.

09 미국에서 농민의 자격

　한국에서는 누구나 농업에 종사할 수 있다. 또 고향을 떠나 도시에서 온갖 직업에 종사하다가 실패한 사람들은 농촌으로 돌아가 농사나 짓자고 하면서 귀향하는 경우가 많다. 그러나 미국에서는 누구든지 농사를 지을 수 있는 것이 아니다. 미국은 농토가 너무나 광활한 지역이어서 한 농민의 소유가 우리나라의 하나의 도(道)지역 이상이나 클 수도 있다. 그래서 농민이 전문인이 되어야하고 농업에 대한 전문 지식이 필요하다.

　농민이 갖추어야 할 자격증이나 면허증이 필요하다.

　첫째로, 농업대를 졸업해야 한다. 농업의 전문 지식을 필요로 한다.

　둘째, 농화학물질을 다루는 자격증이 있어야 한다. 인체에 해롭지 않은 농약을 사용하고 농약 성분이 곧 사라지는 약을 써야 한다.

　셋째, 광활한 지역에 농약을 살포하기 위해서 비행기를 사용하기 때문에 경비행기 운전자격증이 있어야 한다.

10 미국의 교육제도

　미국은 식민 시대 초기부터 교육을 중요하게 생각해 왔다. 매사추세츠 주에 초기 정착지가 설립된 1620년부터 30년이 채 되기도 전에 모든 마을에 교사를 두는 것이 의무화되었다. 1787년에 열린 대륙 회의에서는 새로운 타운십(마을)이 생길 때마다 공립학교를 위한 지구를 보존하도록 하고 있다.

　오늘날 90퍼센트에 가까운 미국 학생들이 학비 대신 지방 정부와 주 정부의 세금으로 운영되는 공립 초등학교와 중등학교에 다니고 있다. 사립학교 5개 중 4개는 종교(주로 기독교) 교육을 교과 과정의 일부로 시행하는 종교 단체에 의해 운영되고 있다. 또한 부모가 자녀를 직접 가르치는 재택 교육(home schooling)도 적은 수이기는 하지만 늘고 있다.

　전통적으로 초등학교는 유치원에서 8학년까지이다. 그러나 어떤 지역에서는 초등학교가 6학년에서 끝나고 7학년부터 9학년까지는 중학교나 하급 고등학교(junior high school)에 다닌다. 마찬가지로 중등학교 또는 고등학교는 보통 9학년에서 12학년까지로 구성되어 있으나 일부 지역에서는 10학년에서 시작하기도 한다.

　미국에는 국립 학교 제도가 없는 대신 정부가 공립학교와 사립학교가 모두 참여하는 연방 교육 프로그램에 대한 지침과 자금을 제공한다. 하와이 주에서 델라웨어 주까지, 알래스카 주에서 루이지애나 주까지 50개 주 모두 별도의 교육 관련법을 갖추고 있다. 주 별로 비슷하거나 전혀 다른 법을 가지고 있지만 모든 주에서 아동의 취학을 의무화하고 있다. 그러나 주마다 나이 제한이 달라서 대부분은 16세까지, 일부 주에서는 18세까지를 의무 교육으로 정하고 있다. 따라서 미국의 모든 아동은 최소 11년의 의무 교육을 받는다.

미국의 학교는 최근의 교과 과정 개혁 관련 사항과 더불어 새로운 문제에 봉착해 있다. 영어를 거의 또는 전혀 하지 못하는 이민자 자녀의 유입 문제를 해결해야 하며 교과 과정이 모든 아동의 다양한 문화를 반영해야 한다는 요구에 부응해야 한다. 학교는 학생들이 직업 시장에서 필요한 기본적인 기술을 습득할 수 있도록 보장해야 하고 십대 미혼모와 같은 학생들의 요구도 고려해야 한다.

학교에서는 미국 교육 제도의 다양성을 반영하는 방법으로 이와 같은 문제를 해결하고 있다. 영어 전문 교사 양성 과정(TESOL)을 거친 교사를 다수 고용하고 있으며 이중 언어를 사용하는 학교를 설립하는 커뮤니티도 있다. 전통적인 유럽 중심의 교과 과정에서 벗어나 아프리카, 아시아 등 다양한 문화를 수용하고 있다. 이 밖에도 고등 교육을 선택하지 않는 40퍼센트에 이르는 학생들에게 인지 능력을 가르치고 있다.

1) 미국 고등 교육 개요

미국에서 고등 교육을 받는 청년층의 비율은 선진국 중 가장 높다. 법, 의학, 교육, 공학과 같은 전문직은 대학 교육이 필수적인 단계이다. 현재 미국인의 60퍼센트 이상이 정보를 다루는 직업에 종사하고 있는데 고등학교 학력만으로는 불충분한 경우가 대부분이다. 다른 직업에서는 대학 학위가 필수 요건은 아니지만 학위가 있으면 일자리의 기회가 많아지며 더욱 높은 임금을 받을 수 있다.

미국에서 대학 교육의 유용성은 1944년 미 의회가 GI Bill로 널리 알려진 (관급의 'government issue'를 의미하는 GI는 미군의 별칭으로 이 법을 통해 2차 대전이 끝난 후 제대 군인에게 재정적 지원이 이루어졌다) 법안을 통과 시키면서 부터다. 1955년에는 2차 대전과 한국 전쟁의 제대 군인 중 2백만 명 이상이 GI Bill의 지원을 받아 대학 교육을 받았다. 대다수는 가난한 가정 출신으로 이 법의 도움이 없었다면 대학에 다닐 기회도 없었을 것이다. 이 프로그램의 성공으로 대학 교육 적격자에 대한 미국의 인식이 바뀌었다.

이와 거의 동시에 여대생의 비율이 지속적으로 늘기 시작했다. 전체 학위 수여 대상자 중 여성의 비율이 1950년도에 24%였으나 2000년에는 57%로 증가했다. 1950년대와 1960년대에 인종 차별이 철폐되면서 아프리카계 미국인의 대학 입학도 기록적인 수치를 보였다. 오늘날 대학에 입학하는 아프리카계 미국인의 비율은 일반 인구의 비율과 거의 비슷하다. 2000년에 전체 고등학교 졸업생 중 63.3퍼센트가 아프리카계 미국인이었으며 이 중 56.2퍼센트가 대학에 입학했다.

2) 대학, 대학교 및 특화교육 기관 : 차이점

미국의 학위수여 대학 교육기관은 위의 어떠한 용어로도 불릴 수 있으며, 대학(colleges) 및 특화교육기관(Institutes)이라고 해도 일반대학교(universities)보다 절대로 열등한 개념이 아니다. 일반적으로, 대학(colleges)의 경우는 규모가 상대적으로 조금 작고, 학부과정만 개설되어 있으며, 대학교(universities)의 경우 대학원이상의 과정이 개설되어 있다. 이 소개책자에서는 'school', 'college', 'university'라는 용어를 동일한 의미로 사용한다. 특화교육기관이라 할 수 있는 Institute의 경우 대개

전공분야와 아주 밀접한 여러 분야를 전문적으로 가르치는 곳을 지칭하므로, 기술, 패션, 미술 및 디자인분야의 경우 institute라고 이름이 붙은 교육기관에 개설된 학위과정을 접하게 될 것이다.

각 대학과 대학교내에서 예술과학 대학 또는 경영대학과 같은 단과대학 개념의 school이라고 하는 용어를 접하게 될 텐데, 이들 개개의 school은 해당 전공분야의 정규학위과정을 담당 운영하고 있다.

주립대학교 : 주립대학교들은 미국 주정부에서 해당 주의 주민들에게 저렴한 교육기회를 제공하고자 설립해서 보조하고 있다. 사립대학교와 구분 짓기 위해 공립대학교라고 불리기도 한다. 일부 학교들은 학교 명칭에 '주립대학(state university)'이라는 용어가 포함되어 있기도 하고 '동부' 또는 '서부'와 같은 지역적 요소가 포함되어 있기도 하다.

주립대학교들은 등록 학생수가 2만 명이 넘는 대규모인 경우가 많고 사립 대학교들보다 훨씬 다양한 학생들을 신입생으로 받아들인다. 주립대학교의 학비는 일반적으로 사립대학교보다 저렴하다. 아울러, 거주지 주민(자신이 거주하며 세금을 내는 주민들)의 경우, 해당 주립대학에서 다른 주 출신 학생들보다 일반적으로 저렴한 학비를 책정하고 있다. 다른 주 출신은 물론 외국 학생들의 경우도 타 주 출신 주민으로 분류되어 주립대학교에서 학비 감면혜택을 받지 못한다. 아울러 외국학생들은 거주지 주민들보다 훨씬 높은 수준의 입학자격요건에 부합해야 한다.

사립대학교 : 사립 대학교들은 기부금, 학비, 연구비, 동문 후원금으로 자금 지원을 받고 있다. 주립대학교에 비해 학비가 비싼 편이지만, 학비로 주립대학과 사립대학을 구분하지는 않는다. 종교단체를 기반으로 하는 대학과 단일성별로 구성된 대학이 사립대학들이다. 일반적으로, 사립대학교(private universities)는 등록학생수가 2만명 미만이며, 사립대학

(private colleges)의 경우 2천명 미만일 수도 있다.

지역대학 : 지역 대학교(Community colleges)에는 훌륭한 직업 기술 교육뿐만 아니라, 인문계 준 학사에 해당하는 A.A.와 자연계 준 학사에 해당하는 A.S.학위과정이 마련되어 있다. 이름에서 알 수 있듯이, 2년제 대학교는 지역사회를 기반으로 하는 교육기관으로, 고등학교, 지역단체 및 지역 내 여러 사업체들과 밀접한 연관이 있다. 지역대학교에 재학 중인 학생들 중 상당수가 가족과 함께 학교근처에 거주한다. 이들 대학교는 공립과 사립으로 구분될 수 있으며 초급대학(junior college) 또는 2년제 대학교(two-year college)라고 불리기도 한다. 지역대학에서 공부하는 외국 유학생들이 증가 추세에 있는데, 학비가 일반 4년제 대학들에 비해 저렴하고, 학생들이 편입 프로그램을 통해 해당 주의 주립대학 학부 3학년 과정으로 쉽게 진학할 수 있도록 협정을 맺고 있다.

직업기술대학 : 실제 직업현장으로 진출하거나 승진을 도모하기 위한 전문 교육기관이다. 여기서는 각종 기술력을 기반으로 일하는 방법은 물론, 특정 직업이나 기술관련 이론을 교육하는 자격증 및 기타 단기 교육 과정을 이수할 수 있다.

과정이수에 통상 2년 미만이 소요된다. 미국 전역에 수천 개의 직업 기술 대학이 있는데, 공립이나 사립 기관으로 분류된다. 보다 자세한 정보는 '단기 교육과정'을 참조하기 바란다.

3) 학사 및 준 학사 학위과정

학사과정을 이수하는데 일반적으로 4년이 소요되지만, 학생들에 따라 이 보다 더 빨리 또는 더 오랜 시간이 소요되기도 한다. 준 학사 과정이

수에는 대개 2년이 소요된다. 준 학사과정은 '목적달성' 과정으로 졸업과 동시에 특정 자격증이 주어지거나 일반 4년 제 대학과정의 1, 2학년 과정으로 교양과정에 해당하는 '편입' 과정으로 나뉘게 된다. 따라서, 편입과정을 이수할 경우 일반 4년제 대학의 3학년 과정으로 편입할 수 있다. 준 학사과정은 초급대학(junior colleges) 또는 지역대학(community colleges)에 개설되어 있다. 4년제 대학과 대학교에서는 일반 학사학위 과정이 개설되어 있으며, 일부 소수대학과 대학교에도 준 학사과정이 개설되어 있다.

4) 미국의 학사학위 과정

미국 내 학사학위 과정의 가장 큰 매력 중 하나는 바로 상당히 유동적이라는 점에서 찾을 수 있다. 다양한 과정에 대한 선택권이 있으며, 자기 자신만의 학위과정을 만들 수도 있다. 정해진 일정과목을 이수하고 나면 학위가 수여되며, 일반적으로 학업에만 전념할 경우 4년이면 학사학위 과정을 이수할 수 있다. 대학의 첫 일년 과정을 freshman year, 2학년 과정은 sophomore, 그리고 3, 4학년은 junior, senior라고 부른다. 미국 학생들은 종종 학사과정 이수에 4년 이상을 소비하기도 한다고 알고 있을 수 있는데, 이는 중간에 전공 변경으로 새로운 전공분야의 졸업에 필요한 추가학점을 이수해야 하는 경우이거나, 개인적 사정, 학업수행능력 또는 재정적인 이유 등으로 인해 학업에만 전념하게 되는 경우보다 학기당 더 적은 수의 과목을 수강하기 때문일 수 있다. 그러나 외국 유학생들의 경우 위와 같이 part-time과정으로 학업을 할 수 없으며 반드시 학업에만 전념해야 하는 full-time 과정 학생신분을 유지해야 한다. 1, 2학년에서 이수한 과정은 하위 과정이라 하고, 3, 4학년에서 이수한 과정은 상위과정이라 부른다.

학사일정은 각 대학교 또는 대학마다 조금씩 차이가 있지만, 대개의 경우 9월초에서 5월 말까지 운영된다. 이 기간은 두 학기(semester)로 나뉘게 되는데, 각 학기당 18주로 구성된다. 학교에 따라 4학기제, 또는 12주를 단위로 하는 3학기제로 운영되기도 한다. 아울러 대부분의 대학들이 6주에서 8주간의 여름방학을 실시하게 된다. 하지만 이는 선택 사항이기 때문에, 조기졸업을 하고자 하는 경우, 일반 학기동안 수업 부담량을 줄이고자 하는 경우, 일반 학기 동안 제대로 이수하지 못한 과정을 만회 또는 재수강하고자 하는 경우 여름방학 동안 학업을 계속할 수 있다. 학사일정기간 중 최소 두 번의 휴식기간이 있는데, 크리스마스 즈음의 2주에서 4주간의 방학과 3월 초에서 4월 중순 사이에 갖게 되는 '봄방학'이 이에 해당한다.

(1) 학점제도

미국대학생들은 일정량의 학점(credits)을 취득하면 학위과정을 이수하게 된다. 일반적으로 졸업이수학점은 130에서 180학점 정도를 취득하면 된다. 때로는 학점(credits) 대신에 'semester/quarter hours' 또는 'units'이라는 용어가 사용되기도 한다. 매 학기 개별과목 수강을 통해 (대개의 경우 3~4정도의) 일정 학점 credits/hours/units를 취득하게 된다. 학업지도 담당 교수님이 매 학기 이수할 학과목 수강 계획에 도움을 준다.

(2) 학위이수과정

학위이수과정에 포함되는 개별 학과목들은 다음과 같은 유형으로 분류된다.

핵심과목 : 학위이수과정의 기초 학과목들로 모든 학생들이 필수적으로 이수해야 한다. 수학, 영어, 인문학, 물리학, 사회학 학문분야에서 다

양한 과목을 수강하게 된다. 일부 대학들은 학생들에게 많은 핵심과정 학과목을 수강하도록 요구하기도 하고, 이와는 반대로 몇 과목만을 요구하기도 한다.

전공과목 : 학생이 중점적으로 공부하게 되는 전공 학과목에 해당한다. 대부분의 학생들이 하나의 전공을 선택하지만, 일부 대학에서는 관련 분야인 경우 복수전공을 허용하기도 한다. 전공과목은 총 졸업 이수학점의 1/4에서 1/2정도를 차지한다.

부전공과목 : 전공다음으로 학생이 중점적으로 공부하게 되는 학과목에 해당한다. 부전공 이수학점은 전공 이수학점의 절반정도가 요구된다.

선택과목 : 개설된 모든 학과의 과목 중 자유롭게 선택할 수 있는 학과목으로, 관심을 가질 만한 전공 이외의 주제 또는 다른 전공을 접할 수 있는 기회를 갖게 되며, 졸업이수 학점으로 인정된다.

(3) 학점

미국대학은 항시평가 시스템을 토대로 모든 이수과목에 학점을 부여한다. 수업에서 행하는 거의 모든 것들이 해당과목의 최종학점에 영향을 미치게 된다. 정기평가, 수시평가, 에세이, 리포트, 실험보고서, 수업 참여도 등이 최종학점 산정 시 포함될 수 있다. 이는 곧 교재를 미리 잘 읽고, 수업내용을 잘 따라가는 것과 수업에 제대로 출석하는 것이 중요하다는 얘기이다.

(4) GPA

학생들은 학위과정을 모두 이수하면 총 평점 평균(GPA)을 취득하게 된다. 학위과정 동안 이수한 모든 과목들의 누적학점을 평균한 것이 바로 총 평점 평균(GPA)이다. 대부분의 대학들이 4.0만점의 GPA를 사용하지만, 소수의 대학들은 5.0을 만점으로 삼기도 한다. GPA를 계산하려면, 각 과목에서 취득한 A, B와 같은 문자 학점에 부여된 숫자 값을 찾은 후 (일반적으로 A학점은 4점, B학점은 3점 등등으로 부여함), 각 과목의 해당 학점 수와 곱하기를 한다. 그런 다음, 총계를 내고 이를 다시 이수과목의 총 학점수로 나누기를 하면 된다. 예를 들면 대부분의 대학들은 일종의 우등 졸업상을 수여하기도 한다. 우등 졸업상을 받으려면, 추가학점을 취득해야 하거나 우수한 졸업논문을 써야 한다. 자세한 내용은 학교마다 그리고/또는 개별학과에 따라 달라진다. 수마 쿰 라우데, 마그나 쿰 라우데, 쿰 라우데의 순서로 우등 졸업에 서열이 매겨지기도 한다.

5) 미국의 대학과 Ivy League

세계 최초의 대학은 어디인가? 이 물음에 대해 많은 사람들이 하버드 대학을 들기를 주저하지 않는다. 옥스퍼드, 캠브리지 등 역사가 더 오래된 대학을 제치고 하버드가 최고 정상을 차지한 이유는 무엇인가? 이에 대해서 하버드 대학 측은 우수한 학생들이 바로 하버드의 명성을 가져온 주인공들이라고 말하고 있다. 이런 하버드 대학의 명성은 한국에서도 오래 전부터 널리 알려져 있다. 특히, 최근 들어 한국 유학생 중에서 우수한 학생들이 하버드를 졸업하면서 이 대학에 대한 관심이 높아지고 있다. 또, 미국의 대학들 중에서 명문대학이라 하면 Ivy League에 속해 있는 학교들의 이름이 떠오른다. 예전에 'Princeton'이라는 드라마를 방영한 적이 있는데, 그것은 Ivy League의 한 대학을 소재로 한 것으로 진짜 대학 건물들이 빨간 벽돌건물에 담쟁이들이 아름답게 덮여 있었다. 그리고 지금 우리나라에 불고 있는 유학에서도 Ivy League는 어떤 대학들보다도 선호 받는다. 물론 그 대학들이 그만큼 우수한 대학이어서 그렇겠지만, 좀 더 자세히 그 대학들에 대해 알아보도록 하자.

'Ivy League'는 미국 동부에 있는 8개 명문 사립대학을 총칭하는 말이다. 브라운(Brown), 컬럼비아(Columbia), 코넬(Cornell), 다트머스(Dartmouth), 하버드(Harvard), 펜실베니아(Pennsylvania), 프린스턴(Princeton), 예일(Yale) 대학이 포함된다. 이들 대학에 담쟁이덩쿨(ivy)로 덮인 교사(校舍)가 많은 데서 이 명칭이 생겼다고 하며, 1946년에 스포츠 경기의 리그로 결성한 것이 그 시초이다. 각 대학 간의 스포츠경기 특히 아메리칸 풋볼경기를 위해 만든 조직의 의미에서 점차 조직의 구성체인 사립대학을 가리키는 일반적인 호칭이 되었다.

이 학교들은 비록 제각기 특유의 입학선출 과정을 적용하고 있지만 신입생 입학에 관한 여러 면에서 상호 합의를 보고 있고 또 그 규칙을 지켜 오고 있다. 그럼 각각의 대학들에 대해서 자세히 알아보자 (알파벳 순).

Brown University : 1764년 세워져 미국에서도 아주 오래된 대학 중의 하나인 Brown은 Ivy League 중에서도 가장 규모가 작은 대학 중의 하나이다. 이 대학은 또한 학교시설이 좋기로 유명한데, 컴퓨터 시설, 도서관 장서 등은 미국 내에서도 좋기로 손꼽힌다. 이 대학이 자랑하는 전공은 일단 생명의학공학(biomedical engineering)이 특히 유명하며 그 외 공대 관련 학과와 Computer Graphic Art, 인문대와 이과대의 순수학문 등도 매우 유명하다. 그러나 이 학교는 법대나 경영대 같은 전문분야는 없다. 이 대학이 위치한 Providence시는 중급 도시로 별로 자랑할 것이 없는 곳이다. 그러나 오히려 교내에는 상점들이 많으며 기숙사 시설도 좋은 편이다. 단점으로는 학비가 비싸다는 점이다.

Columbia University : Ivy League에 속해 있는 명문 Columbia 대

학은 1754년에 발족되었으며 세계에서 가장 땅값이 비싼 곳 중의 하나인 뉴욕의 중심지 Manhattan에 위치하고 있다. 그렇지만 캠퍼스 크기는 30에이커 정도로 대도시에 위치한 학교치고는 매우 아름답고 넓은 캠퍼스를 가지고 있는 셈이다. 이 학교가 자랑하는 전공들은 특히 응용학문 쪽이 많은데 의료관련 학문이나 사범대학은 미국 국내에서도 최고 권위를 자랑한다. 특히 사범대학인 Teacher's College는 미국 최초의 사범대학으로 한국 유학생들도 엄청나게 많다. 또 신문방송대학의 권위도 높아서 매년 Pulitzer상 시상식은 이 학교에서 시상된다. 이 대학은 New York시에 있어서 밖의 집값이 매우 비싸고 캠퍼스만 벗어나면 총소리를 쉽게 들을 정도로 위험하기 때문에 많은 학생들이 기숙사에 머물고 있으며 학교 측에서도 그것을 권장한다고 한다.

Cornell University : New York주에서는 Columbia대학과 함께 Ivy League에 소속되어 있는 명문 Cornell대학은 특히 아름다운 교정으로 유명하다. 이 학교는 두 개의 호수 사이에 끼어있는데 이 호수들은 넓이가 제주도만하다고 한다. 이 학교는 비록 Ivy League에 속해 있으나 다른 대학에 비해 많이 다른데 그것은 이곳이 반주립-반사립의 형태를 띠고 있다는 것이다. 즉 농대, 산업대, 생태학대 그리고 공대의 몇 개 과는 주정부의 지원을 받아 설립되었기 때문인데 이 때문에 이곳은 다른 단대보다 반값 이상이 싸다. Cornell에서 알려져 있는 대표적인 전공은 농대, 건축공학과 호텔경영학이다. 또한 영문학이나 컴퓨터학, 응용수학, 물리학 등도 아주 유명하다. 호텔 경영학이 유명한 학교가 그렇듯이 이곳도 그 영향으로 기숙사 시설이 완벽하기로 소문나있다.

Dartmouth College : Dartmouth대는 Harvard, Yale등과 함께 당당히 Ivy League에 들어 있는 유서 깊은 대학이다. 1769년 설립된 이 학

교는 특히 인문사회과학에서는 Harvard나 Yale에 필적하는 수준 높은 교육을 제공해 주는 학교이다. 특히 영문학이나 사학, 외국어, 컴퓨터학, 경영학 등의 명성이 매우 높다. 기숙사는 Ivy League의 특징인 residential system으로 구성되어 있으며 교내 컴퓨터 시설이 매우 좋은 학교로 알려져 있다. 이 학교가 위치한 Hanover시는 대학촌형 도시로 별로 시설은 안 좋다. 그래서 2시간 정도 가는 Boston 등에 가서 놀아야 한다.

Harvard University : 전 세계적으로 그 이름이 유명해서 더 이상의 설명이 필요 없는 Harvard는 미국 역사보다 오래된 미국 최초의 대학이다. 이 학교에 대해서는 알려진 사실이 너무 많아 자세한 설명은 필요 없겠지만 현재 법대나 경영대, 경제학 등은 세계적인 수준이며 그 외에도 의대나 외국어, 문학계통, 사회과학계통, 생물학 등 이과대 내의 순수과학 등의 전공분야도 최고 수준이라고 알려져 있다. 또한 도서관은 미국에서 가장 서적이 많으며 미술관도 미국 대학 미술관 중 가장 많은 미술품을 소장하고 있다. 동양학에 있어서도 Harvard의 명성은 매우 높은데 실제로 이곳의 한국학 연구소 등 연구소들과 도서관의 한국 관련 장서들은 미국인나라 대규모 도서관에 소장한 도서보다도 훨씬 많다고 한다.

Princeton University : 1746년 설립되어 미국에서 4번째 오래된 Princeton대학은 특히 학생수는 6천이고 면적은 2600에이커로 학생 한 명 당 학교 면적이 가장 큰 대학으로 알려져 있다. 다른 Ivy League 대학들이 갖는 특징이 이 학교에도 적용되는데 예컨대 엄청 비싼 등록금, 주변에 별다른 놀이 시설이 없다는 점, 기숙사가 완벽해 residential system을 한다는 점 등이다. 그러나 다른 Ivy League가 대학원을 중시하는 반면 이 학교는 학부 학생이 더 많다는 것이 다른 점이다. Princeton의 또 다른 특징은 유서 깊은 건물들이 많다는 것, 시험감독이 전혀 없다는 것 그리고 학교가 돈이 많다는 것 등등이다. 전공들은 대부분 매우 우수하며 수학, 물리학, 철학, 역사학, 정치학 등은 미국 내에서도 유명하며 컴퓨터 시설도 좋다. 그러나 법대나 경영대 등 전문학교는 없다.

University of Pennsylvania : 1740년 Benjamin Franklin에 의해 Philadelphia 도심지에 세워진 UPenn은 Ivy League 학교 중에서는 가장 실용학문에 초점을 맞추는 학교로 알려져 있다. 따라서 이 대학이 자랑하는 전공들은 다분히 실용적인 경영학, 의학, 법학 등에 몰려있다. 특히 이곳 MBA 과정은 미국에서 가장 오래된 경영학 과정이며 매우 우수한 과정으로 손꼽히고 있다. 의대나 간호학 등도 미국 내에서 최고 권위를 자랑하며 그 외에도 인류학, 경제학, 건축한, 신문방송학 등도 매우 유명하다. Ivy League 대학들이 그렇듯이 이곳 기숙사 시설도 매우 훌륭하다고 한다. 그러나 학교가 범죄율이 높은 대도시에 있는 관계로 대부분 학생들이 기숙사를 선호해 희망자 모두를 받을 수는 없는 입장이다. 또 다른 단점은 학비가 비싸며 Ivy League 대학치고는 인종갈등이 심한 편이라는 점 등을 들 수 있다.

Yale University : Yale은 1701년 설립되어 미국에서 3번째로 오래된 학교이며 미국에서 최초로 박사학위를 수여한 학교이기도 하다. 같은 Ivy League인 Harvard에 비해 한국 유학생은 적은 수이나 학문의 질에 있어서 Harvard에 못지않은 것으로 알려져 있으며 동부 대학의 특징인 residential system을 도입하여 거의 전학생이 기숙사에서 묵고 있다. 이 학교는 역사가 오래된 관계로 특히 역사학이나 수학 등 인문사회과학 관련 학과와 소위 '오래된' 학문들의 명성이 두드러지며 그 외에도 외국어나 연극관련 학문도 유명하다. 이과대는 인문학과 만큼 유명하진 않으나 그래도 상당한 수준에 있다. 또 이 학교의 도서관은 장서도 많고 희귀본도 많기로 유명하며 학교 소재 박물관도 마찬가지이다. 이 학교의 약점으로서는 동부 Ivy League대학의 문제점 중 하나인 학비가 너무 비싸다는 점과 이 대학이 소재된 New Haven시가 너무 따분하다는 점이다.

6) MIT[매사추세츠공과대학교, Massachusetts Institute of Technology]

보통 약칭인 'MIT'를 사용한다. 1861년 저명한 자연철학자인 윌리엄 로저스가 과학의 진흥과 개발을 목적으로 보스턴에서 학교법인을 창설하였으며, 남북전쟁으로 인해 1865년에 세계 최초의 공과대학으로 개교하였다. 1916년 현재의 케임브리지로 이전하였다.

설립 당시부터 유럽형 대학을 적용하였으며 실험 교육에 중점을 두었다. 1862년 연방정부 '국유지부여법'에 따라 국유지 부여에 따른 재정원조를 받고 있다. 19세기 말에는 과학적 교육과 연구를 받아들인 공과대학으로, 20세기에 들어서는 여러 영역에 걸친 학제적(學際的) 교육·연구를 포함하는 종합대학으로, 또한 뛰어난 이공계 대학원으로 두각을 나타냈다. 1980년대 이후 이공계뿐만 아니라 인문·사회과학계 학부의 육성에도 힘을 기울이고 있으며, 하버드대학이나 보스턴대학 등 인근의 대학들과 공동수업·단위교환·학생교환 등을 행하고 있다. 연구 중심 종합사립대학으로, 입학성적 수준이 높기로 유명하며 국제적인 과학기술대학의 모델이 되고 있다.

2010년 기준 1개 단과대학과 5개 대학원이 있으며 과학과 기술에 중점을 둔 32개 학과가 개설되었다. 단과대학은 휘태커 보건과학기술 칼리지(Whitaker College of Health Sciences and Technology)이고 5개 대학원은 과학, 공학, 건축·설계, 경영, 인문·예술·사회과학, 사회과학이며 법학·의학대학원은 없다. 학부 학생들은 4년간 기숙사에서 생활한다.

　현재의 캠퍼스는 1916년 문을 열었는데, 찰스강(江) 유역의 북쪽 연안을 따라 1.6km 길이로 뻗어 있으며 매사추세츠 애비뉴로 나누어진다. 대표적 건물로 베이커 하우스(1947), 예배당과 강당(1955), STATA센터(2004), 기숙사인 시먼스홀(2002), 빌딩46(2005)가 있다. 부설시설로는 24시간 개방하는 도서관, 매사추세츠공과대학박물관, 인공지능발전연구소 · 생명공학센터 · 암연구소 · 국제관계학연구소 · 에너지연구소 등의 특수연구소 및 실험실, 미술관이 있다.

　졸업생 또는 교수로 노벨상을 수상한 대표적인 사람은 리처드 파인만(1965, 물리학), 한국 KAIST의 외국인 총장이었고 노벨 물리학상 수상자인 로버트 러플린(1998), 로버트 먼델(1999, 경제학), 조지 스무트(2006, 물리학) 등이 있으며 그밖에 코피 아난 전 UN 사무총장, HP를 공동 창업한 윌리엄 휼렛, 경제학자 벤 버냉키 등 저명인사들을 배출하였다.[1]

---

1) MIT와 한국공과대학 (부록참조)

11 예술 및 연예

　미국 정부에는 국가예술정책을 수립하는 중앙문화부가 없다. 이는 국민의 삶과 관련해 정부가 개입하지 말아야 할 영역, 또는 개입해야 할 경우 그 개입을 최소로 유지해야 할 중요한 영역이 있다는 신념을 반영하고 있다. 미국국립예술기금(NEA)과 국립인문기금(NEH)은 개별 예술인 및 학자, 또는 예술 및 인문 관련 기관에 보조금을 지원한다.

　회계연도 2003년을 기준으로 1억1천5백만 달러 규모인 NEA 예산은 다른 국가의 공적 예술기금에 비하면 그다지 크지 않지만, 사실 지금까지 미국의 문화진흥 지원은 상당부분 민간 기부금이었다. 2002년을 예로 들면, 미국 내 예술부문 민간 지출은 대략 121억 달러에 이른 것으로 추산된다. NEA는 우수성을 도모하고 모든 국민이 예술을 즐길 수 있도록 한다는 목표아래, 설립 후 40여 년 동안 민간부문 기부 촉진을 위해 자체 기금을 활용해 왔다.

　20세기는 미국 예술계가 '구세계' 선배의 영향에서 탈피해 다양한 문화 부문에서 새로운 방향을 추구하고, 그 결과 인상적이고 혁신적인 성과를 달성한 백년이었다.

　미국의 음악, 영화, 연극, 무용, 건축 및 기타 예술 표현은 다양한 변혁을 겪으며 한층 높은 수준에 이르렀다. 활력을 되찾은 음악, 새로운 방향을 추구하는 현대무용, 미국의 저변 깊은 곳에서 빚어 낸 드라마, 다양한 사회풍경을 담은 독립영화 제작, 시각예술의 세계화, 이 모든 것이 동시대 미국 문화를 구성하고 있다.

그렇다면, 이러한 창조적 열풍의 근저를 이루고 있는 것은 무엇일까? 시인인 다나 조이아(Dana Gioia) NEA 의장에 따르면, "미국이 이렇듯 다양한 분야에서 우수한 예술사를 써올 수 있었던 것, 다시 말해 영화에서 추상 표현주의, 재즈, 현대문학에 이르기까지 유례없이 폭넓은 분야에서 이처럼 많은 것을 성취할 수 있었던 것은 미국이 국민 개개인의 자유를 인정하는 사회이기 때문이다."

12 경제

2001년은 미국의 경제 및 경제 정책에 새로운 과제를 던져준 한 해였다. 911 사태 이후 테러와의 전쟁은 경제에 새로운 수요를 창출하기도 했다. 21세기에 들어서는 지금 미국 경제는 과거 어느 때보다도 규모가 크고 어떤 기준으로 측정해도 성공적이다. 미국이 세계 인구에서 차지하는 비중은 5%에 불과하지만 경제 산출량으로 따지면 점유율이 25%가 넘는다. 1990년대 미국 경제는 역사상 가장 긴 중단 없는 확장기를 기록했다. 컴퓨터, 정보통신, 생명과학 분야의 지속적인 기술 혁신은 미국인들의 일과 여가에 지대한 영향을 미쳤다.

미국은 여전히 '시장경제' 체제이며, 미국인들은 여전히 정부 또는 강력한 이익집단이 아닌 수백만의 독립적인 매수자와 매도자의 거래를 통해 무엇을 생산할 것이며 그렇게 생산한 것에 얼마의 가격을 부과할 것인지가 결정될 때 경제가 가장 잘 돌아간다고 믿는다.

미국인들은 자유시장이 경제적 효율을 높여주기도 하지만 개인의 자유 및 정치적 다원주의에 대한 신념, 권력의 부당한 집중에 대한 반대 등 정치적 가치를 증진하는 데도 자유시장이 효율적인 수단이라고 생각한다.

그러나 '자유기업'에 대한 미국인들의 믿음이 확고하다고 해서 정부의 역할을 아예 배제하는 것은 아니다. 미국인들은 정부로 하여금 시장의 힘을 거스를 정도로 힘이 세진 기업을 분할하거나 규제하도록 한다.

또한 미국인들은 교육에서 환경보호에 이르기까지 민간 분야에서 간과하는 사안을 해결하는데 있어 정부에 의존한다. 그리고 미국인들은 시장원칙을 옹호하지만, 신산업을 육성하고 미국 기업을 경쟁으로부터 보호하는 데 정부를 활용할 때가 있다.

1) 기초 여건과 자원

미국 경제 체계의 첫 번째 가는 요소는 천연자원이다. 미국은 광물질이 풍부하고 농경지가 비옥하며 온화한 기후를 갖추고 있다. 두 번째 요소는 천연자원을 상품으로 변모시키는 노동력이다. 활용 가능한 노동력 규모와 그보다 더 중요한 이들의 생산성이 탄탄한 경제를 구축하는데 결정적 요소가 된다. 노동력의 질은 여전히 중요한 사안이다.

오늘날 미국인들은 다양한 현대의 첨단 기술 산업에 있어 핵심이 '인적 자본'이라고 여긴다. 따라서 컴퓨터 및 정보통신 등의 신산업에서 필요로 하는 융통성 있는 사고방식과 응용력 있는 기술을 갖춘 근로자를 육성하기 위한 교육 훈련의 중요성을 강조하는 정부 지도자와 기업 경영진이 점점 더 많아지고 있다.

미국은 민간 부문과 정부 부문이 모두 중요한 역할을 하는 혼합경제라고 일컬어진다. 미국의 자유기업시스템은 사적 소유를 강조한다. 민간 기업들은 대부분의 상품과 서비스를 생산하며 미국의 총 경제 산출량의 2/3 가까이는 개인 소비자가 구입해서 사용한다(나머지 1/3은 정부와 기업이 사들인다). 미국은 때로 '소비자 경제'라고 불릴 정도로 소비자의 역할이 크다.

미국이 사적 소유를 강조하는 것은 개인의 자유에 대한 믿음에서 일부 기인한다. 건국 당시부터 미국인들은 정부의 과도한 권력을 우려한 나머지 경제 분야에 있어 정부의 역할을 포함하여, 개인에 대한 정부의 권한을 제한하고자 했다. 또한 미국인들은 일반적으로 국가 소유보다는 사적 소유 경제가 더 효율적으로 운영된다고 믿고 있다.

2) 무역

미국의 무역 및 세계 경제 정책은 건국 이후 200년이 넘는 기간 동안 큰 변화를 겪었다. 건국 초기에는 해외에서 무슨 일이 일어나든 정부와 기업들의 주요 관심사는 국내 경제 발전에 집중되었다. 그러나 1930년대 및 제2차 세계대전 이후 미국은 무역장벽을 낮추고 세계경제체제의 조율에 역점을 두어왔다. 미국인들은 무역을 통해 경제적 성장, 사회적 안정, 개별 국가의 민주주의를 촉진할 수 있으며, 전 세계의 번영과 법치(法治), 국제관계의 평화를 증진할 수 있다고 믿는다.

지난 10년간 미국의 수출은 경제 성장의 약 1/4을 담당했다. 수출을 통해 1,200만 개의 일자리가 창출되었는데, 이 일자리들은 높은 생산성 덕분에 급여수준이 미국 평균에 비해 13~18%나 높다. 미국 농장 면적의 1/3은 수출용 작물을 재배하는데 연 매출이 560억 달러에 달한다.

미국은 무역 자유화를 지지하며, 관세와 무역 규정에 대한 국제 규범인 관세 및 무역에 관한 일반 협정(GATT)이 만들어지는 데 중추적인 역할을 했다. 또한 미국은 무역 부문에서 전통적으로 다자주의를 추구해왔다. 그러나 미국은 다자주의를 중시하면서도 최근 수년간 지역 및 양자간 무역협정을 체결했다. 전자상거래의 등장으로 전혀 새로운 무역 관련 사안이 대두되었다.

1998년 세계무역기구(WTO) 장관들은 세계 각국이 전자전송에 관세를 부과함으로써 전자상거래를 방해해서는 안된다는 선언을 채택했으나 아직도 많은 문제가 미해결로 남아 있다. 미국은 인터넷을 무관세 지역으로 만들고 세계 정보통신 시장에 경쟁을 도입하며 전 세계적으로 디지털 상품의 지적 재산권을 보호하고자 한다.

13 공휴일

　미국의 공휴일들에 관한 역사적 배경과 사회적 배경에 대하여 개략적으로 소개하면 다음과 같다. 어느 국가에나 나름대로 공휴일이 있기 마련이다. 영어에서 공휴일을 뜻하는 'holiday'라는 단어는 그 어원을 보면 'holy day', 즉 성스러운 날이라는 의미를 가지고 있다. 그러나 오늘날 미국의 공휴일은 대부분 종교적인 의미와는 상관이 없다. 그보다는 오히려 그 성격이나 기원에 있어서 특정한 역사적 사건이나 인물을 기념하고 있는 경우가 많다.

　미국은 원래 다양한 민족과 문화로 구성되어 있기 때문에, 일부 미국의 공휴일은 다양한 문화적 배경과 전통에 바탕을 두고 있으면서도, 미국 특유의 문화를 반영하고 있다. 미국에서 공휴일은 다양한 역사적 사건을 기념하는 뜻 깊은 날이다.

　엄밀한 의미에서 본다면, 미국에는 연방(전국) 공휴일(federal holiday)이 없다. 모두 50개에 해당하는 미국의 각 주는 각각 자체적으로 공휴일을 정할 권한을 가지고 있기 때문이다. 그러나 대통령과 의회에서 법적으로 공휴일을 지정하는 경우는 연방 정부의 공무원들에게만 해당이 되기는 하지만, 실제로는 대부분의 주들이 연방 공휴일('법정 공휴일(legal holiday)' 또는 '공공 공휴일(public holiday)'이라고도 함)을 지키고 있다.

- 신년일(New Year's Day) 1월 1일
- 마틴 루터 킹의 날(Martin Luther King Day) 1월의 세 번째 월요일
- 대통령의 날(President's Day) 2월의 세 번째 월요일
- 현충일(Memorial Day) 5월의 마지막 주 월요일
- 독립기념일(Independence Day) 7월 4일
- 노동절(Labor Day) 9월의 첫 번째 월요일
- 콜럼버스 데이(Columbus Day) 10월의 두 번째 월요일
- 재향 군인의 날(Veterans Day) 11월 11일
- 추수감사절(Thanksgiving Day) 11월의 네 번째 목요일
- 크리스마스(Christmas Day) 12월 25일

1971년, 당시 리처드 닉슨 미 대통령은 많은 연방 공휴일의 날짜를 해당 기념일에서 가장 가까운 월요일로 공식적으로 바꾸었다. 현재 월요일에 기념하지 않는 공휴일은 모두 합하여 5개이다. 이들 5개 공휴일은 추수감사절, 재향 군인의 날, 신년일, 독립기념일, 크리스마스 등이다. 하지만 신년일, 독립기념일 또는 크리스마스가 일요일인 경우에는 그 다음 날인 월요일도 역시 공휴일로 정하며, 마찬가지로 토요일일 경우에는 그 전날인 금요일도 역시 공휴일로 정하고 있다. 우체국을 비롯하여 연방 정부의 관공서들은 모두 연방 공휴일에는 업무를 보지 않는다. 반면 각급 학교와 기업들의 경우, 독립기념일이나 크리스마스와 같은 주요 공휴일에는 쉬지만, 대통령의 날이나 재향군인의 날과 같은 공휴일에는 쉬지 않는 경우가 많다. 연방 공휴일은 각 주의 개별적인 법령에 따라 지켜진다. 앞에서 언급한 공휴일이나 그 밖의 다른 공휴일들의 날짜는 연방 정부(중앙 정부)보다는 각 주 정부에서 결정할 권한을 가지고 있다.

그 밖에도, 추수감사절과 같은 공휴일의 경우에는 각 주 정부가 대통령이 공표한 날짜에 동의 여부를 결정할 수 있는 권한을 가진다. 각 주

정부는 해당 주에서 특별히 기념할 필요가 있을 경우 주법의 재량에 따라 공휴일의 날짜를 변경할 수 있으며, 각 시 정부와 지방자치단체는 연방 정부의 법정 공휴일을 휴일로 지정하지 않을 수도 있다. 그러나 대다수의 주 정부(해당 주에 포함되어 있는 시 정부와 지방자치단체를 포함하여)는 미국의 다른 지역들에서 기념하는 공휴일의 날짜나 요일을 지키는 경우가 보통이다.

그 밖에도 각 주 정부나 지방자치단체의 차원에서 기념하는 기타 "법정"공휴일이나 "공공"공휴일도 있다. 지방 정부와 기업들의 휴무 여부는 지역에 따라 차이가 있다. 시민들의 휴무 여부는 해당 지방 정부의 재량권에 속한다.

기타 기념일 : 미국은 다른 나라들과 비교해 볼 때, 역사가 매우 짧지만, 지난 2백여 년 동안 세계 각국의 이민자들이 다양한 문화를 가지고 미국으로 이주해 왔기 때문에 매우 다양한 문화와 전통을 가지고 있다.

미국의 전역에서 각 지역마다 독특한 특성을 가지고 있는 수백 개의 공휴일은 미국을 형성하고 있는 다양한 이민 국가들의 지리, 기후 및 역사를 반영하고 있다. 각 주는 매년 해당 지역의 고유한 문화와 음악을 바탕으로 각자 독특한 축제를 열고 있다. 그리고 일부 주에서는 미합중국에 합류하고 그 결과 미국의 한 주로서 인정받게 된 날을 공휴일로 지정하여 기념하고 있다.

비록 공식적인 공휴일은 아니지만 대부분의 미국인들이 지키고 있는 축제일중 대표적인 날은 바로 2월 14일인 발렌타인데이이다. 발렌타인데이는 초기 기독교의 순교자의 이름을 따서 만들어졌으며 한 때 성 발렌타인의 축일로 지켜진 날이다. 이 날, 미국인들은 자신들이 사랑하는 사람에게 상징적인 선물을 준다. 또 자기가 사랑하는 사람들에게 발렌타인즈(Valentines)라는 이름의 특별한 카드를 보내기도 한다. 대부분의 경우, 선물은 사탕 종류이거나 꽃들이다. '그라운드호그 데이(Groundhog Day)'(2월 2일)와 같은 그 밖의 축제일들은 반드시 휴일로 지키지는 않는다. 봄이 오려면 얼마나 남았는지 점칠 수 있는 그라운드호그 데이는 미국의 농촌 지역의 풍습에서 비롯되었다. 사람들은 북미산 다람쥐과에 속하는 그라운드호그가 겨울 동안 땅에 있는 구멍에서 나와서 자신의 그림자를 보고 봄이 왔는지 점을 친다고 생각한다. 그라운드호그가 나와서 자기 그림자를 보고 깜짝 놀라 다시 들어가면 아직 봄이 멀었다는 뜻이다. 그라운드호그가 다시 들어가면 결국 앞으로 6주 정도는 겨울이 더 계속될 것이라는 것을 의미한다. 만약 그라운드호그가 자기 그림자가 보이지 않게 되어 놀라지 않으면 봄이 시작되었다는 것을 알 수 있다는 이야기이다.

국기의 날(Flag Day)은 1777년 6월 14일 대륙의회에서 처음으로 성조기를 국기로 채택한 것을 기리기 위하여 기념하는 날이다.

매년 1월 1일인 새해 첫날을 축하하는 행사는 대개의 경우 그 전날 밤에 이루어진다. 이 때 미국인들은 집이나 음식점 혹은 공공장소에 모여서 맛있는 음식을 먹고 주변 사람들에게 행복을 빌어주고 모든 일이 뜻대로 되기를 기원한다. 그러다가 묵은해가 가고 새로운 해가 찾아오는 12월 31일 자정이 되면 각종 풍선, 불꽃놀이와 함께 시끄러운 소리를 내는 경적을 울린다. 뉴욕에서는 수천 명의 사람들이 타임즈 광장에 모여서 신년을 맞이하며 카운트다운을 함께 한다. 이 행사는 매년 미국 전역으로 생중계된다.

10월의 마지막 날인 할로윈은 특히 어린이들에게 의미 있는 축제일이다. 이 날 어린이들은 우스꽝스러운 복장이나 무서운 귀신의 복장을 하고 이웃집의 문을 두들기고는 '트릭 오어 트릿(Trick or Treat : 과자를 주지 않으면 장난을 칠테야!)' 하고 외친다. 그리고 나서 해적, 공주, 유령이나 마녀 등으로 분장한 아이들이 자루를 벌리면 이웃집의 어른들은 사탕이나 과자들을 그 자루 안에 넣어 준다.

　할로윈이라는 이름은 역사적인 배경을 가지고 있다. 서기 800년 이후, 11월 1일은 '모든 성인들의 날(All Saints' Day)'로 지켜왔다. 그 날 성당에서 가진 미사를 '올할로우마스(Allhallowmas)'라고 불렀다. 그리고 그 전 날 밤은 '올할로우윈(All Hallow e'en)'이나 '할로윈(Halloween)'이라고 불러서, 오늘날의 할로윈(Halloween)이라는 이름이 탄생하게 된 것이다. 미국의 다른 축제일들과 마찬가지로 할로윈의 배경 역시 기독교 이전과 기독교의 관습에 바탕을 두고 있다.

　오늘날 학교의 스쿨 댄스와 '블록 파티(block parties)'라고 부르는 이웃의 파티는 젊은 사람들이나 나이든 사람들 모두에게 인기가 있다. 오늘날에는 성인들 사이에서도 할로윈을 즐기는 사람들의 수가 점점 늘어나고 있다. 어른들은 역사적으로 유명한 인물이나 정치인 중 한 사람으로 옷을 차려 입고 가장 무도회에 참석한다. 대도시의 경우에는 각양각색의 의상을 차려 입은 부모와 아이들이 초저녁부터 쇼핑센터 앞에 모인다. 상점들에서는 여러 가지 게임과 과자류를 준비해두고 있다가 어린이들에게 선물을 준다. 한편, 십대 청소년들은 학교에서 여러 가지 의상을 입고 댄스파티를 연다. 이 때 가능하면 기괴한 의상을 입을수록 더 인기가 많다!

　때로는 자동차의 창문에 비누를 칠해 놓거나 지나가는 사람이 걸려 넘어지도록 쓰레기통을 내다 놓는 짓궂은 장난을 치는 경우도 있다. 그러나 파티나 이러한 장난 이외에도 할로윈을 좀 더 뜻 깊게 보내는 사람들도 있다. 일부 사람들은 전 세계의 불우한 아동들을 위하여 음식이나 약품을 공급해 주기 위하여 돈을 모으는 자선 활동을 하기도 한다.

14 언론

　미국의 언론은 오늘날 제4의 계급으로 알려져 있고, 이 명칭은 헌법이 만든 지위를 다른 행정부처와 함께 언론도 공유할 것을 시사한다. 언론 즉 '제4계급'은 미국 민주주의의 수호자로서 중요한 역할을 수행한다. 그 역할은 1789년 채택된 제1차 수정헌법이 보장하는바, 의회가 언론자유의 권리를 박탈하는 어떤 법률제정도 금지할 것을 규정하고 있다.

　미국의 언론은 1690년 매사추세츠 주 보스턴에서 최초의 신문이 발행된 이래 긴 여정을 달려왔다. 50년 안에 잡지 또한 미국의 몇몇 주요 도시에서 등장하기 시작했다. 20세기 초 상업라디오의 출현은 미국 인쇄언론의 독점을 종식시켰고, 전국에 그리고 나중에는 세계의 청취자들에게 전례 없는 생방송 오디오 프로그램을 개방했다. TV는 더욱 강력한 매체로서 제2차 세계대전 이후 등장했다. 쇠퇴할 것이라는 예견을 얕보기라도 하는 듯 다른 매체들은 다양한 방법으로 TV의 지배적인 매력에 맞섰다. 위성방송 기술로 미국의 TV망, 특히 케이블망은 지구촌 어디서나 해외 시청자들에게 도달한다. 쌍방향 매체는 디지털기술의 진보와 컴퓨터, 전화, 케이블 TV의 집중에 힘입어 20세기 말과 21세기 초의 주류가 되고 있다.

　미국의 인쇄매체와 전자매체는 다양한 뉴스와 오락물의 선택권을 제공하면서 미국사회를 파고드는 한 요소다. 미디어마크 리서치 (Mediamark Research) 최근 조사에 따르면, 98%의 미국인이 한대의 TV를 갖고 있으며; 그들 중 82%는 보통 한 주에 '골든아워'를, 71%는 케이블 프로그램을 시청하는 것으로 나타났다. 미국인의 84%는 정기적으로 라디오를 청취한다. 79%는 신문 구독자들이다. 미국인 전인구의 45%는 인터넷을 이용하고 있는데, 일부 연령층의 이 비율은 분명히 최고 70%에 근접한다.

경제상황은 신문, 라디오와 TV, 지금은 인터넷을 통해 미국의 대중에게 제공되는 정보형성에 주된 역할을 한다. 비영리 및 지지단체가 상당한 영향력을 갖고 있으나, 대중의 주된 정보원의 대부분은 주요 도시의 신문, 주간 뉴스 잡지와 방송과 케이블망으로 이들은 돈벌이를 위해 사업을 하는 것들이다. 언론과 통신은 2천4백20억 달러의 수입으로 미국 최대의 비즈니스 그룹 중 하나로 꼽힌다. 2000년에는 성인 소비자 한명이 언론정보와 오락제품에 675달러를 지출했다. 광고주들은 추가로 2천백오십억 달러 이상을 미국 대중의 관심을 끌기 위해 지출했다.

언론은 미국사회의 거대한 엔진으로서 수십만 명의 기자, 작가, 예술가, 연예인과 지식인들에게 일자리를 제공하고 사고방식과 신념을 형성해 준다.

1) 신문

미국 최초의 신문인 퍼블릭 어커런시즈(Publick Occurrences)(해외 및 국내)가 1690년 9월 25일 창간되었으나 불과 하루를 지나 영국의 식민당국에 의해 발행금지 되었다. 그러나 다른 신문들이 우후죽순처럼 생겨나서 1730년 경 식민지 언론은 충분한 위상을 확보해 본격적으로 영국 총독들을 위협하게 되었다. 역사학자들은 미국의 자유언론의 전통은

1734년 존 피터 젱거의 선동적 명예훼손 재판으로 탄생한 것으로 본다. 독립전쟁(1775~1783) 이후 이 개념은 헌법의 최초 수정 10개 조항의 기본권선언에서 그 자리를 찾게 된다. 수정안 제1조는, "의회는 언론의 자유 또는 출판의 자유를 금지하는 법률을 제정하지 말 것이며…"라고 밝히고 있다. 이 14단어가 자유언론이 200여 년에 걸쳐 정부의 행동에 대한 미국의 강력한 감시자이자 개인 인권의 옹호자로서 성장을 가능하게 만들었다.

사실, 미국의 가장 위대한 최초의 정치적인 언론가는 토머스 페인이었다. 페인의 독립을 촉구하는 감동적인 저술은 그를 1776년 영국에 대항하는 독립전쟁의 가장 설득력이 있는 '언론계' 인사로 만들었다.

1800년대 초에 이르자, 미국은 급속한 기술발달의 시기로 돌입했으며 이는 '현대언론'의 실질적인 시작을 의미했다. 증기선, 철로와 전보의 발명으로 통신은 풍력발전과 말의 시대로부터 벗어나게 되었다. 고속윤전기가 개발되면서 인쇄비가 줄었다.

교육제도의 확대는 많은 미국인들을 가르쳐 읽을 수 있도록 했다. 발행인들은 장래의 이윤이 값싼 신문을 많은 독자들이 읽는데 있다는 사실을 깨닫고 광고를 늘렸다. 신문 독자층은 소수의 상류층에서부터 다수로 몇 년 사이에 확대되었다. 이 시기에 여러 세대의 미국 언론인들을 위한 기준을 설정한 편집인들의 계통이 형성되었다. 이들 중 상당수는 실용적 개혁가로서 공개적으로 평민들의 편에 서고 노예제도를 반대하며 국경을 넓히는 것이 찬성했다. 그들은 이상주의와 국민의 긍지를 결합시켰고 그들의 신문은 엄청난 새로운 이주자들이 미국의 생활을 배울 수 있는 수단이었다.

1820년대에는 25개의 일간지와 400종이 넘는 주간지가 미국에서 발행되고 있었다. 호레이스 그릴리(Horace Greeley)는 뉴욕 트리뷴을 1841년에 창간했는데, 이내 미국에서 가장 영향력 있는 신문이 되었다.

1850년대에 뉴욕 타임즈, 볼티모어 선, 시카고 트리뷴과 같은 다른 중요한 일간지도 창간되었다. 조셉 퓰리처와 윌리엄 랜돌프 허스트 두 언론계의 거장은 그들의 신문 제국을 남북전쟁(1861-1865) 이후 건설하기 시작했다. 그들의 치열한 경쟁은 독자를 유인할 목적으로 선정적이고 종종 부정확한 보도를 내보내는 '황색 저널리즘(yellow journalism)'을 만들었다. 동일한 소유자 아래에서 '연쇄점' 식 신문은 20세기 초의 괄목할 만한 특징이었다. 선두 주자인 허스트 연쇄점 외에도 스크립스-하워드와 카울스 연쇄점이 제1차 세계대전 이후 성장했다.

제2차 세계대전 이후 그런 추세는 가속화 되었고, 1990년에는 135개의 그룹이 1,228 일간지를 소유해 미국의 전체일간지 중 75%를 차지했다. 1971년, 66개의 도시에 2개 이상의 일간지가 각각 다른 회사 소유로 나타났고, 1995년에는 일간지의 숫자는 36개에 불과했다.

제2차 세계대전 이후 TV와의 치열했던 경쟁에도 불구, 미국인 성인의 3분의 2 이상은 보통의 평일에 신문을 읽는다. 발행부수 기준으로 5대 일간지는 월 스트리트 저널, 유에스에이 투데이, 뉴욕 타임즈, 로스엔젤레스 타임즈, 워싱턴 포스트다.

1999년 일간지 숫자는 1946년의 1,763개에서 1999년 1,438개로 줄었다. 하지만 일요 신문의 숫자는 1946년의 497개에서 1999년 905개로 늘어 일간지와 주간지를 모두 합쳐 2,388종이 되었다. 이 숫자는 지구상 한 국가로서는 가장 많은 종류의 신문과 최대 발행부수 - 1억1500만 - 임을 뜻한다.

오늘날 미국의 신문은 네트워크 TV 뿐만 아니라 개인 웹 서비스, 지방 케이블방송, 쌍방향 TV, 전문서적, 카탈로그와 직접메일 포함한 여러 종류의 특정대상의 전문 매체와의 도전에도 직면하고 있다. 신문은 신기술에 의존하여 도전에 맞서고 있다. 인터넷을 통해 전자신문은 미니컴퓨터에 전달되고 PC를 이용해 인쇄할 수도 있다.

2) TV

제2차 세계대전 후 미국의 가정은 TV라는 강력한 새로운 세력, 즉 TV의 공격을 받았다. '생중계' 되는 쇼를 거실에서 본다는 것은 즉각적인 흥미를 끌었다. 이 강력한 매체의 효과에 대해 아직도 평가 중이다. TV는 제2차 세계대전 이래 미국에서 가장 인기 있는 매체로 발전했는데, 미국의 생활방식에 엄청난 영향을 끼쳐왔다. 사실 거의 모든 미국가정 즉, 1999년에 98%가 적어도 1대의 TV를 가지고 있다. 1999년에는 미국인 열명 중 일곱이 TV에서 그들의 뉴스를 보는 것으로 보고되었다. 3대 주요 개인소유의 네트워크 – NBC, CBS와 ABC – 는 1950년대부터 1970년대까지 무료 TV방송시장의 90%를 점유했다고 주장했다.

3) 케이블 TV

그러나 1980년대의 유료 케이블TV의 급속한 확산으로 3대방송사의 주도권은 무너졌다. 1999년경 미국가정의 70%가 케이블TV에 가입했다. 케이블TV는 동축케이블과 광섬유케이블을 통해 송신되는데 1948년 산악지역이나 지리적으로 멀리 떨어져 공중파 TV방송이 들어오지 않는 곳의 주민들을 위해 서비스 개선차 시작된 것이다. 오늘날 알려진 케이블의 기원은 국내통신위성의 발달에서 유래하며 1973년 연방통신위원회의 승인을 받았다.

신기술로 인해 케이블 프로제작자들은 비용효과가 높은 방법으로 국내외에 유통시킨다. 1975년 타임사 소유의 영화전문 홈 박스 오피스(Home Box Office)는 위성으로 신호를 송신한 최초의 제작자가 되었다. 두 번째로 위성방송을 시도한 사람은 애틀랜타의 지방방송국 소유자 테드 터너였다. 이는 최초로 '슈퍼 스테이션' 으로 알려졌으며 위성을 이용해 신호를 전국의 시청자들에게 보냈다. 터너는 1980년 같은 기술을 이용해 케이블 뉴스 네트워크 즉 세계 최초의 24시간 뉴스 채널인 CNN을 설립했다. 1993년 초, 미국 굴지의 록 음악전문 TV네트워크인 MTV는 미국과 여타 32개국에 4천6백만 명의 시청자를 확보했다. 케이블TV는 또한 매우 한정된 시청자들 확보에도 성공했다. 1970년대 말부터 상당수 미국의 케이블시스템은 '내로우캐스팅(narrowcasting)' 즉, 소수의 시청자들을 위해 전 채널을 제공하는 TV프로그램을 제공하기 시작했다.

디지털기술이 진보되고 대량 디지털 신호전송을 가능하게 하는 광섬유케이블로 연결되는 미국 도시가 늘어나자 케이블TV 가입자들은 수많은 새로운 쌍방향서비스를 제공받게 되었다. 컴퓨터와 TV의 복합으로 일련의 새로운 '쌍방향' 서비스가 가능해졌는데 여기서는 시청자가 더 이상 수동적으로 시청하지 않게 된다. 예컨대, '주문형 영화'는 시청자가 수 천개의 비디오 중에서 선택하게 하는 것이 쌍방향 서비스의 일종이다. 다른 예는 '홈쇼핑' 채널이다.

4) 공영TV

미국의 공영방송국은 독자적으로 지역사회의 요구에 부응한다. 모든 공영TV 조직은 전국적으로 연결되어 있지만 세 개의 전국 조직을 통한다. 공영방송공사(CPB)는 의회가 1967년 연방정부의 자금을 방송국과 독립제작사에 배분하기 위해 설립했다. 미국공영방송(PBS)는 1969에 설립되어 오늘날 프로그램을 공급하고 모든 공영TV 방송국들을 연결하는 위성시스템을 운영한다. 공영방송협회(APTS)는 회원 방송사의 조사와 기획을 도와주고 있다. 이런 공영방송 외에도, 기독교 복음 전도사들이 운영하는 비영리 방송국이 늘고 있는데 이들 대부분은 시청자들이나 교회회원의 헌금으로 운영된다.

5) 자율규제

　네트워크TV 프로그램의 폭력수준에 대한 일반인의 불만과 미 의회의 압력에 대해 4대 TV네트워크 - ABC, CBS, NBC와 Fox - 는 1993년 중반 합의하여 '자발적으로' 지정된 프로그램 앞에 부모의 권고를 송출시킴으로써 자녀에게 부적절할 수도 있는 폭력수준을 경고하기로 했다. 마찬가지로, 미국케이블TV협회(NCTA)도 1994년 2월 1일 TV의 폭력수준을 낮추겠다는 방침을 발표했는데 여기에는 부모의 권고, 폭력물 등급제와 연구단체의 프로그램 모니터제가 포함되어 있다.

15

과학 기술

　미국은 독립 당시부터 자유로운 사고의 흐름을 고취하고 '유용한 지식'의 성장을 촉진하고 전 세계에서 창조적인 사람들을 받아들임으로써 과학과 발명을 장려했다. 과학 활동을 장려하고자 하는 욕구는 미국의 헌법에 반영되어 있다. 미국 의회는 헌법에 의해 '저작자와 발명가에게 일정한 시간 그들의 저작 및 발견에 대한 배타적인 권리를 부여함으로써 과학 및 실용 학문의 발전을 촉진'할 권한을 부여 받았다. 이 조항은 미국의 특허권 및 상표권 제도의 기초가 되었다.

　미국 건국의 아버지 가운데 두 명은 실제로 상당히 저명한 과학자였다. 벤저민 프랭클린은 일련의 실험을 통해 번개가 일종의 전기라는 점을 입증했고 토마스 제퍼슨은 농학도로서 신대륙에 다양한 쌀, 올리브 나무, 잔디를 도입했다.

　19세기 과학 및 수학 분야에서 새로운 아이디어를 내놓는 데 선구적인 역할을 한 나라는 영국, 프랑스, 독일이었으나, 미국이 이론 형성에는 뒤쳐져 있었을지 몰라도 응용과학 분야에서는 탁월했다. 미국인들은 서구의 과학 및 산업의 원천으로부터 아주 멀리 떨어진 곳에서 살았으므로 독자적으로 문제를 해결해야 했다. 그 결과는 여러 가지 중요한 발명으로 이어졌다. 위대한 미국의 발명가에는 로버트 풀턴(증기선), 새뮤얼

F.B. 모스(전신), 일라이 휘트니(조면기), 사이러스 맥코믹(수확기), 라이트 형제(동력 비행기) 등이 있고, 토마스 알바 에디슨은 가장 활발히 활동하여 1,000건이 넘는 발명을 했다.

  20세기 후반 들어서는 개념과 이론 형성을 가리키는 '순수' 과학에 대한 미국 과학자들의 기여도가 점점 인정을 받게 되었다. 노벨 물리학상과 화학상 수상자의 면면을 보면 변화하는 양상을 알 수 있다. 1901년부터 1950년까지 과학 분야에서 미국인 수상자는 소수에 불과했으나 1950년 이후에는 과학 분야 노벨상의 절반 정도를 미국인이 수상했다.

16 사회

1) 이민자의 나라

미국 역사상 최초의 유럽 이민자들은 영국과 네덜란드 출신이었다. 이후 풍부한 경제적 기회와 종교 및 정치적 자유에 대한 소문에 이끌린 이민자들이 여러 나라에서 미국으로 몰려들기 시작했으며 1892년에서 1924년 사이에는 그 수가 최고조에 이르렀다.

19세기 후반 미국 정부는 엘리스 섬에 특별 입국 항을 설치했는데 이곳은 1892년부터 1954년까지 운영되다가 지금은 국립자유의 여신상의 일부로 보존되어 있다. 프랑스가 미국 독립 100주년을 기념하여 1886년에 기증한 자유의 여신상은 엘리스 섬 근처에 위치한 뉴욕 항의 한 섬에 세워져 있다. 미국은 1820년부터 1979년까지 4천 9백만 명 이상의 이민자를 받아 들였다.

1924년, 미국으로의 이민자 수를 국가별로 제한하는 첫 번째 법안이 통과되었다. 이민자 수의 제한은 미국에 이미 거주하고 있는 해당 국가 출신자의 수를 기준으로 산정되었다. 1965년에는 이민 신청 순서에 따라 이민 쿼터(quota)가 정해졌으며 국가별 쿼터 대신 대륙별 쿼터를 적용하기 시작했다. 미국 시민의 친척과 특정한 직업 기술을 갖춘 이민자들에게 우선권이 주어졌다.

1978년 미 의회는 대륙별 쿼터를 폐지하고 전 세계적인 상한선을 정했다. 미국은 세계에서 이민자를 가장 많이 수용하는 나라로 1998년 현재 인구 중 외국 태생은 전체 인구의 9.3%인 2천 520만 명에 이르렀다.

1990년에 수정된 이민법에서는 매년 675,000명의 이민자를 수용하되 특정 부류의 사람들은 예외로 하는 유연한 형태의 제약을 적용하고 있다. 이 수정 이민법은 수준 높은 숙련 노동자와 전문 인력을 미국으로 끌어 들이고 최근 몇년 간 이민자의 수가 비교적 적었던 나라들로부터 이민자를 받아들이고자 하는 것이다.

미 이민귀화국(INS)에 따르면 미국에는 허가 없이 체류 중인 사람이 약 5백만에 이르며 그 수가 매년 약 275,00명씩 증가하고 있다고 한다. 미국 토박이들과 합법적인 이민자들은 불법 이민의 문제를 심각하게 받아들이고 있다. 많은 사람들은 불법 이민자(또는 '불법 체류자')들이 시민들, 특히 청년층과 소수 민족의 일자리를 빼앗고 있다고 생각한다. 나아가 불법 체류자는 세금으로 운영되는 사회 복지 서비스에 큰 부담이 될 수 있다.

1986년 미 의회는 불법 체류자 문제를 해결하기 위해 이민법을 수정하였다. 미국에서 1982년부터 거주해 온 대부분의 이민자들에게는 평생 미국에서 거주할 수 있는 경로인 합법적 거주지 신청 자격이 주어졌다.

1990년에는 900,000여 명이 합법적 지위를 취득하기 위한 방편으로 이 법을 활용하였다. 수정된 이민법은 불법 이민을 근절하기 위한 강경한 조치들을 적용하고 의도적으로 불법 체류자를 고용한 사업체에 벌금을 부과하는 등의 내용으로 구성되어 있다.

2) 유산

지속적인 이민 유입은 미국이라는 나라의 독특한 성격에 깊은 영향을 미쳤다. 자신의 모국을 떠나 새로운 나라에서 살아가기 위해서는 용기와 융통성이 필요하다. 미국인들은 위험을 감수하고 새로운 일을 시도하려는 성향과 독립성과 낙관주의로 알려져 있다. 미국에서 조상 대대로 살아온 기간이 길수록 물질적 풍요와 정치적 자유를 당연시하는 성향이 강하며 이민자들은 그러한 특권의 중요성을 가까이서 보고 느낄 수 있다.

이민자들은 자국의 문화를 통해 미국 사회를 더욱 풍요롭게 하기도 한다. 오늘날 상당수의 미국 흑인들은 크리스마스와 아프리카의 의식에서 유래한 축제인 크완자(Kwanzaa)를 모두 기념한다. 히스패닉계 미국인들은 5월 5일을 신코 데 메이요(Cinco de Mayo)라고 하여 길거리 장터와 다양한 행사를 통해 전통을 유지하고 있다. 미국 도시에는 다양한 민족 식당들이 성업하고 있다. 그 자신 아일랜드 이민의 손자였던 존 F. 케네디 대통령은 이러한 신구의 융합에 대해 언급하면서 미국을 "평등한 입장에서 새로운 삶을 시작한 이민자 들의 나라"로 지칭하고 "이것이 새로운 개척지로의 탐험을 두려워하지 않는, 오랜 전통의 선명한 기억을 갖춘 사람들의 국가인 미국의 비밀이다."라고 결론 내렸다.

17 인구

　미 인구 센서스국은 10년에 한 번씩 미국의 인구와 산업에 대하여 완벽한 센서스를 실시한다. 최초로 인구센서스가 이루어진 1790년, 신생 국가였던 미국의 인구는 4백만에도 미치지 못했을 뿐만 아니라 대부분이 동부 해안을 따라 거주하고 있었다.
　미 인구센서스 국의 통계에 따르면 오늘날 미국 전체의 인구는 2011년 현재 311,591,917명에 이르며 태생 국가도 다양하고 폭넓은 연령대와 유례없이 다채로운 생활여건 속에서 살아가고 있다. 몇 가지 예를 들면 다음과 같다.

1) 인종 및 민족 구성

　2000년 인구센서스에 따르면 전체 인구 중 백인은 약 2억 1천 700만 명(77.1%), 흑인 또는 아프리카계 미국인은 3천 640만 명(12.9%), 아시아계 및 태평양 섬 거주 미국인은 1천 270만 명(4.5%), 아메리카 인디언 및 알래스카 원주민 인구는 약 400만 명(1.5%)이었으며 히스패닉계는 3천 530만 명(13%)이었다. 1990년과 2000년의 인구센서스를 비교해 보면 라티노 또는 히스패닉 인구는 10년간 거의 1천 300만 명(또는 57.9%)

이 증가했다. 2000년 집계된 히스패닉 중 절반은 캘리포니아와 텍사스에 살고 있었다.

2) 연령 구조

미국에서는 20세기를 거치면서 고령 인구가 급격하게 늘어났다. 미국인 중 65세 이상의 인구는 1900년에 310만 명이었던데 비해 2000년에는 3천 500만 명에 달했다. 같은 기간 동안 전체 인구 중 고령 인구의 비율은 25명 중 1명에서 8명 중 1명으로 뛰어 올랐다. 이와 같은 경향은 베이비 붐 세대가 나이를 먹는 이번 세기에도 계속될 것이다. 1990년부터 2020년까지 65세에서 74세까지의 인구 증가는 74%에 이를 것으로 예상된다.

고령 인구의 급증은 평균 수명이 눈에 띄게 증가했기 때문이다. 미국이 생겨났을 당시의 평균 수명은 35세에 불과했다. 1900년이 되면서 평균 수명은 47.3세까지 증가했으며 2000년에 태어난 보통 미국인의 평균 수명은 77세로 예상된다.

고령 인구의 급격한 증가로 2000년 당시 중년(미국인을 연령에 따라 절반으로 나누었을 경우)은 역사상 최고인 35.5세였다. 웨스트버지니아에서는 중년이 38.6세로 계속 미국의 최고령 주로 기록되었으며 유타는 최연소 주로 평균 연령이 26.7세였다.

3) 결혼과 가족

2000년 당시 미국의 성인 중 52%가 결혼해서 배우자와 함께 살고 있었다. 나머지 24%는 결혼을 한 적이 없으며 7%는 배우자가 사망했고 10%는 이혼한 상태였다.

미국의 1억 550만 가구 중 71.8%는 혈연, 결혼 또는 입양으로 관계를 맺은 2명 이상의 사람들, 즉 가족을 포함하거나 가족을 구성하고 있었다. 나머지 가구는 독거 가구(25.8%)이거나 2명 이상의 관계가 없는 사람들(6.1%)이 함께 살고 있었다.

모든 가족의 절반가량(49%)이 부모와 18세 이하의 아동 및 청소년을 포함하고 있었다. 대략 36%는 결혼한 부부와 아이들로 이루어진 '전통' 가족으로 볼 수 있었다. 1970년부터 이러한 전통 가족은 모든 가족 형태를 통틀어 14% 포인트의 현저한 감소를 보였다. 그러나 1990년과 비교하면 1%가 감소한 것에 불과했다.

1995년부터 1998년까지 미혼모의 수(980만 명)는 거의 비슷했던 것에 비해 미혼부의 수는 170만 명에서 210만 명으로 증가했다. 1998년에는 18세 이하의 아동 및 청소년 중 28% 정도가 편모(20%) 또는 편부(4%)와 살았으며 68%는 부모와 함께 살았고 나머지 4%는 친척이나 자신들과 관계가 없는 사람들과 살고 있었다. 18세 이하의 아동 및 청소년 중 거의 6%가 조부모의 집에서 살고 있었다.

4) 인구 성장

미국의 일부 지역은 다른 지역에 비해 훨씬 빠른 속도로 성장하고 있다. 인구 성장이 가장 빠른 지역은 언제나처럼 서부 지역에 밀집되어 있어 1990년부터 2000년까지 19.7%가 증가했다. 남부 지역이 근소한 차이로 두 번째(17.3%)를 차지했다. 중서부 지역(7.9%)과 북동부 지역(5.5%)은 비교적 인구 성장이 느린 편이었다.

네바다 주는 1990년 4월 1일에 비해 66.3%라는 놀라운 수치로 미국에서 가장 높은 인구 성장을 보였다. 애리조나 주는 10년 간 40%의 성장을 기록하며 2위를 차지했고 콜로라도 주(30.6%), 유타 주(29.6%), 아이다호 주(28.5%)가 그 뒤를 이었다. 캘리포니아는 같은 기간 동안 410만 명의 인구가 증가해 수치상으로 가장 높은 성장을 보였다.

1990년대의 인구 이동과 몇 십 년에 걸친 남서부 지향적인 성향에 따라 미국의 인구 중심은 10년 동안 남쪽으로 12.1 마일, 서쪽으로 32.5 마일을 이동해 미주리 주 에드가 스프링스에서 동쪽으로 약 3마일 지점에 자리 잡게 되었다.

5) 사회 복지

미국에서는 전통적으로 빈민층을 돕는 것이 개인의 자선이나 지방 정부의 일이었다. 이민자들은 대개 같은 나라 출신자들의 도움을 받아 새로운 삶을 시작했다. 19세기 말에서 20세기 초에 일부 유럽 국가에서 공공복지 프로그램을 실시하기 시작했다. 그러나 급격한 산업화와 풍족한 농지로 일할 의지만 있다면 일자리를 찾을 수 있을 것이라는 통념이 자리 잡은 미국에서 그와 같은 움직임이 정착되기에는 그 진행 속도가 너무 느렸다.

1929년에 시작된 대공황은 기존의 믿음을 무너뜨렸다. 은행과 기업이 파산하면서 역사상 처음으로 수많은 실직자가 발생했다.

프랭클린 루즈벨트 대통령은 1932년에 취임한 직후 회복 및 개혁 법안을 미 의회에 제의했다. 공황기에 시작된 이들 프로그램은 대부분 임시적인 구제 조치에 불과했으나 이 중 사회 보장 프로그램은 제도화되었다. 노동 인구의 임금에서 차감한 자금으로 운영되는 사회 보장 제도는 퇴직자에게 적절한 월수입을 보장하고 실업 보험, 장애 보험, 기타 지원 등을 제공한다.

최근 들어 사회 보장 기금이 고령 인구가 급격하게 성장할 것으로 예상되는 21세기에는 충분한 자금력이 뒷받침되지 않을 것이라는 우려가 있다. 정책 입안자들은 예상 적자의 해소를 위해 다양한 방법을 고안하고 있으나 장기적인 해결책은 아직 검토 중이다.

루즈벨트를 비롯한 다른 미국의 대통령들, 특히 1960년대의 린든 존슨 대통령은 다양한 지원 프로그램을 수립했다. 여기에는 '보건' 코너에서 다루고 있는 의료 보장 제도인 메디케이드(Medicaid)와 의료 보험 제도인 메디케어(Medicare)를 비롯해 식품구입 시 사용할 수 있는 식량 배급표, 연방 정부의 비용으로 지어 저 소득자에게 제공되는 공영 주택 등이 있다.

2001년 미국 기준에 따르면 연간 소득이 $17,960 이하인 4인 가족이 빈민층으로 분류되었고 (미 인구센서스 국. 2001 빈민 계층) 미국 가정 중 9.2%가 이 항목에 속하면서 1993년의 12.3%에 비해 감소한 수치를 보였다. (미 인구센서스 국. 역사적 빈민 관련 도표) 많은 빈민 가정은 앞서 언급된 혜택 이외에도 정부가 의식주와 같은 필수 사항을 해결할 수 없을 정도의 저 소득자에게 매월 일정 금액을 제공하는 복지 수당을 받고 있다.

가장 일반적인 형태의 복지 수당은 아동 부양 세대 보조(AFDC, Aid to Families With Dependent Children)라는 프로그램을 통해 지원되고 있다. 처음에는 아버지가 사망한 가정의 아이들을 지원하도록 고안되었던 AFDC는 수백만 빈민 가정의 정기적인 주요 수입원으로 발전했다. AFDC 보조금과 같은 복지 시스템이 1980년대와 1990년대에 비판의 대상이 되면서 제도 자체가 선거의 쟁점이 되기도 했다.

예를 들어 1992년 대선 캠페인 당시 주지사였던 빌 클린턴은 "우리가 알고 있는 복지는 없애야 한다"는 공약을 내세웠다. 사회 복지 프로그램은 빈곤층의 의존도를 높일 뿐이라는 비난은 1996년 일부 연방 프로그램의 재편으로 이어졌다. 새로운 법률이 통과되면서 AFDC는 주 정부가 연방 보조금의 재정 지원을 받아 운영하는 지원 프로그램인 빈곤가족 한

시 지원(TANF- Temporary Assistance for Needy Families)으로 대체되었다.

또한 기존의 평생 복지 지원을 5년으로 제한했고 신체에 이상이 없는 성인이라면 2년 간 지원을 받은 후에는 일을 하도록 하고 미국 시민권이 없는 합법적 이민자에 대한 복지 혜택을 중단했으며 무직자에게는 식량 배급표를 3개월로 제한하고 있다.

사회 보장 제도, 메디케어, 메디케이드, 기타 복지 프로그램 등을 포함한 모든 연방 지원 프로그램의 총 비용은 연방 정부가 지출하는 총 비용의 절반 수준에 이른다. 이는 1960년대에 비해 두 배로 뛰어오른 수치이다.

빈민층은 정부 이외에 다른 단체의 도움을 받을 수도 있다. 다양한 개인 자선 단체와 자원 봉사 조직이 활동하고 있다. 미국에서는 자원 봉사가 증가하고 있으며 퇴직자들이 특히 활발한 활동을 펼치고 있다. 18세 이상의 미국인 중 50퍼센트 정도가 자원 봉사 활동을 하고 있으며 미국 가정 중 75퍼센트가 자선 단체에 기부하고 있는 것으로 집계되었다.

6) 인종차별과 인권 및 여권운동

인종차별주의 : 인종차별은 특정 인종을 제한된 거주 지역에 살게 하고 자신들과는 다른 공공기관(학교, 교회)이나 편의시설(공원, 운동장, 식당, 화장실)을 이용하게 하는 관행뿐만 아니라, 경제적, 정치적으로 우월한 집단이 기득권을 유지하려는 수단으로 이용하며, 최근에는 특히 백인이 합법적 수단에 의해서 유색인종의 사회진출을 막음으로써 사회적, 경제적, 정치적으로 우월한 지위를 유지하려는 경향을 뜻한다.

하와이나 브라질처럼 인종간의 혼혈이 대규모로 발생하는 곳을 제외하고 대부분의 다인종 사회에서 인종차별이 나타나고 있다. 그러나 이러한 나라에서의 차별정책은 합법적인 수단에 의한 것은 아니었다.

반면, 미국 남부의 주들에서는 공공편의시설 이용에 대한 합법적인 격리정책이 19세기말에서 1950년대까지 심하게 일어났다. 1964년의 민권법(Civil Rights Act)은 미국 연방정부가 지원하는 계획에서 직업차별을 못하게 함으로써 흑인에게 경제적, 정치적 이권을 나눠주려고 시도했다. 여기에는 투표, 교육, 공공편의시설의 이용에서 차별과 격리를 하지 못하도록 하는 법적 규정도 포함되었다. (브리태니커 세계 대백과 사전 Britannica World Encyclopaedia 1993 참조).

미국은 외국으로부터 계속되는 이주자와 그 2세, 3세가 주민의 대부분을 차지하고 있는 다민족 국가이다. 그동안 남북전쟁과 세계대전 등 몇 번의 위기도 있었지만, 인종과 민족의 배경을 넘어서, 미국 국민으로서의 국가의식을 점차 강화해 왔다. 성조기는 그 상징이다.

'개방적이고 명랑하며 활기에 찬 미국인'이라는 이미지도 피부색을 넘어서 미국적인 사회와 문화 위에 정착한 국민적인 공통성이라 하겠다.

일반적으로 미국의 시민생활은 1인당 국민소득 31,500달러(1997)로 세계에서 가장 풍요한 수준을 과시한다. 또 국민의 77%가 도시에 살고 있으며, 도시 중에서도 인구 100만 이상의 대도시에 63%의 인구가 집중하여 세계에서도 가장 도시화가 진전된 사회라고 할 수 있다.

대도시 교외의 주택지에서 넓은 잔디밭에 산뜻한 집을 짓고 살며, 주말과 휴가 때에는 이외의 레크리에이션을 즐기는 생활상이 시민들의 소망이기도 하다. 도심지에는 초고층 빌딩들이 늘어서 있고 그 곳으로부터 사방으로 뻗은 정비된 고속도로, 그 연변에 펼쳐져 있는 나무가 우거진 주택지의 풍경은 현대 미국의 전형적인 경관이라 하겠다.

이와 같은 풍요한 사회상의 이면에는 다인종, 다민족의 혼합에서 생기는 심한 인종차별과 독점자본주의 사회에 필연적으로 뒤따르게 마련인 빈부계층 간의 대립이 늘 미국 국내문제의 근원이 되고 있다. 인종문제는 1997년에 조사를 보면 전인구의 12.7%를 차지하는 흑인, 4.7%를 차지하는 인디언과 아시아인종에 대한 차별이 주요 이슈이며, 그 밖에 아시아인과 유대인 등 소수민족이 있다.

특히 흑인으로 대표되는 흑색이나 황색의 의견적 차이는 결코 백인과의 융화를 허용할 수 없다는 숙명적인 이유가 있는 것 같다. 이 숙명적 차별감과 아울러 남부의 농업지대에서 일자리를 잃은 흑인들은 교육수준이 낮고 기술을 습득하지 못했기 때문에 북부의 여러 도시에 유입해도 일자리가 없어 하층사회에 참전하여 그 곳에 슬럼을 형성한다. 그리고 이 빈민굴에서는 자녀들도 충분한 교육을 받을 수가 없고, 성장한 후에도 취업의 기회마저 얻을 수 없다는 악순환이 되풀이되고 있다.

자유와 평등을 헌법에 밝히고 있는 미국이지만 앵글로색슨의 우월성은 암암리에 존재하고 있으며, 흑인과 황색 인종에 대한 백인의 차별의식도 강하다.

흑인들은 자연히 이에 반발하게 되며, 미국사회 속에 지금 하나의 반독립적인 흑인사회가 존재한다는 견해도 있다. 1992년 로드니 킹 사건으로 일어난 로스앤젤레스 폭동도 흑백 문제가 그 배경이었다. 빈곤 문제는 흑인 사회뿐 아니라, 빈곤백인이라고 불리는 새로운 이민자들 사이에서도 심각하다. 대도시의 슬럼은 빈곤에 기인한 도시범죄(강도, 절도, 폭행, 마약, 매춘)의 온상이 되어 범죄 발생률도 해마다 증가하는 경향이다. 인플레이션의 진행과 미국경제의 사양화에 따른 실업률의 상승이 한층 더 이에 박차를 가하여, 미국의 대도시 뒷골목에서는 일몰 후에는 물론 낮에도 안전이 보장되지 않을 정도이다.

전 뉴욕 시장 존 린지는 자신의 저서 '병든 도시' 중에서 '시내 모든 지역을 온종일 감시하려면 매년 250억 달러(시 총예산의 4배)는 필요하다' 고 한탄하였다. 도시의 생활환경이 악화됨에 따라 중산층 이상의 시민이 도시를 버리고 교외로 이주하는 경향이 심해져, 도시의 재정은 날이 갈수록 악화일로를 걷고 있는 실정이다. 공채상환이 어렵게 되자 파산을 선언한 곳도 발생하였다. 월남전의 개입과 패배, 세계경제에서의 지배력의 약화, 워터게이트 사건 등 어두운 면이 계속되었으나, 1980년대 이후 새로운 미국 건설을 위한 정부의 노력이 지속되고 있다.

로스앤젤레스 흑인폭동 : 이 폭동사건은 1992년 4월 29일 로스앤젤레스에서 흑인들에 의해 일어났다. 폭동의 발단이 된 '로드니킹 사건'은 1991년 3월 3일 LA경찰국 소속 백인경찰관 4명이 흑인인 로드니킹(27)을 집단 구타한 사건이다.

이날 0시 30분쯤 로스앤젤레스 근교 210번 고속도로 상에서 5~6대의 경찰차가 과속으로 달리던 한 대의 흰색 차를 뒤쫓은 끝에 멈춰 세웠다. 문제의 백인 경찰관들은 그 차를 운전하던 흑인청년 로드니킹을 끌어내려 경찰봉과 주먹, 발길지로 구타했다. 킹은 유혈이 낭자한 채 현장에서 수갑이 채워져 경찰서로 연행되었는데, 킹은 왼쪽다리가 부러지고 얼굴도 20바늘이나 꿰매야 하는 큰 상처를 입었다.

'로드니 킹' 사건을 심의해온 시미밸리 지방법원의 배심원들은 7일간의 마라톤협의 끝에 29일 오후 3시 20분(현지시각) 로드니킹을 직접 구타한 4명의 백인경찰관중 스테이시 쿤, 테드 브리세노, 티모시 윈드 등 3명에게는 무죄를 평결하고 로렌스 파월 한 명만 재심사를 결정했다. 배심원은 모두 12명으로, 백인이 10명이고 스페인계와 아시아인계가 1명씩이었다. 평결이 발표되자 분노한 흑인들이 거리로 뛰쳐나와 시위를 시작했고, 해질녘부터는 폭동으로 변해 곳곳에서 건물에 불을 지르고 차량을 파괴하고 상점의 물건을 약탈했다.

이것은 미국 사회구조가 항상 안고 있는 인종차별에 대한 폭발이었다. 그간 인종차별의 시정이 진행되는 가운데 흑인사회의 계층분화가 진행되어 중산계급화하는 흑인이 늘어나는 반면, 대도시 슬럼가에는 사는 극빈층 흑인도 늘어나고 있던 것이 그 배경이다. 이 폭동의 주 대상이 된 한인 타운에 대한 습격은 극심하였고 한인교포 이재성(당시 18세)이 그들의 총격에 의해 희생되었다. 이는 한인업소들이 성공적으로 안정된 생활을 하는데 대한 극빈층 흑인들의 좌절감에서 오는 행패였다. 이 폭동으로 사망자는 55명, 부상자는 2,383명이었다. 체포된 자만 1만 3379명이며, 피해 총액이 7억 1700만 달러나 되었다.

유엔은 최근 미국 경찰이 미국 내 소수 인종을 폭행해 살해하는 등 폭력을 행사하고 있는 것과 관련해 우려를 표명하면서 소수 인종을 위한 광범위한 인권보호 조치를 취할 것을 미국 정부에 촉구했다.

유엔 인종차별근절 위원회는 13일 스위스 제네바에서 발표한 정례보고서를 통해 이와 같이 강조하면서 미국 정부는 경찰의 야만적인 행위를 중단시키기 위해서는 소수인종에 대한 편견에서 벗어나도록 하는 경찰 교육이 필요하다고 지적했다. 이 보고서는 특히 텍사스주 등 일부 지역에서 시행되고 있는 사형제도의 희생자와 각 교도소의 수감자는 인종문제와 깊은 상관관계가 있다며 이를 개선하기 위해서는 미국 정부의 단호한 결단이 필요하다고 강조했다.

한편, 미국은 유엔 인종차별 회담 불참을 시사하고 있다. 미국은 노예제도에 대한 보상과 시오니즘을 인종차별로 규정하는 문제를 의제로 삼고 올 8월 31일부터 9월 7일까지 남아프리카 공화국에서 열릴 예정인 유엔 인종차별 회담 불참을 위협하고 있다고 워싱턴포스트지가 27일 보도했다. 이번 유엔 회담은 팔레스타인에 대한 이스라엘의 행동을 "새로운 인종차별주의"로 선포해 달라는 아랍과 아시아 국가의 요구 및 노예제도에 대한 보상논의를 주장해 온 국제적 감시기구인 유엔인권감시단의 요구에 따라 열리는 것인데, 미국은 두 문제와 관련해 추진 중인 선포문에 쓰인 몇몇 어구를 받아들일 수 없다는 입장을 보이고 있다.

교육에 있어서의 인종차별 : 미국은 'melting pot'과 'salad bowl'이라

는 칭호가 있을 정도로 대표적인 다인종 사회이고 다문화 사회이다. 이러한 다인종 사회에서 다수집단인 백인들이 여러모로 우위를 차지하고 있고, KKK(Ku Klux Klan)이라는 백인 우월주의자들의 집단도 있다. 미국의 이러한 인종차별은 백인들이 아메리카 대륙을 점령하고 흑인들을 노예로 부리기 시작하면서 그 깊은 뿌리를 내리게 되었다 그러한 인종차별은 미국의 남북전쟁에서 노예정책에 반대하는 북부가 승리를 한 뒤, 오늘날까지도 계속 이어져 최근에는 흑인들이 LA폭동을 일으켜 많은 피해를 입혔다.

인종차별 정책은 교육에 있어서도 결코 예외가 될 수 없는데, 교육이란 인간의 내면을 형성하는데 지대한 영향을 끼친다는 점에서 매우 중요하고 민감한 사안이 아닐 수 없다. 과거에는 미국에서 백인이 다니는 학교에 흑인이 다닐 수 없었다. 게다가, 1896년 대법원은 이것이 합헌이라고 결정지었다. 그러나 Harlan이라는 판사의 노력에 의해 58년의 세월이 흐른 뒤, 대법원에서는 다시 위헌이라고 판결했다.

하지만, 백인과 흑인이 같은 학교를 다닐 수 있음에도 불구하고 백인과 흑인이 섞여서 공부하는 일은 쉽사리 일어나지 않았다. 여러 가지로 만연한 사회적 불평등으로 인해 흑인들은 여전히 빈민굴에서 생활하고 있었고, 이 때문에 중산층 이상인 백인들과는 거주지 자체가 달라서 학교 역시도 계속해서 서로 다른 곳에 다니게 된 것이었다.

정부에서 이 문제를 해결하기 위하여 스쿨버스 제도를 도입해서, 백인 학생들은 자신들의 집과는 멀리 떨어진 흑인들이 생활하는 곳에 있는 학교를 다니게 되었고, 그것은 흑인 학생들도 마찬가지였다. 그러나 여론조사에 의하면, 이 제도는 두 인종 모두에게서 환영받지 못했다.

또 다른 문제가 1970년대에 발생하게 되는데 그것은 미국의 대학에서 특정수의 흑인 학생들을 받음으로써 일어났다. 특정수의 흑인 학생들을 받는 대학의 입학제도 때문에 흑인 학생보다 뛰어남에도 불구하고 입학

허가를 받지 못한 백인 학생이 법원에 고소를 했고, 대법원에서는 평등권이 침해되었음을 인정했다. 인종차별의 문제가 역으로 일어난 사건이었다.

북미의 여권운동 : 북미의 최근의 페미니즘(여권신장 운동)은 1960년대에 시작되어서 지금은 하나의 아주 중요한 정치적인 운동이다. 중요한 주장으로는, 평등한 근로에 대한 평등한 임금, 개인의 신체에 대한 선택의 자유 등이 있다. 여성운동의 초기에는 남자들은 '남성 쇼비니스트(자신의 성이 우월하다고 믿는 사람) 돼지들' 이라고 불렸고 페미니스트들은 '브라를 태우는 사람들' 이라고 불렸다(항의의 표시로 여자들이 브라를 벗어서 태웠기 때문에).

오늘날 어떤 이들은 아직도 페미니스트들은 남자를 증오하는 사람들이고 레즈비언(여자들끼리 섹스를 하는 여자들)이라고 믿고 있지만 사실은 그들이 원하는 것은 남자들과 동등하게 취급받는 것뿐이다.

오늘날에는, 남자들만을 위한 일이라고 여겨졌던 많은 직업들을 여자들도 많이 차지하고 있다. 또, 한때 남자들뿐이었지만 현재는 유니섹스, 즉 남녀 모두에게 개방된 클럽도 많이 있다. 많은 사람들이 아직까지도 남녀 사이의 평등한 한계에 관해서 논쟁하고 있다. 인종(인종주의)이나 사회계층 또는 수준(계급주의) 그리고 종교들 사이에 관해서도 마찬가지이다.

18 미국인의 일상풍속

경품권 오려 모으기 : 다음은 미국인들의 경품권, 즉 쿠폰 오려 모으기 (Coupon Clipping) 관습에 관해 설명한 글이다. 이 장에 소개한 미국의 일상 풍속에 관한 글은 별도의 언급이 없는 한 Harry Collis. 101 American Customs. Chicago: Passport Books. 1999에서 발췌한 것이다.

A manufacturer's money-off or reduction coupons appear in all American newspapers and magazines. By purchasing the items that are offered on the reduction coupon, a buyer can have his grocery bill reduced by a substantial amount at the supermarket checkout. Many people plan their grocery shopping in advance to take advantage of the discounts offered by coupons that they collect.

다음과 같은 대화문을 통해 미국인의 쿠폰 오려 모으기((Coupon Clipping)에 관한 문화를 이해하도록 하자.

A: My goodness. Ellen! You've got enough groceries there to feed an army!

B: Actually, you wouldn't believer how much we saved by using all those coupons I collected from the Sunday paper and magazines.

A: I must admit you've made a believer out of me. I sincerely apologize for having asked you to stop collecting what I thought was a bunch of junk mail.

B: Now that you've seen the light, you can take me out to dinner with the money that I didn't spend. (p.74)

재활용품 차고판매 : 다음은 미국인들의 재활용품 차고판매(Garage sales) 관습에 관해 설명한 글이다.

Garage sales or lawn or yard sales are as big a part of American culture as apple pie and popcorn. Periodically, people clean out excess clothing, furniture, appliances, etc. from their homes and display the goods for sale to passersby, either on their front lawns or in their garages. The goods are always sold at greatly reduced prices, since getting rid of unwanted goods is more important than realizing even a modest profit from the sales. (p.75)

다음과 같은 대화문을 통해 미국인의 재활용품을 차고에서 싼값으로 할인하여 판매하는 문화풍속에 관해 이해하도록 하자.

A: Louise, what are you planning to do with that old lamp and coffee table?

B: I hope that I can get a little something for them at the garage sale I'm planning for this Saturday.

A: Hey, I've got somethings I'd like to get rid of too. How about we do it together at my place since my garage is bigger?

B: No problem. I'll have my husband clear out the rest of the stuff from the attic while we're at it. (p.75)

아래의 글은 재활용품을 값싸게 구입할 수 있는 '재활용품 판매 가게' (thrift shop)에 관한 정보를 소개하고 있는데 하와이주의 수도 호놀루루에 있는 여러 thrift shop 이용에 대한 안내이다.

Used clothing, kitchen items and general household goods can be obtained at the following nearby thrift shops. These shops are within a 15-minute walk from EWC. There are also many other thrift shops close to bus lines. Refer to the Yellow Pages of the telephone book under 'Thrift Shops' and either daily newspaper in section A under 'Honolulu Calendar-Thrift Shops' (Yellow Page: 전화번호부)(조일제. 1998)[1]

대통령들의 날 판매세일 : 다음은 미국인들이 '대통령의 날 판매세일' (Presidents Day Sales)을 활용하는 관습에 관해 설명하는 글이다.

On the third Monday in February the people of the United States honor two great presidents. George Washington and Abraham Lincoln. George Washington.

"Father of His country" was the commander in chief of the Continental Army that won the thirteen original colonies independence from Great Britain in the Revoltionary war. Abraham Lincoln was able to unite the country during the period of American history when seven Southern states tried to break away

---

1) 조일제 '한국과 세계를 잇는 문화소통' 서울: 한국문화사. 1998. p.175

from the Union and start their own country He is also praised for the proclamation that ended slavery in all parts of the United States. As with other legal holidays, it is customary for retail stores to have sales on presidents' Day (p.97)

다음과 같은 대화문을 통해 미국의 대통령의 날을 기념하는 판매세일 풍속 문화에 관해 이해하도록 하자.

A: Do you have presidents' Day off on Monday?

B: Sure do and I need the break!

A: Doing anything special?

B: I plan to go car shopping. This is the perfect time to do it All of the car dealers are having fabulous sales on leasing and on buying.

A: You can't go wrong on a day like that. Why don't you drive by after you've gotten "the deal of deals" and let me see what you've picked up? (p.97)

성패트릭 기념일 푸른 옷 입기 : 다음은 미국인들이 '성패트릭 기념일'(Saint Patrick's Day)에 푸른 옷 입기(Wearing Green)를 하는 관습에 관해 설명하는 글이다.

Saint Patrick is the patron saint of Ireland and many people in the United States commemorate this day(March 17) by wearing something green the color that is traditionally associated with Ireland. There is a big gala parade in new York city and millions of real shamrocks flown in from Ireland are used for decorations. Green balloons and green and gold peanuts are sold by the hundreds.

Shops prepare green pasta, green ice cream and bread and people drink Irish coffee and sing Irish songs throughout the day. (p.98)

다음과 같은 대화문을 통해 미국인들이 '성패트릭의 날'을 기념하여 하는 '푸른 옷 입기' 풍속에 관해 이해하도록 하자.

A: Do you have President' Day off on Monday?
B: Sure do and I need the break!
A: Doing anything special?
B: I plan to go car shopping. This is the perfect time to do it. All of the car dealers are having fabulous sales on leasing and on buying.
A: You can't go wrong on a day like that. Why don't you drive by after you've gotten "the deal of deals" and let me see what you've picked up?(p.97)

성패트릭 기념일 푸른 옷 입기 : 다음은 미국인들이 '성패트릭 기념일'(Saint Patrick's Day)에 푸른 옷 입기(Wearing Green)를 하는 관습에 관해 설명하는 글이다.

Saint Patrick is the patron saint of Ireland, and many people in the United States commemorate this day(March 17) by wearing something green. the color that is traditionally associated with Ireland. There is a big gala parade in new York city. and millions of real shamrocks flown in from Ireland are used for decorations. Green balloons and green and gold peanuts are sold by the hundreds. Shops prepare green pasta, green ice cream and bread and people drink Irish coffee and sing Irish songs throughout the day.(p.98)

다음과 같은 대화문을 통해 미국인들이 '성패트릭의 날'을 기념하여 하는 '푸른 옷 입기' 풍속에 관해 이해하도록 하자.

A: How do you like my new sweater?

B: Very becoming. I especially like that shade of green. What's the occasion?

A: I thought I'd kill two birds with one stone. First of all. I needed a new sweater and of course since Saint Patrick's Day is coming up. I thought I'd get it in green.

B: Good thinking. Now all you need are the shoes and skirt to go with it green of course?

A: Of course.(p.98)

어머니 날 꽃 선물 보내기 : 다음은 미국인들이 '어머니의 날'(Mother's Day)에 꽃 선물 보내기(Sending Flowers)를 하는 관습에 관해 설명하는 글이다.

Mother's Day is celebrated on the second Sunday in May. It was the idea of a West Virginia schoolteacher. Upon observing the ill treatment of many elders by their children. She undertook a writing campaign petitioning businessmen and congressmen to set aside a day in the year to honor mothers. It is now the custom for children to give their mothers cards, flowers or presents on this day. Mother's Day is also a day when many people attend religious services to honor parents who have passed away.

Although the children were all grown up and living away from home. They never failed to send flowers and get together to take Mom out for dinner on Mother's day. For Mom, however, the meal was a bonus. The main course was the love and devotion her children showed her year after year on this special day.(p.99)]

현충일 허수아비 옷 입기 : 다음은 미국인들이 전몰장병 기념일. 즉 '현충일'(Memorial Day)에 '양귀비 조화 달기'(wearing poppy)를 하는 관습에 관해 설명하는 글이다.

Memorial Day also called Decoration Day is a patriotic holiday to honor the dead of all wars officially celebrated on the last Monday in May. It is a national celebration a day of parades, oratorical elegies and wreath laying. People place flowers, flags and artificial poppies on the graves of servicemen and servicewomen. The artificial poppy has become the symbol of the tragedy of World War 1 since many of the battlefields of France bloomed with poppies.(p.100)

다음과 같은 대화문을 통해 미국인의 현충일에 양귀비 조화 달기 풍속에 관해 이해하도록 하자.

A: Come on. Grandpa! It's almost time for the parade.
B: I'm almost ready. I just have to pin on my red poppy and I'll be set to go.
A: But why are you wearing a poppy?

19

청소년과 가족생활

 가족의 일원이 된다는 것은 세계적으로 거의 모두가 누리는 인연이지만 가족의 형태는 나라별로 다르다. 미국에는 다양한 가족 형태가 존재하지만 부모와 아이들로 이루어진 전통적인 미국 가족의 구조는 새로운 세기에도 상당 부분 지속되고 있다.

 그러나 지난 몇 십 년 간 미국 사회에서는 과학의 발전에서 일터의 구조까지 많은 이유로 가족 구조와 일상생활이 여러 측면에서 진화해 나가고 있다. 편모 또는 편부 가정, 입양 가정, 양부모 운동, 전업 남편, 조부모가 아이를 기르는 가정 등은 복잡한 모자이크를 이루는 몇 가지 단면에 불과하다.

1) 미국에서 청소년으로 살아간다는 것은 어떤 것인가?

 전형적인 미국의 아동은 하루 6시간, 1주일에 5일, 1년에 180일을 학교에서 보낸다. 일반적으로 만 4세 이하부터 유아원이나 보육 학교에 다니고 만 5세부터 유치원에 다닌다. 학교는 미국의 아동에게 학문 교육 이상의 것을 제공한다. 80퍼센트 이상의 학생이 스포츠, 학교 신문, 연기 클럽, 토론 팀, 합창단, 밴드와 같은 과외 활동에 참여한다.

 미국의 아이들은 주로 텔레비전을 보거나 음악을 듣거나 컴퓨터 게임을 하면서 레저 시간을 보내지만 방과 후에 아르바이트를 하는 아이들도 많다. 최근의 여론 조사에 따르면 조사에 참여한 십대 청소년 10명 중 9명이 아르바이트를 하고 있거나 하고 싶다고 응답했다. 아동 노동법은 16세 미만의 아동이 할 수 있는 일의 종류를 제한하고 있다. 많은 청소년이 주말 또는 방과 후에 패스트푸드점, 이웃 아이 돌보기, 배달, 점원 등의 일을 파트타임으로 하고 있다. 그 밖에 커뮤니티 서비스 단체에 참여하거나 교회 및 종교 단체 활동을 활발하게 하는 청소년도 많다.

일부는 민권, 공예, 미술, 캠핑, 기타 야외 활동을 배울 수 있는 걸 스카우트나 보이 스카우트와 같은 청소년 단체에 가입해 있다. 수천 명의 청소년들이 노인, 장애인, 환자를 돌보거나 환경을 정비하는 등의 봉사활동에 참여하고 있다.

오늘날 미국 청소년의 생활은 심각한 문제가 발생할 가능성이 거의 없지만 여전히 다양한 스트레스에 시달리고 있다. 친구들의 집단행동에 대한 '또래압력(peer pressure)', 변화하는 가정환경, 잦은 이사, 실직, 학교에서의 문제 등은 알코올이나 약물 남용, 등교 거부, 가출, 십대 임신, 미성년 범죄 등으로 이어질 수 있다.

2) 북미 십대들의 삶과 성

북미 십대들의 삶 : 북미의 십대들은 그들의 학교에서 사회화 할 수 있는 많은 기회가 있다. 많은 학생들은 방과 후 과외활동 단체들, 즉 사진, 체스, 혹은 드라마 클럽과 같은 클럽에 참가한다. 매년 대부분의 학교에서는 연감을 발행하고, 연감 위원회는 회원이 되고 싶어하는 인기 있는 집단이다. 대부분의 학교는 다양한 스포츠 팀들, 특히 값비싼 장비를 필요로 하지 않는 배구, 농구, 축구 및 잔디 하키팀 등을 가지고 있다. 스포츠에 더 많은 돈을 투자할 수 있는 규모가 큰 학교는 축구팀을 운영하기도 한다.

또 하나의 매우 인기 있는 스포츠는 육상과 필드 경기로 육상은 달리기 경기로 구성되고, 필드 경기는 원반던지기, 장대 높이뛰기, 투창 등과 같은 기능 경기이다. 트랙 회원들은 시즌 내내 주변 지역의 육상경기 대회에 참가한다.

대부분의 중학교와 고등학교에서 또 하나의 과외활동 요소는 밴드부이다. 악기 연주법을 배우기 원하거나 이미 꽤나 솜씨가 있는 학생들은 학교 교과과정의 일부인 밴드부에 가입한다. 요리, 목공 및 연극 등과 더불어 밴드부는 보통은 선택과목이다.

일 년에 한두 번 학교들은 학생들을 위해 대개 체육관에서 댄스파티를 개최한다. 발렌타인데이와 크리스마스는 이런 댄스파티를 개최하는 인기 있는 때이다. 프롬(prom)은 공식적인 학교 무도회로 가장 중요한 것은 고학년, 즉 졸업생 무도회이다.

북미 십대들의 성 : 미국인들도 대부분의 다른 나라 사람들처럼 급변하는 사회 속에 살고 있다. 종교관, 가치관, 기술 생활양식 등 하루가 다르게 변하는 세상 속에서 과거에 가졌던 가치관이나 생각이 더 이상 새로운 현실에 맞지 않아 당황함을 느낀다. 또한 새로운 현상에 과연 어떻게 적응해야 하는가? 하는 질문을 하지만 여기에 대처할 새로운 방법도 미처 개발되지 않아 혼란을 가져오는 경우도 많다.

급변하는 현상 중의 하나가 미국 십대들의 성문제라 하겠다. 전통적인 미국 사회 십대의 성도덕을 보여주는 영화가 있다. 미국인에게 잘 알려진 나탈리우드와 워렌비티 주연의 '초원의 빛'(Spender in the Grass)이라는 영화는 1929년대의 어느 조그만 마을의 고등학교 학생들의 사랑얘기를 다룬 작품이다. 여기서 나타나는 이들 주인공들은 바로 1960년대 전까지의 미국 십대들의 성도덕을 그대로 반영한 것이라 보겠다. 나탈리와 워렌은 서로 사랑하는 사이지만 서로 데이트만 해야 한다는 그 당시의 성도덕 때문에 괴롭다. 만나면 만날수록 워렌에게는 나탈리와 포옹이나 키스 이상 더 가까워지는 행동을 할 수 없어 고통스럽다. 나탈리의 어머니는 매일 밤 딸에게 "여자는 징조를 지켜야 존경받는다. 한 번 허락하면 값싼 여자가 된다"는 점을 강조한다. 또한 위례도 "여자를 진심으로 사랑한다면 그녀를 건드려서는 안 된다"라고 생각한다. 결국 이들은 그 당시의 성도덕. 즉 결혼 전까지 순결을 지켜야 한다는 도덕률에 따르려고 애쓴다. 그러나 결혼은 멀고 그들은 고등학생이므로 우선 학교를 졸업해야 하기 때문에 하루도 만나지 않고는 참을 수 없는 십대에게는 참기 어려운 고역이다. 어쨌든 이 영화에서 두 젊은이는 서로 헤어지게 되고 그 여파로 여자는 정신착란증까지 걸리는 비극으로 끝난다.

이와 같았던 미국사회 십대의 성도덕이 1970년대, 1980년대 들어오면서 급격히 변하기 시작한다. 한마디로 미국사회 전반의 프리섹스의 물결이 십대에게도 물결치기 시작했다고 볼 수 있다.

현대 미국의 십대의 성에 대해서 어떠한 생각을 가져야 하는가? 많은 사람들이 혼란스러워하면서 각자가 서로 다른 도덕률을 가지고 나름대로의 가치를 재고 있다.

이와 같은 혼란에 대해서 미국인들에게 나름대로의 행동방식과 현실성을 알려주는 사람이 있다. 그녀는 미국의 생활고민 상담자인 앤 랜더즈(Ann Landers)이다. 그래서 그녀는 "고등학교에 있어서 성문제-어떻게 대처해야 하는가? 십대와 그 부모를 위한 안내서(High School Sex and How to Deal with It-A Guide for Teens and Their Parents)"라는 책자를 펴내 고등학교 학생들이나 그 부모에게 십대의 성문화를 소개하고 대처하는 방안을 나름대로 제시하고 있다. 물론 앤의 의견이 유일한.해결방안은 아니고 미국사람들이 모두 합의하는 것은 아니나 미국인들에게 여러 인생문제에 대한 답변자로서 인기 있는 그녀의 의견은 미국사회 속에서 십대의 성에 대한 상황을 이해하는데 매우 도움이 되리라고 생각한다.

20 스포츠

　아메리카 원주민 부족들은 라크로스의 초기 형태로 볼 수 있는 것 등 다양한 구기를 즐겼다. 그러나 오늘날의 구기는 17세기 유럽에서 건너온 최초의 정착민들에 의해 미국에 도입된 어린이들의 공 때리기와 공차기에서 비롯되었다. 19세기를 지나면서 이 놀이는 고쳐지고 다듬어져 전형적인 미국 스포츠인 야구, 농구, 축구가 되었다. 오늘날 형태의 이 구기들은 미국에서 가장 인기 있는 운동이다.

　물론 미국인들은 다른 체육활동에도 많이 참여하지만 미국 스포츠계에서 이 세 종목이 차지하는 위치는 특별하다.

　미국 사회에서 스포츠가 갖는 중요한 영향력은 미국 정부가 인정하고 있다. 스포츠 그 자체 및 스포츠 활동 참여가 개인의 인성, 자기절제, 자신감, 자존심, 행복감을 개발하는 데 도움이 된다는 사실을 대통령직속 스포츠위원회(PCPFS)에서 인정하고 있다. PCPFS는 연령을 초월한 모든 미국인들의 신체단련과 스포츠 참여를 촉진, 고무, 장려하는 역할을 하며, 신체활동 및 단련이 건강에 중요한 이점을 가져온다고 생각한다. 2002년 6월 부시 대통령은 신체단련 및 건강에 관한 행정부의 메시지 전달이라는 임무를 위원회에 부여하는 건강 관련 의제를 제시했다.

　스포츠는 미국 사회에서 가장 인기 있는 형태의 여가활동으로서 중요한 역할을 하고 있다. 많은 미국인들은 직접 참가자 또는 관중으로서 스포츠에 참여한다. 아마추어 스포츠는 여가 스포츠 및 경쟁 스포츠로 구분된다. 인기 있는 여가 활동으로는 하이킹, 걷기, 보트 타기, 사냥, 낚시가 있다. 이들 모두는 여가활동으로서 가치가 있을 뿐 아니라 운동도 되기에 사랑을 받는다. 그러나 미국에는 개인적 즐거움, 경쟁 애호, 신체 단련 및 건강의 혜택을 위해 수백만 명의 참여자를 끌어 모으는 다른 스포츠 활동도 많다. 또한 스포츠는 팀워크, 스포츠맨십, 자기절제, 인내심 등 미국 사회에서 높이 평가하는 사회적 가치를 가르친다.

　이 모든 요건은 야구, 농구, 축구, 배구 등 20세기 들어 그 중요성이 커진 팀 스포츠에 필요한 것들이다. 수영, 골프, 테니스, 볼링, 스키, 육상과 같은 개인 종목들 역시 그에 못지않게 인기가 높다. 아마추어 스포츠 관련 사안은 아마추어체육회(AAU)에서 관장한다.

　미국인들은 경기장에서 또는 텔레비전을 통해 관중으로서도 스포츠에 참여한다. 스포츠팬으로서는 자신이 응원하는 팀과 선수가 프로 경기에서 경쟁하는 모습을 보는 것이 큰 오락거리다. 이들이 가장 좋아하는 종목은 야구, 농구, 축구와 같은 전형적인 미국 스포츠다. 서부의 주에서는 로데오 역시 아주 인기 있는 스포츠 행사다.

21 음식 문화

1) 미국 음식문화의 특징

　이민에 의하여 가지게 된 각국의 음식을 받아 들여 통조림 음식, 샐러드 음식이 발달하고 있으며 조리법에는 특징이 없다. 맛보다 영양의 균형이 잡힌 과학적, 합리적인 음식이 많다. 짧은 역사와 다양한 인종이 공존하는 미국은 뚜렷한 음식문화의 특징이 없지만, 그러면서 미국음식이라고 할 정도로 전 세계의 음식문화를 받아들여 새로운 음식문화를 만들어 나가는 것이 미국음식이라고 할 수 있다. 예를 들어 독일의 햄버거 스테이크를 들여와 끼워 먹는 햄버거를 만들었고, 유럽이 생 토마토로 토마토소스를 만들어 사용하는데 반해 토마토케첩을 다량 생산하여 사용하고 있다.

　미국음식은 육류 위주의 식사를 하며, 1인분 양이 매우 많고 맛은 달며, 기름진 후식을 선호하는 경향이 있어서 비만이나 성인병으로 고생하는 사람들도 많지만, 요즘은 점차 건강을 생각하는 식생활패턴으로 변화하고 있다. 또한 간편성과 실용성을 강조하는 문화적 특성으로 통조림이나 즉석식품 같은 가공식품 등을 많이 사용한다. 세계최대 패스트푸드 업체인 맥도날드와 미국을 대표하는 기업인 코카콜라를 보더라도 미국의 음식 문화를 엿볼 수 있다.

미국의 식사의 경우 아침식사(breakfast), 점심식사(lunch), 저녁식사(dinner)와 일요일 아침에 아침 겸 점심으로 먹는 늦은 아침 식사인 brunch로 나뉘는 것을 볼 수 있다.

우리나라 사람들은 예전부터 아침식사를 가장 중시했으므로 아침식사도 정식으로 차려먹는 반면, 미국은 전체 인구의 약 25%가 아침을 먹지 않는다. 그리고 식사를 하더라도 소량이다. 제대로 먹을 때는 차갑거나 따뜻한 시리얼, 계란과 베이컨, 햄, 소시지를 넣은 토스트, 또는 팬케이크나 와플 등을 먹는다.

아침 식사 후 10시 30분쯤에 coffee break라는 타임이 있는데 10분에서 15분 동안 직장 동료들과 잡담을 나누면서 커피를 마시거나 스낵을 먹는다.

점심식사는 아침식사, 저녁식사와 달리 어른들은 직장에서 아이들은 학교에서 식사를 한다. 집에서 식사를 준비해올 경우에는 대부분 샌드위치를 먹는다. 샌드위치는 빵 두 조각과 버터, 마요네즈, 겨자, 케첩 등과 고기 치즈 생선 같은 간단한 재료만 있으면 손쉽게 만들 수 있고 휴대가 간편하기 때문이다. 점심을 식당에서 먹을 경우에는 햄버거나 핫도그 등을 먹는다.

미국사람들에게 저녁은 하루 중에 가장 주된 식사로 대개 6시쯤에 먹는다. dinner는 몇 가지 코스가 있다. 1) 우선 식욕을 돋우기 위한 음식들이 나온다. (신선한 과일, 과일주스, 작은 생선 등) 2) soup 3) salad 4) 식사. 식사가 끝나면 커피나 차를 마시면서 디저트를 먹는다. 디저트로는 케이크나 애플파이, 아이스크림 또는 치즈 등을 먹는다.

그러나 대부분의 미국인들이 이와 같은 코스로 저녁 정찬을 먹는 것은 아니다. 만약 그들이 외식을 나가거나 손님이 온다면 이러한 코스로 식사를 한다. 미국의 이러한 식사문화는 이곳저곳에서 혼합된 문화가 아닌 아주 미국적인 음식문화로 자리 잡고 있다.

미국 음식은 육류 위주이고, 1인분의 양이 매우 많으며 매우 달고 기름진 후식을 선호하는 경향이 있어서 비만이나 성인병으로 고생하는 사람들도 많지만, 요즘은 점차 건강을 생각하는 식생활패턴으로 변화하고 있다. 또한 간편성과 실용성을 강조하는 문화적 특성으로 통조림이나 즉석식품 같은 가공식품 등을 많이 사용한다.

2) 미국에서 평소에, 또는 특별한 날에 먹는 음식들

▶ 아침식사
토스트, 과일 또는 과일주스, 음료로 간단히 식사하는데, 시리얼이나 오트밀, 달걀 등을 함께 먹기도 한다.

▶ 점심식사
주로 햄버거, 핫도그, 샌드위치 등이 일반적이다. 하지만 정찬(lunchen)을 하는 경우에는 스프, 고기요리, 생선요리, 샐러드, 후식, 차 등으로 갖춰먹는다.

▶ 저녁식사
주로 더운 음식(hot meal)을 먹으며 육류와 채소로 만든 스프류와 생선요리, 고기 요리, 샐러드, 빵, 후식, 음료를 먹는다.

▶ 티파티
티파티(tea party)는 오전 10시경과 오후 3시부터 5시 사이에 가족끼리 또는 가까운 사람들과 함께 거실이나 식당, 정원 등에서 갖는 모임이다. 따뜻한 커피나 홍차를 준비하고 쿠키, 케이크, 비스킷, 머핀 등을 곁들인다.

▶ 추수 감사절

11월 4째 목요일로 정해져 있는 추수감사절은 우리나라의 추석과 같이 미국에서는 큰 명절로 다음과 같은 유래가 전해져 온다. 청교도들이 미국의 메사추세츠에 도착한 해인 1620년, 혹독한 겨울 추위로 인해 청교도들의 절반이 죽었고, 남은 청교도들은 이웃의 인디언들에게 도움을 청했다. 인디언들이 옥수수와 곡식들을 경작하는 방법을 가르쳐주었고, 다음해인 1621년 가을의 풍성한 수확에 축제를 열어 감사를 표시한 것이 오늘날의 추수감사절로 이어져 오고 있다고 한다.

3) 미국의 10가지 식품매출 경향

▶ 간편한 조리

끼니용 음식에 대해 미국인들이 가장 중요하게 여기는 특성은 요리가 쉽고 빨리해 먹을 수 있어야 한다는 것이다. 과자류의 경우에는 즉시 먹을 수 있는 것을 선호한다. 데워서 즉시 먹을 수 있거나, 별도의 조리 도구가 필요없이 걸어가면서 먹을 수 있도록 포장된 음식을 좋아한다.

▶ 육류와 감자 소비 증가

음식의 종류가 다양해졌다고는 하나, 미국은 여전히 육류의 소비가 많은 나라다. 미국인들이 저녁 식사용으로 선호하는 음식은 닭고기나 칠면조, 쇠고기 스테이크, 수프, 피자, 파스타, 샌드위치, 햄, 구운 감자, 버거, 그리고 쌀로 만든 요리 등이었다. 버거는 미국 남성들이 가장 많은 사먹는 음식이며, 여성들에게는 두 번째로 인기가 있다. 고부가가치의 조리된 육류 완제품뿐만 아니라, 정통 바비큐, 스파게티에 많이 들어가는 미트볼(meatball) 등도 인기가 높다.

▶ 유제품의 신세대

　운반이 편리한 용기와 양, 최신 유행의 성분, 화려한 용기 디자인, 독특한 맛과 향기, 국제적 감각 등이 유제품들을 변화시키고 있다. 2000년 미국인들의 우유 소비는 1950년보다 38% 감소하였지만, 2002년에는 우유의 소비가 9.9% 증가하였다. 이는 기능성 우유의 인기가 높았기 때문인데, 특히 어린이, 10대 소년, 청년층 등이 많은 우유를 소비하였다. 기능성 우유란 예를 들어 모카 또는 카푸치노 우유, 피자 맛 우유, 유기농 우유 등이다. 치즈의 소비 또한 증가하고 있다. 2000년 미국인 1인당 치즈 소비는 1950년대보다 무려 287% 증가하였다.

▶ 다국적 맛의 조합

　지난 20여 년 동안, 다국적 음식의 소비가 꾸준히 상승해왔으며, 아직까지도 성장의 여지가 많다. 이탈리아 음식이 가장 유명하다. 미국인들이 가장 즐겨 먹는다고 대답한 요리로는 미국식 요리 66%, 중국 요리 63%, 이탈리아 요리 55%, 멕시코 또는 텍스-멕스(Tex-Mex) 55% 순이었다. 그리고 미국인들 중 25%가 케이준 (Cajun : 마늘, 양파, 칠리, 후추, 겨자, 샐러리 등을 섞어 만든 매운 맛이 나는 양념을 사용하는 미국식 음식) 요리를 좋아한다고 대답했다. 기타 스페인 풍 요리 19%, 프랑스나 일본 요리 17%, 그리스나 지중해 요리 15%, 캘리포니아 또는 태국 요리 14%, 독일 요리 12% 등의 순이었다.

▶ 한 접시 식사

　내용물을 듬뿍 넣은 샌드위치, 차에서 쉽게 이용할 수 있는 컵, 이동 중에 먹을 수 있는 음식 등이 미국인들이 선호하는 새로운 형식의 한 접시 식사법이다. 지난 해, 미국인들은 열 번의 식사 중에 한번을 이동 중에 먹었으며 식당에서 판매된 테이크-아웃(take-out) 음식 중 25%가 차

안에서, 그리고 22%는 직장에서 소비되었다. 현대인들의 삶이 더욱 바빠짐에 따라, 스낵바(snack bar), 요거트, 한 손에 쥐고 먹을 수 있는 수프 등의 이동식 음식들이 인기를 얻고 있다.

▶ 식사시간의 절약

미국인들은 핵가족화, 바쁜 일과 등으로 인해, 집에서 해먹는 저녁식사는 간편하게 소량으로 해먹을 수 있는 음식을 선호한다. 점심이나 아침 식사를 하지 않는 경우도 많다. 가장 인기 있는 점심 메뉴로는 햄 샌드위치, 햄버거, 수프 등이다. 또한 미국인이 가장 즐겨먹는 아침 메뉴는 계란과 베이컨, 또는 소시지이다.

▶ 음료수의 다양화

소비량이 다소 감소하기는 했지만, 미국 내에서 탄산음료의 인기는 여전히 높다. 또한 무탄산 음료와의 경쟁도 치열해지고 있다. 특히, 생수의 경우, 2000년에 두 번째로 인기 있는 음료수가 될 것으로 기대되며, 우유, 커피, 맥주, 주스나 과일 음료를 능가할 것이다. 2002년 생수의 판매는 전년보다 12% 증가한 77억 달러에 이른다. 또한 저 칼로리 생수나 천연성분 함양, 산소 강화, 중 탄산 생수, 순수 정화 생수 등 건강에 좋은 생수들의 인기가 높아지고 있다.

▶ 과자와 사탕류의 인기

건강식 스낵류의 인기에 힘입어, 2002년 스낵류의 판매는 전년대비 2.5% 증가한 686억 달러에 달했다. 특히, 영양식 스낵류가 39.7%, 얼린 빵과 비스켓류 28.5%, 그라놀라(납작 귀리에 건포도나 누런 설탕을 섞은 아침 식사용 건강식품)류 19.9%로 각각 증가하였다. 또한 고 칼로리의 사탕류, 즉 설탕이나 감미료가 든 음식과 음료의 소비가 1999년에 기록적으로 증가하였다.

▶ 과일과 야채의 인기

미국 소비자들이 식품을 구매할 때 선호하는 상점 중 두 번째는 고품질의 신선한 과일과 채소를 구입할 수 있는 상점이다(그 첫 번째는 깨끗하고 깔끔한 상점이었다). 또한 미국인들이 건강을 유지하기 위해 가장 선호하는 방법은 과일과 채소를 많이 먹는 것이었다.

2003년, 미국 소비자들 중 71%가 식사 중 과일과 채소를 더욱 많이 먹으려고 노력한다는 조사가 있었다. 이에 따라, 생과일과 크래커 등을 함께 포장한 제품, 생강과 허브를 가미한 구운 감자 포장제품 등의 판매가 증가하고 있다. 또한 채식주의 식사 또한 인기가 높아지고 있다.

▶ 식용류와 조미료

미국인들에게 있어 저지방이나 무지방 음식의 중요성이 증대하고 있지만, 요리용 기름이나 식용유의 1인당 소비 또한 증가하고 있다. 50년대에는, 미국인들의 총 지방 섭취량 중 요리용 기름이나 식용유가 41%로 가장 많은 부분을 차지하고 그 뒤를 32%로 육류가 따랐으나, 2000년에는 요리용 기름이나 식용유가 53%를 차지하였다. 그러나 미국인들이 건강에 더욱 많은 관심을 기울이는 것 또한 사실이다. 따라서 더욱 건강에 좋은 올리브 오일과 카놀라(채소 식물의 한가지로 개량 품종) 오일 등의 판매가 증가하고 있다

4) 미국인의 커피, 영국인의 차

1773년 12월 16일 밤, 인디언 복장을 한 미국인 세 명이 보스턴 항에 정박 중이던 세 대의 영국 상선 위로 몰래 잠입해 들어갔다. 그들은 그 배

에 실려 있던 판매용 차 300여 상자를 들어 물속으로 던져버렸다. '보스턴 티 파티(Boston Tea Party)'로 알려진 이 사건은 미국 독립전쟁의 시발점이 되었다.

의도하지 않게 '역사적 사건'이 되어버린 이 소동은 영국정부 때문에 오른 차값에 항의하기 위한 것이었다. 영국이 몇 년 전 미국을 대상으로 차 1파운드에 3펜스씩 세금을 매기는 '타운센드 법'을 통과시켰기 때문이다. 영국에서 건너온 식민지 개척자들은 차 없이는 살 수 없는 사람들이다.

인류의 역사는 차와 설탕, 후추로 인해 일어난 무수히 많은 전쟁을 기록하고 있다. 역사가 사람들의 입맛을 바꾸기도 하지만, 입맛이 역사를 바꾸기도 한다. 영국에 맞서 싸우는 동안 미국인들은 계속해서 영국을 통해 수입되는 차의 소비를 거부했으며, 결국 영국인과는 다른 커피를 즐기는 입맛을 가지게 되었다.

5) 미국서 한국 음식 뜬다[1]

"마늘과 참기름, 고추 향이 나는 한국 음식이 갑자기 모든 곳에 있다"

월스트리트저널(WSJ)은 7일 한국음식이 미국서 새롭게 뜨거운 인기를 모으는 요리법으로 부상하고 있다며 이같이 한국 음식 열풍을 소개했다.

얼마 전에는 뉴욕타임스(NYT)도 김치 휴전 음식이 미국 신세대들에게 인기를 끌고 있다고 보도하기도 해 한국 음식이 미국 주요 언론의 주목을 받고 있다. WSJ는 이날 시카고의 '블랙버드' 식당의 메뉴에 김치가 오르고 '캘리포니아 피자 키친'은 한국 바비큐 비프 피자를 개발하고 있

---

1) 중앙일보 2009. 3. 8자

고, 로스앤젤레스에서는 한국 음식과 멕시칸 음식인 타코를 결합한 음식점에 사람들이 몰리는가 하면 '핑크베리'나 '레드망고' 체인의 한국식 프로즌 요거트를 많은 곳에서 흉내내고 있다며 한국 음식이 미국에서 갑자기 확산되는 현상을 전했다.

이 신문에 따르면 한국 음식은 식당뿐만 아니라 식품 제조업체들의 관심까지 끌고 있다. 대형 식품업체인 캠벨 수프의 신상품 개발을 위한 경향을 조사하는 캠벨스 키친의 신디 에이어스 부사장은 자신들의 데이터베이스를 보면 지난해만 해도 한국 음식은 민족적 특성이 강한 지역에 한정돼 있었는데 올해 들어서는 한국의 맛이 고급 식당 메뉴나 평범한 곳은 물론 미니애폴리스와 아이오와 디모인과 같은 곳의 식당에서도 나타나고 있다며 한국 음식이 주목을 받기 시작했다고 말했다.

신문은 수십 년간 중국 음식이 미국에 넓게 퍼진데 비해 한국식 요리법은 첫 한국인 이민자들이 도착한 하와이에만 국한되어 있었고 최근 몇 년 간은 한국인 이민자들의 증가에도 불구하고 한국인들을 위한 식당에만 한정되어 있으나 미국에서 한국 음식의 '대사' 격인 데이비드 장 요리사 덕분에 이런 추세가 변하기 시작했다고 소개했다.

뉴욕의 '모모푸쿠'를 운영하는 데이비드 장은 자신의 식당이 '애매한' 아시안 스타일이고 메뉴도 절충적이라고 말하고 있지만 이 식당은 김치를 앞세우고 있다고 신문은 설명했다.

시카고의 식당 컨설팅업체인 테크노믹의 대런 트리스타노 부사장은 "미국인들이 새롭고 보다 도전적인 맛을 찾고 있는데 한국 음식이 이에 적격인 듯 보이고 있다"고 평가했다.

캘리포니아 피자 키친의 경우 한국식 바비큐 비프 피자 외에도 한국식 프라이드치킨 샐러드를 내놓는 것을 검토하고 있다. 251개의 체인점을 보유하고 있는 이 식당 체인의 래리 플렉스 최고경영자는 한국 음식의 요소들이 세계적으로 될 수 있다면서 한국의 바비큐는 두바이에서도 통할 것이라고 생각 한다"고 말했다.

뉴욕에서 일본과 태국 요리법을 프랑스 요리법과 혼합시킨 것으로 유명한 장 조지스의 경우도 당초 신랄한 냄새 때문에 한국식 요리법을 피했었지만 지금 그는 "한국식 요리법이 좋다"며 자신들의 음식에 한국식 요리법을 더 많이 혼합시키려 하고 있다고 밝혔다.

신문은 또 NYT가 최근 소개한 로스앤젤레스의 '고기 코리안 BBQ 투고'를 예로 들며 일부에서는 대규모 군중들에게 한국 음식을 내놓고도 있다고 전했다.

NYT는 지난달 말 로스앤젤레스에서 트럭으로 이동하며 김치와 타코를 결합한 퓨전 음식을 파는 '고기 코리안 BBQ 투고'가 고객들이 길게 줄을 설 정도로 젊은 층들로부터 폭발적인 인기를 끌고 있다면서 한국 음식을 하는 사람들이 떠오르고 있다고 보도했었다.

한편 WSJ는 한국 정부가 지난해 가을 한국 음식을 세계에서 가장 인기 있는 음식 중 하나로 만들기 위한 노력을 펼칠 것을 발표했었다면서 이에는 해외의 한국 음식점의 개선을 독려하기 위해 저리로 대출을 해주는 것도 포함돼 있다고 한국 음식을 국제화하려는 정부의 노력도 소개했다.

6) 음식 주문 영어

Waiter: May I take your order, sir? 주문받을까요?
Guest: Sure, What's good here? 그러죠, 여기서 잘하는 음식이 뭡니까?
Waiter: Bulgogi. 불고기입니다.
Guest: I'm a stranger here. What's good? or What's special today?
　　　　여기 처음 오는데요. 잘하는 음식이 뭔가요?
Waiter: Number 10. You have a choice of fries or a salad.
　　　　10번입니다. 프라이드나 샐러드 중 고르실 수 있습니다.

Guest: What's today's special? 오늘의 특별요리는?

Waiter: It's tomato soup. 토마토 스프입니다.

Guest: Do they have any Western dishes? 서양요리가 있나요?

Waiter: Yes, they do, but their speciality is Korean.

네, 있지만. 한국요리가 전문입니다.

Guest: I've never been here before for dinner. What do you recommend?

여기서 저녁 먹어 본 적이 없는데요 권해주세요.

Waiter: How about a burger. 버거가 어때요?

Guest: What else would you recommend? 그밖에 추천해줄만 한 게 있나요?

Waiter: How about one of the specialty salads. Maybe the taco salad?

or the spinach salad?

특별 샐러드 중 하나 어때요. 아마 타코 샐러드나 시금치 샐러드 중 하나?

Waiter: May I take your order, sir? 주문하시겠습니까? 손님

Guest: No, I'll have what I ordered from the other waitress.

아닙니다. 이미 다른 웨이트리스한테 주문했어요.

Thank you, but I'm being waited on. 감사하지만, 이미 주문 했는데요.

7) 미국의 식사예절 및 음식

식사예절은 생활하는데 있어 지켜져야 할 기본적인 것이다. 특히 여러 사람이 같이 식사하는 자리에서는 식사예절을 지켜야 모든 사람이 다 같

이 즐거운 시간을 가질 수 있다. 오늘날에는 예를 갖추어 남의 나라 음식을 먹어야 할 경우도 종종 있기 마련이다. 다른 나라, 특히 까다로운 격식을 가진 미국과 같은 서양의 식사예절에 대해서 미리 알아둔다면 격식에 얽매여 당황하는 일없이 즐거운 식사를 할 수 있을 것이다.

식사 중 대화 에티켓 : 식사 중에 대화를 하면서 천천히 먹는 것이 서양인들의 식습관이다. 대화를 위해서는 음식을 조금씩 입에 넣어 먹는 것이 요령이다. 식탁에서 주위 사람들과 자연스럽게 교양 있는 대화를 나누되, 멀리 떨어져 앉은 사람과는 큰소리로 이야기하지 않는다. 식사 도중에 먼저 화제를 꺼내거나 상대방한테 질문을 받을 때는, 손에 쥐고 있는 스푼 등을 잠시 내려놓은 뒤 이야기한다.

다음은 서양식 식사 예절에 대해 구체적으로 이야기 해보자. 서양식 만찬에서는 여자를 남자의 오른쪽에 앉게 하는데 남자는 여자가 앉은 다음에 앉는 것이 예의이다. 일반적으로 자리에 앉으면 곧 냅킨을 무릎 위에 올려놓지만 정식 만찬에서는 안주인이 먼저 냅킨을 무릎 위에 놓을 때까지 기다려야 한다. 냅킨은 셔츠 앞자락에 끼우거나 해서는 안 되며 반드시 무릎 위에 펼쳐 놓는다. 식사 중에 냅킨을 사용할 때에는 입을 훔쳐내기 보다는 가볍게 찍어내거나 토닥거린다. 식사가 끝난 후에는 냅킨을 자리의 왼쪽이나 가운데에 헐겁게 접힌 상태로 식탁에 올려놓는다.

서양에서는 음식을 먹기 전에 식욕을 돋우기 위해 술을 마시기도 하는데 이때에는 주로 칵테일을 마신다. 남자의 경우는 마티니를 마시는 경우가 많다. 식사를 시작할 때는 음식에 따라 다른 사람의 음식이 다 나올 때까지 또는 안주인이 식사를 시작할 때까지 기다렸다가 식사를 하기도 하지만, 사람이 많이 모인 자리에서는 모든 음식이 다 나올 때까지 기다릴 것이 아니라 적당한 순간에 먹기 시작하면 된다.

식사 중에 자기 자리에서 멀리 떨어진 것, 예를 들어 소금 같은 것이 필요할 때에는 팔을 멀리 뻗칠 것이 아니라 가까이 앉은 사람에게 집어 달라고 부탁하는 것이 좋다. 식탁에 놓여 있는 나이프와 포크는 음식이 나오는 차례대로 배열된 것이므로 바깥쪽에서부터 사용해가면 된다. 미국식으로 먼저 음식을 다 썰어놓고 한 손으로 포크만 사용하는 것이 편리하기는 하지만 양손을 다 쓰는 유럽식이 보기에는 한결 우아하다. 식사 중에는 포크와 나이프를 접시 위에 팔(八)자로 놓고 식사가 끝난 후에는 포크와 나이프를 접시 중앙의 오른쪽에 나란히 놓아둔다. 식사 중에 자리를 뜨는 일은 없어야겠지만 급한 용무로 잠깐 자리를 뜰 경우에는 식사중이라는 표시로 나이프와 포크를 팔자로 걸쳐 놓는다.

주식이 나오기 전에 식욕을 돋우기 위해 먹는 에피타이저는 새우나 연어, 생굴 등 해물이 많은데 여기에 레몬즙을 곁들여 먹으면 좀 더 향긋한 맛을 즐길 수 있다. 스프는 보통 걸쭉한 포타주와 묽은 콘소메의 두 가지 종류가 있는데 고기나 야채, 향료가 들어가는 것에 따라 그 이름이 달라진다. 스프는 미국인 나라 음식을 먹을 때와는 반대로 접시의 안쪽에서 바깥쪽으로 떠서 먹는다. 스프를 먹은 다음에 빵을 먹는 것이 순서이지만 양식 먹는 방법도 나라마다 조금씩 차이가 있으므로 그에 얽매일 필요는 없다. 야채샐러드 같은 경우도 미국에서는 주식이 나오기 전에 먼저 먹지만 이태리에서는 공복에 야채가 들어가면 좋지 않다고 하여 나중에 먹는다. 그러므로 격식에만 마음을 쓰기보다는 자연스럽게 즐기는 편이 낫다. 생선요리를 먹을 때에는 포크나 나이프만을 써서 먹는다. 서양의 생선요리는 살이 부서지지 않는 생선을 이용한기 때문에 포크나 나이프만을 사용해도 그다지 불편하지 않다. 또 요리되어 나오므로 반대쪽을 먹기 위해 생선을 뒤집거나 하지 않아야 한다.

스테이크를 주문할 때에는 익히는 정도를 미리 말해준다. 레어(rare)는 아주 덜 익힌 것으로 조리시간이 5분 정도 되는 것이고, 미디엄레어(medium-rare)는 반쯤 덜 익힌 것, 미디엄(medium)은 반쯤 익힌 것,

웰던(well-done)은 잘 익힌 것으로 조리 시간이 10분쯤 되는 것이다. 자신의 기호에 맞게 선택하면 된다.

양식의 풀코스(Full-course)에서는 간단하게 칵테일 정도를 한잔하고 화이트 와인을 곁들여 새우나 굴 같은 오더블을 먹는다. 그 다음 스프를 먹게 되는데 주식에 알맞은 것을 선택하는 것이 중요하다. 생선이나 연어나 게, 가재 같은 해물 요리가 나오고 그 다음 고기종류인 스테이크나 닭요리를 먹는데 이때에는 레드 와인을 곁들인다. 디저트로는 푸딩이나 과일케이크, 아이스크림을 먹고 차를 마시게 된다. 식사가 끝나면 위스키나 브랜디 같은 술을 마시면서 담소를 즐긴다. 양식은 제대로 차리면 25가지 종류 이상의 음식이 나오는 경우도 있으며 식사시간도 서너 시간씩 걸린다. 그래서 정찬을 즐길 때에는 식사 중에 화제로 삼을 수 있는 이야기 거리를 생각해 두는 것도 좋다.

그렇다면 보다 구체적으로 미국의 식사 예절 가운데 해야 할 것(Do)과 해서는 안 될 것(Don't)에 대해 자세히 알아보자.

해야 하는 매너(Do)
- 대부분의 식당은 사전에 예약을 하는 것이 좋다.
- 식당에 도착, 안내자가 예약확인 후 테이블에 안내해 줄 때까지 입구에서 기다린다.
- 웨이터는 손을 들어 조용히 부르고 바닥에 포크 등이 떨어졌을 때는 자신이 집지 말고 웨이터를 불러서 새것을 달라고 한다.
- 오인하기 쉬운 것으로 자기 Bread Dish는 왼쪽에 있다.
  (한국 사람은 오른손잡이가 많아 오른쪽 Dish를 자기 것으로 오해하는 경우가 많다.)
- 식당에서 코를 푸는 것은 실례가 아니다.
- 맥주를 주문할 때는 상표명을 말한다(그냥 Beer를 주문하면 반드시

어떤 Beer를 들겠냐고 물어본다).
- 고급 레스토랑 출입 시는 사전에 'Dress Code'를 확인한다.
- 팁은 레스토랑에서는 현금 계산서에 적힌 식사 금액의 10~15%를 주면 되고 Credit Card로 계산할 때는 Bill의 하단에 있는 Gratuity에 팁을 적은 후 웨이터에게 주면 된다.

피해야 하는 나쁜 매너(Don't)
- 냅킨은 허리띠나 셔츠단추 사이에 끼워 놓지 말고 앞무릎 위에 반듯하게 올려놓는다.
- 자신의 나이프나 포크가 공동음식 그릇에 들어가지 않도록 주의한다.
- 입에 음식을 넣고 말하지 않는다.
- 식사 중 식탁 위에 있는 무엇을 집으려고 옆 사람의 앞을 가로질러 팔을 뻗치거나 식탁 위로 잔뜩 몸을 내밀어서는 안되며 그것에 가장 가까이 앉아 있는 사람에게 부탁한다.
- 스프를 먹을 때 입에서 소리가 나지 않도록 주의하고 스푼이 접시바닥을 긁지 않도록 조심한다.
- 트림하지 말아야 한다. (식사 전 발포성 음료삼가)
- 냅킨으로 얼굴을 닦지 않는다. (땀 등)
- 빵은 칼이나 포크로 썰어 먹지 말고 손으로 뜯어 먹는다.
- 식탁에서는 이쑤시개를 사용하지 않는다.
- 팁은 너무 적게 주어도 세련되지 못하지만 너무 많이 주어도 예의에 벗어난다.
- 항상 잔돈을 준비하고 여성과 같이 동행 시에는 팁은 언제나 남성이 준다.

다음은 미국 칼럼니스트가 비즈니스 식사예절 10가지를 소개한 글이다.

1. 식사장소 예약을 미리 해둬라. 약속 날이 임박해서 예약을 하려다 보면 자리를 구하지 못해 낭패를 볼 수도 있다. 최소한 일주일 전에는 예약을 하고 반드시 확인하라.
2. 장소와 격식에 어울리는 복장을 갖춰라. 가벼운 티셔츠를 입고 약속장소에 나가면 정장 차림의 상대방이 당황하게 된다. 그러나 연예계 등 비교적 자유로운 업종에 종사하는 경우에는 복장에 크게 구애받지 않을 수도 있다.
3. 휴대 전화는 가급적 꺼두는 것이 좋다. 중요한 상담 도중 전화벨이 울리면 대화에 집중하기가 어렵다. 상대방이 상담의 중요성을 제대로 인식하지 못하고 있는 것으로 오해 할 수 있다.
4. 점심시간에는 독한 술을 피하라. 와인이나 맥주 한잔 정도는 분위기를 부드럽게 하는데 도움이 된다. 그러나 지나친 음주는 득보다는 실이 많은 법. 상대가 술을 좋아하지 않는다면 한잔 이상은 권하지도 마시지도 말라.
5. 손님에게 식사 주문을 양보하라. 손님이 만약 요리를 한 가지만 주문하면 초청자도 그만큼만 시키는 것이 좋다. 그렇지 않으면 한 사람은 상대가 식사를 마칠 때까지 기다려야 하는 경우가 생긴다.
6. 약속장소는 유명한 식당으로 정하라. 다른 테이블이 텅 비어있는 썰렁한 식당에서 식사를 하는 것은 별로 유쾌한 일이 아니다.
7. 테이블이 마음에 들지 않으면 망설이지 말고 바꿔라. 출입문 근처나 화장실 길목에서 식사를 하고 싶어하는 사람은 없다. 이 경우 자리에 앉기 전에 매니저에게 정중한 태도로 요청하라.
8. 식사법이 까다롭거나 독특한 음식을 피하라. 손으로 집어먹는 음식이나 나무망치 등 도구가 필요한 음식은 주위를 산만하게 한다.
9. 식사비 지불을 놓고 긴장이 조성되지 않도록 조심하라. 비즈니스 세계에서는 초청자가 식사비를 지불하는 것이 마땅하다. 식사 도중 웨이터

가 청구서를 들고 오면 불필요한 긴장감이 생기게 되므로 미리 주의를 시키는 것이 좋다.
10. 평소에 식당 매니저를 잘 사귀어 놓아라. 식당 종업원이 당신에게 반갑게 아는 척을 하는 것을 보면 상대방은 호감과 신뢰감을 갖게 된다. 사업에서는 식당은 사무실의 연장이다.

식당, 호텔, 공항 등에서 해야 할 사항(Do)
1. 특정한 사람이나 손님을 위해 건배한다.
2. 레스토랑에서는 현금 계산서에 식사금액의 10~15%를 주면 되고 Credit Card로 계산할 때는 Bill 하단에 있는 Gratuity에 팁을 적은 후 웨이터에게 주면 된다.
3. Gratuity란이 없으면 Bill하단에 팁을 적고 그 밑에 총 금액을 적어주면 된다.
4. Cloak room (Coat 등 휴대품 보관소) : Coat 당 $1
5. Hotel에서 Check In/Out시 Bell Boy에게 Baggage 당 $1. Vallet Parking시 차를 찾을 때 $1. 매일 아침 Room Maid에게 $2 정도의 팁을 침대 베개 밑에 놓아둔다.
6. 공항에서 Porter에게 Baggage 당 $2~3. 택시에서는 요금의 15~20%. 관광가이드에게는 하루 $5 정도.
7. 미국에서 Tipping은 생활화된 관습이다. 팁은 너무 적게 주어도 세련되지 못하지만 너무 많이 주어도 예의에 벗어난다. 항상 잔돈을 준비하고 여성과 같이 동행시에는 팁은 언제나 남성이 준다.

음주와 관련하여 해서는 안 될 사항(Don't)
1. 음주 운전시에 경찰에 적발될 경우, 뇌물을 삼가라.
2. 경찰이 여러 가지 테스트를 해보고 운전이 가능하면 보내준다. 그러나

정도가 지나치면 엄청난 벌금과 구속이 된다.
3. 차안에 술병을 방치하면 음주운전으로 의심한다.
4. 술잔을 돌리지 않는다.
5. 낮술은 하지 않는다.
6. 상대방에게 술을 무리하게 권하지 않는다.
7. 그들에게도 술이 생활화돼 있으나 알콜 중독자 이외에는 과음, 폭음하지 않는다.
8. 술을 많이 먹고 운전했다는 등의 무용담 따위는 그들에게는 절대로 감동적이지 못하며 다만 정신나간 것으로 보일 뿐이니 주의한다.

북미의 식탁예절 : 캐나다의 미국에서는 가족이 함께 식사하는 것이 하루의 매우 중요한 부분이다. 식구들이 직장이나 학교에서 돌아오면 대개 함께 모여 식사를 한다. 그 자리에서 식구들은 그날 하루에 관해서 얘기하고 어떤 문제든지 함께 의논한다. 얘기를 많이 하게 되기 때문에 입에 음식이 가득 있을 때는 말해서는 안 된다는 것은 아주 중요한 규칙이다. 그리고 입을 벌린 채로 음식을 씹는 것도 무례한 것으로 취급받는다. 북미인들은 식탁에서 자신에게 필요한 것이 있을 때 식탁을 가로질러서 그것을 집어가지 않고 공손하게 다른 사람에게 부탁해서 받는다.

  A: "Mom, could you pass the salt?"
  B: "Here you go."
  A: "Thanks."

사람들은 보통 하나의 식사용 기구 (덜어먹는 기구, 국자나 큰 포크, 또는 조그만 버터나이프)로 식탁 중앙에 있는 음식을 덜어간 후에, 자기 식사 도구(나이프, 포크, 스푼)를 사용해서 먹는다. 식탁을 떠날 때는 무슨 이유가 있든지, 북미인이라면 '실례합니다(Excuse me, please.).'라고 말한다. 아이들은 식사를 마친 후에 가서 놀거나 숙제를 하거나 TV를 보고 싶으면 'May I please be excused?'라고 묻는다.

22
미국의 영화산업 : 할리우드, 영화등급 제도

〈미국 영화의 역사와 할리우드〉

　미국 영화의 역사를 개관하여 보자. 미국의 영화는 사실상 '꿈'에서 '현실'로 전환한 것이었지만 뒤이어서 텔레비전이 보급됨에 따라 크게 환영을 받게 되었던 것이다. 그것의 대응책으로서 입체영화, 세 필름을 동시에 영사하는 세네라마 등이 출현하였고, 1953년에는 변형 오목렌즈를 사용해서 가로가 긴 대형화면에 영사되는 '시네마스코프' 방식이 나오게 되어 미국의 영화는 대형영화 시대로 들어갔다.

　오늘날에는 종래의 35mm 필름의 2배인 70mm 영화도 일반화하였다. D.린의 '아라비아의 로렌스'(1962), R.와이즈의 '웨스트 사이드 스토리'(1961) 등이 그 대표적 작품이다.

　1967년 A.펜 감독의 '미국인에게 내일은 없다'는 미국의 뉴시네마 시대를 열었다. '졸업'(1967), '이지라이더'(1969), '내일을 향해 쏴라'(1969) 등은 베트남 전쟁 이후 미국의 반체제적인 분위기를 반영하면서 청춘을 제재로 하여 음성과 영상의 감각적 융합에 의한 묘사, 성과 폭력 장면의 도입 등으로 기성의 껍질을 허물었다. 이것은 할리우드가 당면한 영화제작의 애로점을 타개하여 미국영화에 새바람을 불어넣었다.

　1970년대에 등장한 F.코플라, G.루카스, S.스필버그 등 신세대 감독들은 각각 '대부(代父)' (1972), '죠스' (1975), '스타워즈' (1977) 등으로 흥행에 대성공을 거두었으며 이 영화작품들은 뉴시네마가 개척한 새로운 영화표현의 가능성을 더욱 발전시킨 작품으로 평가받았다. 이어서 'E.T.' (1982), '마지막 황제' (1987), '레인맨' (1988), '드라이빙 미스데이지' (1989), '쉰들러 리스트' (1993) 등은 손꼽을 수 있는 작품이다.

미국영화에서 볼 수 있는 중대한 변화는 과거의 할리우드 중심주의가 붕괴되었다는 점이다. 미국의 영화자본은 제작비 절약 등의 합리화를 쫓아 시야를 넓혀 유럽 각국이나 멕시코 등지에서 영화제작을 하며, 세계 각국의 감독, 배우, 기술자 등을 적극 기용하고 있다.

예를 들면 엄밀하게는 영국영화라고 할 '007시리즈'와 같은 작품이 미국의 영화회사에 의해 세계 여러 곳에 배급되는 현상도 눈에 띄게 되었다. 이러한 일은 '할리우드 왕국'의 붕괴를 시사한 것이지만 미국 영화자본의 세계시장 석권을 목표로 한 적극적인 진출이다.

'할리우드 왕국'은 붕괴되었으나 할리우드 상업주의는 미국 영화를 결정적으로 지배하고 있는 것이다. 미국의 할리우드사가 영화를 만드는 데 최대의 역점을 두고 있는 사항은 이러한 상업주의 틀 속에서 무엇보다도 관객이 싫증을 느끼지 않는 영화를 만드는 것이다.

'꿈'에서 '현실'로 전환한 미국영화는 이어 텔레비전이 보급됨에 따라 큰 타격을 받게 되었다. 그 대항책으로서 입체영화, 세 필름을 동시에 영사하는 시네라마 등이 출현하였으나, 1953년 변현 오목렌즈를 사용해서 가로가 긴 대형화면에 영사되는 '시네마스코프 방식'이 나오게 되어, 미국영화는 대형영화 시대로 들어갔다.

미국영화는 줄거리의 진행이 경쾌하며 빠르고, 화려한 동작으로 가득차 있다. 서부극, 활극, 음악극 등이 미국영화의 대표적인 장르라 불리는 것은 이들 영화가 빠른 템포로 전개되는데 가장 적합한 성격의 것이기 때문이다.

사실 미국영화가 형식적으로는 가장 완성된 것이라고 말할 수 있을지는 모르나 그것은 또한 획일화 현상을 초래하였다. 오늘날 가정에서 비디오카세트와 유료방송 등의 영화 보급으로 미국영화는 심각한 국면을 맞고 있다. 그러나 특유의 오락, 스펙터클 등 영화 본래의 성격에 주안점을 두는 것은 여전히 미국영화의 중요한 특징이다.

할리우드 지역이 영화산업 기지로서 발전하게 된 역사를 알아보자.

'할리우드(Hollywood)' 라는 표현은 원래 그것이 짧아지기 전에 '할리우드 랜(Hollywood land)' 로 불렸다.

할리우드는 세계에서 가장 유명한 곳 중의 하나로서 그 위치는 할리우드를 내려다보는 '그리피스 공원(Griffith Park)' 에 있는 '마운트 리(Mount Lee)' 산 위에 있다. 이곳의 표지 사인은 할리우드를 읽기 위해 1923년에 세워졌는데 집 판매를 늘리기 위한 광고 책략의 일환이었다. 그 사인 보존은 1939년에 중지되었다. 그런데 1944년 말에 할리우드 랜드의 개발업자인 M.H. 셔만회사(M.H. Sherman Company)가 그리피스 공원 부근의 땅 455에이커에 대해서 로스앤젤레스 시에 요구하는 것을 그만두었다. 1949년에 할리우드 상업회의소는 그 사인을 재건하여 수리하고 'HOLLYWOOD' 의 철자를 말하기 위해 'land' 라는 철자를 제거하는 것에 대해서 '레크리에이션과' (Department of Recreation)와 계약을 했다.

로스앤젤레스의 문화유산위원회는 1973년에 그 사인을 로스앤젤레스의 문화역사 기념비 #111에 공표했다. 할리우드 상업위원회는 그 사인이 심각하게 악화되고 난 뒤 재건하기 위해 1978년 4월에 단체 모금활동을 시작했다. 재건사업은 1978년 8월에 시작하여 11월에 끝마쳤다. 그 사인은 현재 450피트 길이로 '마운트 리' 산에 뻗어져 있고 높이는 여전히 50피트이며 무게는 450,000파운드이다.

새 할리우드 사인은 1978년 11월 14일, 할리우드의 75번째 기념일에

6000만 명의 텔레비전 시청자 앞에서 생방송 되었다. 이 사인의 보존과 지속에 관한 주요책임은 '할리우드 사인 트러스트(Hollywood Sign Trust)'에 맡겨져 있다. 할리우드 상업위원회와 로스앤젤레스 시는 수탁자를 지정해 두고 있다.

할리우드 영화 아카데미상 : "What is the Academy?" : 할리우드에서 전 세계 영화인의 축제로 자리 잡은 미국의 '아카데미상'에 대해 알아보자. 1927년 5월 4일 더글러스 페어뱅크스를 중심으로 한 36명의 촬영요원이 문화 교육적 가치를 지닐 수 있는 영화예술과 영화기술의 향상을 위하여 순수한 민간 기구를 창설할 것을 결정했고 1929년 5월 16일 할리우드 루스벨트 호텔에서 첫 아카데미상 수상식이 거행되었다.

1931년 제3회 수상식이 있을 무렵 당시 아카데미 도서관에 갓 들어온 한 아가씨가 아카데미상의 상패인 황금동상을 보고 '어머! 오스카 아저씨를 닮았네!'라고 말했는데 이 광경을 지켜보던 신문기자가 이 사실을 보도한 뒤로 아카데미상은 일명 '오스카상'으로 불리게 되었다.

시상부문은 처음에 12개 부문으로 시작했으며, 65년의 연륜이 흐른 지금 총 23개의 본상 이외에도 아카데미 과학기술상, 어빙 G.탈버그상, 진 허숄트 박애주의상, 명예상, 특별상 등으로 대폭 증가되었다. 본상과 부상의 시상 부문 중에는 1936년에는 어빙 G.탈버그상, 1937년에는 조연 남녀상, 1939년에는 특수효과상, 1948년에는 의상상, 1956년부터는 외국어영화상 등이 각각 신설되어 추종을 불허하는 초일류급 영화축제로 자리 잡았다.

회원 수는 300여 명으로 처음에 구성되었으나 약 5,000여 명으로 대폭 증가하였고, 이들 회원은 비밀을 엄수하며 극비과정을 통해 수상자 투표를 행하는 것으로 정평이 나있다. 아카데미협회 본회는 1946년에 캘리포니아 주의 할리우드 멜로우즈街 9038번지로 옮겨 지금에 이르고 있다.

영화산업의 메카 할리우드 : 세계 영화의 중심지라 할 수 있는 할리우드(Hollywood)는 미국의 로스앤젤레스(Los Angeles) 교외에 위치하고 있으며 설립초기부터 현재까지 '꿈을 만드는 세계'로 여겨지고 있다. 할리우드는 로스앤젤레스 교외의 목장지대 이름으로 1886년 윌콕스(Wilcox) 부부가 이곳에 정착한 후 점차 번성하여 1903년경에는 제법 큰 마을을 이루었다. 이 무렵 미국 영화산업의 중심지는 뉴욕이었으나 1907년부터 소규모의 영화 제작사들이 로스앤젤레스에 자리를 잡기 시작하였다.

일 년 내내 쾌청한 날씨는 영화촬영에 최적의 조건을 제공해 주었다. 1908년 에디슨의 'Motion Picture Patents Co.'는 할리우드에 영화사를 설립하여 할리우드를 영화산업 중심지로 만드는 기반을 다졌다.

그 후 1913년 유명한 영화인 세실(Cecil B. Demille)이 할리우드에서 촬영한 영화 'The Squaw Man'이 크게 흥행하면서 영화 제작자들이 앞다투어 할리우드로 몰려들었다. 이를 계기로 세실은 할리우드의 아버지라는 칭호를 얻게 되었다. 1917년 무렵에는 대부분의 영화 제작자들이 할리우드로 몰려들어 할리우드는 영화산업의 본고장으로 급부상하게 되었다. 1950년 무렵부터 불어닥친 '스튜디오 시스템'의 와해와 텔레비전의 등장은 할리우드의 영화산업을 크게 위축시키는 결과를 가져오게 되었다. 할리우드에서는 이러한 난국을 타개하기 위하여 해외수출용 영화 제작에 눈을 돌리게 되고 영화배우, 제작자, 감독 등도 독자적으로 활동하여 다양한 영화가 제작되었다. 또한 스튜디오들도 영화제작 외에 전 세계적인 배급체인망을 확보하여 바야흐로 할리우드는 명실공히 영화산업의 메카로 자리 잡게 되었다.

할리우드의 정확한 위치는 로스앤젤레스 중심부에서 북서쪽으로 13km 떨어진 지점이며, 1910년에 시(市)의 일부가 되었다. 20년 영화촬영소가 설립되면서 발전하였다. 미국의 주요영화회사에 대한 중앙배역 사무소와 영화박물관 등이 있어 미국 영화계의 총본산 구실을 한다. 할리우드볼(Hollywood Bowl)이라고 불리는 1919년에 건설된 유명한 야외극장과 그리피스 공원에 있는 연극 원형극장, 콘크리트 앞뜰에 많은 배우들의 손바닥 또는 발바닥 도장이 찍혀있는 중국극장 등이 있다. 할리우드 지구 서쪽에 인접한 비버리힐스 일대는 부호나 영화배우가 많이 사는 고급 주택지이며, 선셋대로가 할리우드를 동서로 관통하여 비버리힐스와 이어진다.

LA와 할리우드 : 대부분 영화를 통해 미국인에게 너무나 익숙한 LA와 할리우드는 양면적 이미지로 남아 있다.

'프리티 우먼'에서처럼 화려한 세계 최고급의 패션을 누리고 멋진 기사가 정중하게 안내하는 리무진을 타고 그림 같은 해변과 야자수, 그리고 자유로움을 맘껏 누리며 꿈같은 환상이 이루어질 것 같은 곳, 화려한 스타에의 동경과 꿈을 안을 수 있는 곳으로 비쳐지는가 하면 반면에 '블레이드 러너'나 '숏컷'에서 보이는 음울함과 황폐함, 천박함. '플레이어'에서 보이는 협잡과 사기가 난무하기도 하고, '부기 나이트'와 '매그놀리아'에서 볼 수 있는 마약과 매춘, 스타에의 꿈이 멀기만 한 절망감과 퇴폐함까지 화려함의 극치와 노골적인 상업성, 추악한 상실이 혼재하는 LA와 할리우드, 그럼에도 불구하고 LA와 할리우드는 세계 곳곳의 젊은 이들과 관광객들을 끌어들이는 묘하고도 야릇한 매력으로 오늘도 호기심 가득한 눈으로 할리우드를 찾게 하고 있다.

할리우드로의 방문을 가장 먼저 반겨주는 것은 바로 할리우드 사인(HOLLYWOOD)이다. 할리우드의 트레이드마크로 50피트 높이의 큰 글씨로 "HOLLYWOOD"라고 쓰여 있어 아주 멀리서도 알아볼 수 있다. 원래 1923년 당시에는 'Hollywoodland'였으나 1949년 'land' 부분은 삭제되었다고 한다.

할리우드를 움직이고 상징하는 영화산업은 할리우드 관광에서 빼놓을 수 없는 코스다. 아이들은 물론 어른들까지 꿈과 환상의 세계로 안내하는 '유니버설 스튜디오' 투어야 말로 할리우드 관광의 백미가 아닐까.

또한 총길이 6.5km로 웨스트 할리우드 남쪽에 위치하고 있는 멜로즈는 1970년대부터 시작된 중고 의류품 붐을 타고 패션 상점들이 급증한 곳이기도 하다. 유명 디자이너의 제품을 염가로 구입할 수 있는 곳으로 라시에네가(La Cienega) 거리에 유행의 첨단을 주도하는 가게들이 집결되어 있다. La Brea에서 FairFax 사이를 약 30분가량 걸으면서 즐길 수 있는 멜로즈(Melrose)의 패션가는 도시의상(urban outfitters), 문신(tattoo), 생약 환희(herbal ecstasy) 등의 상점 이름들이 말해주듯 LA의 패션경향을 한눈에 보여주는 거리다. 지난해 여름 최고의 흥행작으로 꼽히는 영화 '매트릭스'의 남녀 주인공이 입은 도시적이고 이상야릇하면서도 초현대적인 한편 무척 재미있기도 하고 신기하기도한 그러면서도 약간 전위적인 스타일까지 온갖 새로운 아이디어로 조합되어 창조된 그들의 의상과 같은 가죽과 메탈이 주조를 이룬 제품들이 이곳 쇼핑가의 윈도우를 장식하고 있다. 가죽과 메탈소재 특유의 어두운 색조와 현대적인 감각이 절묘하게 융합되어 윈도우 전시대에서 빙글빙글 돌아가며 '나를 사가세요!' 하고 소리치는 듯 지나는 사람들의 시선을 사로잡는다. 이들과 함께 형형색색의 구두와 선글라스 등 온갖 아름답고, 흥미롭고 이상한 물건들로 가득한 멜로즈(Melrose)는 젊음과 특유의 발랄한 분위기로 LA를 한층 미래적인 도시로 만들어 준다.

남 캘리포니아의 뜨겁고 강한 햇살 아래 거리에서 마주치는 최신 유행품의 멋진 선글라스와 샌들, 귀고리를 한 멋진 남자들과 어깨와 다리를 맘껏 드러내놓은 여자 개성족들이 쇼핑과 함께 관광객들에게는 즐거운 구경거리를 제공해준다. 무엇보다 이들은 다른 거리에서 마주치는 사람들과는 확연히 구분되는 그들만의 도시적인 감각이 보태어져 매력적인 모습으로 더욱 자신들의 개성을 두드러지게 한다. 이들이 있어 사람들이 걷는 거리가 드문 LA에서 멜로즈는 Hollywood Blvd, 3rd Street Promenad, Universal City Walk와 함께 걷는 것이 즐거운 거리 중의 하나가 되고 있다.

최첨단 유행상품에 비해 가격이 약간 싼 상품들이 가득 찬 멜로즈는 요즈음 동양풍, 특히 인도풍의 의상과 액세서리들이 최첨단의 플라스틱제 디자인과 함께 윈도우를 가득 점령하고 있다. 무서운 속도로 새로운 유행을 창조하며 재미있고도 웃음이 터져 나오게 하는 온갖 아이디어로 가득 찬 멜로즈는 노랑머리로 염색한 일본의 젊은 신세대 여행객들이 남과 다른 개성을 찾아 최첨단의 의상과 장신구를 사기 위해 즐겨 찾는 곳이다.

라 브레아(La Brea)의 동쪽에는 파라마운트 스튜디오가 있고 라시에네가 거리 서쪽으로는 청색과 초록색의 타일로 장식된 멋진 퍼시픽 디자인 센터가 있다. 디자인 센터 가는 길에는 라즈니쉬, 요가난다, 크리슈나무르티, 라마나마하리쉬 등 명상과 불교에 관련된 서적과 물건들로 유명한 보디 트리(Boddhi Tree) 서점이 있다.

미국의 영화등급제도 : 미국도 우리나라와 같이 영화의 등급을 여러 가지로 매긴다. 등급제도와 비슷한 것은 옛날부터 미국에 있었지만 지금과 같은 체제의 영화 등급의 역사는 그다지 길지 않고 불과 30여 년 전인 1968년 11월 1일에 시작되었다. 미국에서 영화의 등급은 우리나라와는 달리 영화를 전공하거나 영화에 조예가 깊은 전문가들에 의해 매겨지는 것이 아니라 로스앤젤레스 시에 사는 평범한 사람들에 의해 결정된다. 미국영화의 등급을 정하는 등급위원회에는 8명에서 13명 정도의 회원들이 있는데 이들의 직업은 점원, 교사, 요리사와 같이 다양하다.

미국엔 하드코어 포르노 등급은 없다. 단지 등급위원회는 영화의 테마, 폭력, 어법, 나체정도, 관능성, 호색성, 마약 남용과 같은 점들을 살펴서 영화의 등급을 결정하는데, 이중 중점적으로 다루는 주제나 더 무게가 실리는 것은 없고 모든 요소가 동등하게 다뤄진다. 미국 영화의 등급에는 G(모든 관객용, 즉 모든 나이 입장 가능), PG(보호자/부모의 지도 요구, 어떤 요소는 아이에게 적합하지 않을 수 있음), PG-13(보호자/부모의 신중함을 특히 요함, 어떠한 요소는 13세 미만의 어린아이에게 적합하지 않을 수 있음), R(제한된 관객요, 17세 미만의 청소년은 부모나 성인 보호자 동반시에만 입장 가능), NC-17(17세나 17세 미만 입장 불가) 같은 것이 있는데, X등급이라든가 XXX등급은 사실 공식적으로는 없고 다만 영화사가 등급 신청을 하지 않은 영화에 마음대로 붙이는 선전용 표지에 불과하다 이중 NC-17등급은 얼마 전에 만든 것이지만 그 이후로는 〈쇼걸〉을 제외하고는 거의 쓰이지 않게 되었다.

사실 영화의 등급은 도덕에 대한 사회의 인식을 반영한다. 그러므로 50년대에는 혼전관계가 부도덕한 것으로 생각되었기 때문에 어린이들이 보는 영화에 나와서는 안 되는 것으로 생각되었지만 지금은 그다지 문제가 되지 않는 것이다. 시대의 변화에 따라 계속 변화하는 등급의 기준은 다른 한편으로 부모들뿐만 아니라 감독자나 제작자들 또한 혼란스럽게 하는 경우가 있다. 좋지 않은 내용에 비해 후한 등급을 받거나 비슷한 내용을 가진 영화들이 다른 등급을 받는 경우가 있어, 등급 기준이 옳았는지 혹은 공평했는지에 대해서는 항상 사람들의 의견이 엇갈린다.

예를 들어 무절제하고 아주 상세한 정사 장면이 있는 '조 블랙의 사랑'(Meet Joe Black)이 PC-13을 받았던 적이 있다. 또 스필버그 감독의 명작 '라이언 일병 구하기'(Saving Private Ryan)라는 전쟁영화는 피가 튀고 내장이 보이는 등 끔찍하고 너무나 사실적인 전투 묘사로 사람들은 NC-17 판정이 나올 것이라고 생각했지만 이 영화는 등급 제도를 무난하게 그리고 부드럽게 통과하여 R판정을 받았고, 또 노골적인 성행위 장면과 살인 장면이 자주 등장하는 '쉰들러 리스트'(Schindler's List)는 당연히 R등급 이상을 받을 것으로 생각되었으나 실제로는 PG-13을 받았기 때문에 할리우드의 사람들은 그 영화들이 스티븐 스필버그의 작품이기 때문에 관대한 등급을 받았다고 불평했다.

미국에서는 등급신청이 의무사항은 아니다. 미국에서 포르노 영화는 NC-17등급을 받을 수 있으나 법원에 의해 음란물로 판정되면 제작자, 출연배우 및 극장주까지도 형사처벌을 받게 된다. 사실 NC-17등급을 가지고는 배급을 하기도 어렵다. NC-17등급이나 포르노 영화관의 주변에는 범죄가 발생할 우려가 높고, 그에 따라 주민의 반대가 심해서 대부분의 미국 영화관은 NC-17등급 영화를 상영하지 않기 때문이다.

물론 등급신청은 의무사항이 아니므로 영화사는 등급신청을 하지 않을 수도 있다. 그러나 등급을 받지 않은 영화는 영화관을 찾기가 매우 어렵고 영화관을 찾는다 해도 흥행에서 성공하기는 하늘의 별따기이다. 그러므로 영화사들은 어떻게 해서든지 영화등급을 유리하게 받기 위해 내용을 삭제하거나 고치는 등 많은 노력을 기울인다.

이와 같은 문제에도 불구하고 미국의 일반적인 여론에 따르면 미국의 영화등급 제도는 나름대로 자리를 단단히 잡은 것으로 보인다. 이렇게 등급제도가 미국인들로부터 신뢰를 받기 위해서는 오랜 기간 동안 끊임없는 제도의 보완과 개선이 있었던 것이다. 미국의 등급제도는 미국의 영화계가 가지고 있는 등급의 전용관 설치 문제 등의 현안을 앞으로 어떻게 해결하는 것이 바람직한가에 대한 논의를 하는데 있어서 좋은 반면교사(反面敎師)가 될 것이다.

월트 디즈니 : '미키마우스'라는 이름의 작은 쥐 한 마리가 전 세계적으로 히트를 쳤다. 엄청난 힘을 지닌 캐릭터는 월트 디즈니사에서 만들어진 캐릭터이다. 이러한 캐릭터들의 이름들 외에 'Walt Disney'라는

이름은 전 세계의 아이들은 물론 어른들에게까지 매우 유명한 이름일 것이다. 대부분의 사람들은 이 이름을 들으면 수많은 명작 애니메이션들이나 그 주인공들, 또는 디즈니랜드/월드를 먼저 떠올리게 되리라 믿는다. 월트 디즈니가 죽었음에도 불구하고 월트 디즈니사에서 나오는 애니메이션들은 수많은 혹평 또는 호평을 받으며 스크린에 오르고 있으며, 여전히 많은 관중들을 끌어 모으고 있으며, 세계 곳곳에 있는 디즈니 테마 공원들도 매년 수많은 관광객들로 넘쳐나고 있다. 월트 디즈니는 어떤 인물이었으며, 그가 만들어 낸 명작 애니메이션에는 어떤 것이 있고, 그 속에 나오는 캐릭터들은 어떤 것들이 있으며, 이 모든 것들로 꾸며진 디즈니랜드에 대해서 알아보자.

월트 디즈니는 1901년 지나치게 엄격한 아버지를 둔 가정에서 태어났다. 디즈니는 그다지 행복하지 못한 어린 시절을 보냈고, 온갖 고생과 모험을 한 성인 시절을 보내고서야 애니메이션을 대표하는 선구자, 애니메이션 발전공로자가 되었다. 그는 아카데미 공로상과 29회라는 가장 많은 아카데미 상 수상자가 되었으며, 프랑스 레종 도뇌에르(최고 훈장)훈장을 수상하고, 어빙 탈버그 상을 수상했다. 그야말로 상복으로 명예와 찬사 속에 1966년 12월 15일 65살 나이로 숨을 거둘 때 미국은 신문마다 그의 죽음을 대서특필했습니다. 그가 죽을 때, 디즈니 그룹은 공룡 대기업이 되었고 90년대에는 미국 3대 방송사 ABC를 무려 1조 6천여억 원을 주고 사면서 언론 대기업으로 성장하고 음반사와 여러 계열사를 가지고 있다. 디즈니는 세계 최초 소리 나는 애니메이션 제작, 세계 최초 컬러 애니메이션 제작, 세계 최초 극장용 장편 애니메이션 제작, 세계 최초 100% 컴퓨터 애니메이션 제작(1995년 토이스토리), 애니메이션을 아이들만 보는 게 아닌 어른들도 보는 것으로 만든 공로자이기도 하다.

월트 디즈니의 애니메이션 : 디즈니사를 대표한다고 말할 수 있는 미키

마우스와 그의 여자 친구 미니 마우스, 성격 급한 도널드 덕과 그의 여자 친구 데이지 덕, 익살스러운 구피와 작은 숲 속에 사는 위니 더프와 같은 캐릭터들은 디즈니사 최고의 캐릭터들이라고 말할 수 있다. 이러한 캐릭터들은 애니메이션 속에서뿐만 아니라 갖가지 캐릭터 상품으로 출시되어서 전 세계 아이들의 사랑을 듬뿍 받았다.

마지막으로 이러한 디즈니의 캐릭터들이 살아 숨쉬는 디즈니랜드/월드에 대해서 알아보자.

첫 번째로 미국 플로리다 올란도에 세워진 '월트 디즈니 월드'는 빼놓을 수 없는 놀이 공원이다. '월트 디즈니 월드'는 애너하임에 있는 디즈니랜드의 1백배가 넘는 곳으로, 세계 최고의 휴식오락공원으로 세계 어린이들의 사랑을 받고 있다. 테마 공원의 하나인 'Magic Kingdom'(마술공원)은 1971년 10월 1일에 개장됐는데 무려 41개의 놀이기구와 6개의 전시장을 자랑한다. 두 번째 테마 공원은 1982년 선보인 '원형 공동체 센터'로 다른 나라들을 위한 별관을 마련하여 교육적인 목적으로도 이용할 수 있도록 만들어진 것이 특징이다. 물론 한국 어린이들을 위한 한국관도 있다. 21개의 놀이시설과 15개의 전시장 등으로 이루어졌다. 3번째 주제 공원은 '디즈니 MGM 스튜디오'이다. 1989년 5월에 처음 공개되었는데 11개의 놀이시설과 2개의 전시장, 14개의 식당이 손님들을 맞고 있다. 그리고 1998년 4월에 네 번째 주제공원인 2백여 종의 동물과 4천여 나무와 식물이 있는 '동물의 왕국'이 문을 열었는데, 오아시스, 사파리 마을, 공룡 랜드 등 어린이들에게 자연과 모험의 세계를 즐길 수 있게 해준다.

두 번째로 캘리포니아 남서부 애너하임(LA교외에서 40km 떨어진 곳)에 있는 '디즈니랜드' 놀이공원은 1955년 7월 17일 처음 개장되었다. 영화의 마술사답게 훌륭한 감성과 경험을 살린 8개의 주제를 가진 동산으로 이루어져 있다. 'Main Street U. S. A.'는 디즈니가 소년시절을 보냈던 미주리 주 마세린을 모델로 하였다. 가만히 보면 미국의 도시마다 있는 공통점을 잘 살려 향수를 느끼게 하는 효과가 있는데, 왠지 모르게 안심하다 보면 어느새 확 별천지가 펼쳐지곤 한다. '모험의 나라'는 미개척 정글을 여행하는 곳이며, '개척의 나라'는 개척시대 미국을 재현한 곳으로 어느 곳에서나 완벽하게 독립된 세계를 맛볼 수 있다는 게 여간 큰 기쁨이 아니다. '환상의 나라'에서는 유럽의 도깨비 이야기들이 재미있게 펼쳐지고, '내일의 나라'에서는 로켓 등 미래를 엿볼 수 있는 세계가 마련돼 있다. '소동물들의 고향'이란 뜻을 가진 크리터 컨트리(Critter Country)는 미국 남부의 늪과 습지를 배경으로 갖가지 풍물들의 모습을 재현해 놓은 그야말로 아기자기한 동물들의 천국이다. 공원을 가로지르다보면 'Mickey Toon Town'이 나오는데, 미키 마우스 복장을 한 배우들이 함께 포즈를 취해주기도 하고, 잠자는 숲속의 공주에 나오는 성곽을 본떠 만든 공원들이 한없는 상상의 날개를 펼치도록 도와준다.

셋째로 일본에 자리한 '도쿄 디즈니랜드'가 있다. 정문을 통과하면 19세기부터 20세기 초 거리 풍경으로 이루어진 상점들이 나오고 그 옆으로 디즈니 만화 주인공이 나오는 판타지 랜드, 미국 서부 개척시대의 웨스턴 랜드, 정글의 맹수가 들끓는 탐험 코스인 어드벤처 랜드로 이어진다. 5월 15일 새로 문을 연 '안녕 디즈니 판티류존(Sayonara Disney Fantillusion)'이 생겨서 일본 디즈니랜드의 테마파크가 하나 더 늘어나게 되는 것이다. 디즈니 판티류존은 놀이기구도 물론 있지만 퍼레이드를 중심으로 꾸며졌다.

넷째로 파리에 있는 '디즈니랜드 파리'는 1992년 문을 열었다. 처음에는 '유로 디즈니'였다가 후에 '디즈니랜드 파리'로 이름이 바뀌었다. 유럽 어린이들을 위한 휴식, 놀이, 놀이공간으로 사랑받는 중이다.

로스앤젤레스 유니버설 스튜디오 : 세계에서 가장 유명한 영화 및 TV 스튜디오로, 영화의 처음부터 끝까지 모든 것을 볼 수 있는 '유니버설 스튜디오'(Universal Studio)는 크게 엔터테인먼트 센터(위층)와 스튜디오 센터(아래층)가 에스컬레이터로 연결되어 있다. 입장을 하면 엔터테인먼트 센터에서 유럽의 거리, 서부의 거리 등 각종 거리에서 영화 속의 주인공으로 분장한 배우들과 사진을 찍을 수 있고, 거리의 밴드, 음악을 들으며 각 공연장에서 시간표에 따라 스턴트맨들의 쇼, 영화에 출연했던 동물들의 쇼를 볼 수 있다. 특히, 시간과 공간을 가로지르는 타임머신은 많은 사람들의 사랑을 받고 있다. 아래층인 스튜디오 센터는 '트램라이드'라는 기차처럼 생긴 버스를 타고 촬영소를 둘러볼 수 있어 참으로 편하고 샅샅이 관람할 수 있는 것이 특징이다. 뉴욕과 시카고의 거리, 체중 6,000kg, 신장 9m의 살아있는 킹콩, 무너지는 다리, 샌프란시스코 지하철역에서의 지진, 눈이 내리는 동굴, 영화 '스팟 타카스'의 촬영현장, 비가 내리면 홍수가 발생한 거리, 영화 '죠스'에 나오는 상어, 영화 '사이코의 집' 등을 약 45분 동안 보고 즐길 수 있다. 또 트램 관광이 끝난 후 'E.T.관'을 들어서면 직접 E.T.와 함께 자전거로 하늘을 날며 우주관광을 할 수 있고, 1만℃의 열기로 폭발하는 불기둥 현장을 실제로 경험하는 영화 'Black Draft' 세트장, 루실 볼의 생애를 한 눈으로 볼 수 있는 '루시관' 등 영화의 본 고장에 온 즐거움을 만끽할 수 있다. 이곳 유니버설 스튜디오는 로스앤젤레스 관광에서 빼놓을 수 없는 명소라 하겠다.

23
미국의 의회도서관

　미국의 의회도서관(The Library of Congress)은 건물 크기와 장서 보존량에 있어 세계적으로 자랑할 만한 규모이다. 연구용 자료 활용 참고도서관(a reference library)이기 때문에 일반적인 공공도서관처럼 운영되지 않는다. 방대한 양의 자료는 8,100백만 아이템이나 되며, 18세 이상이면 누구나 이용할 수 있다. 대학생들이나 연구자들이 대학도서관이나 일반 공공 도서관에서 찾기 힘든 자료들을 대출제도를 통해 각 지방에서 빌려볼 수 있다. 1층에는 일반 및 특별열람실(reading room)이 모두 합해 22개 있으며, 4층에는 '저작권 등록사무소'(The copyright Office)가 있어 출판한 도서의 저작권 등록업무를 관장하고 있다. 이 도서관은 역사적으로 중요한 많은 문서들과 보물과 같은 소중한 문건들을 전시하는 경우가 때때로 있지만 통상적으로 그러한 자료들은 보존을 위해 특수한 상태로 저장해두고 있으며 열람을 원하는 사람의 사전조율이 있어야만 열람이 가능하다.

24
미국의 박물관 : 스미소니언 복합단지

워싱턴 D.C.에 있는 초대형 복합박물관 단지로서의 '스미소니언 협회'(Smithsonian Institution)에는 렌윅 미술관(Renwick Gallery), 워싱턴 대통령 기념비(Washington Monument), 미국사 박물관(Museum of American History), 자연사 박물관(Museum of National History), 미국회화박물관(Museum of American Art), 스미소니언 성(Smithsonian Castle), 자유미술관(Freer Gallery), 새클러 미술관(Sackler Gallery), 아프리카 미술박물관(Museum of African Art), 국립미술관(National Gallery of Art), 항공우주 박물관(Air and Space Museum), 국립동물원공원(National Zoological Park) 등이 포진하고 있다.

미국의 스미소니언 국립동물원(Smithsonian National Zoological Park)은 매우 큰 규모와 시설을 자랑한다. 5800여 마리의 동물들이 있고 교육프로그램들이 다양해 많은 학교에서 견학 시 자주 이용하는 곳이다. 이 동물원은 Washington D.C.의 북서쪽 Connecticut Avenue에 위치하고 있으며 백악관과 스미소니언 박물관과 가까운 거리에 있다. 조용한 주거 지역에 위치하고 있어 교통수단을 이용하기도 편리하다. 지하철 이용시 Red Line의 the Woodley Park/Zoo stop이나 the Cleveland Park stop을 이용하면 된다. 개장시간은 크리스마스를 제외하고 겨울은

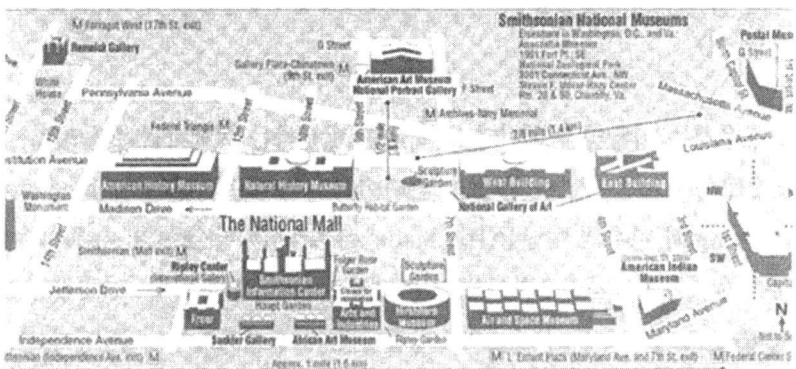

매일 오전 6시부터 오후 6시까지, 여름은 오전 6시부터 오후 8시까지이다. 단, 가을에는 많은 학교에서 관람을 오므로 오전의 이른 시간이나 동물들이 활동을 활발히 하는 오후 시간대에 이용하는 것이 좋다. 그리고 입장료는 무료이다.

25 미국의 중요도시 및 주

〈뉴욕〉

뉴욕시는 미국의 관문이다. 뉴욕시를 방문하는 여행자들이 들려보는 곳으로서 대표적인 것을 든다면 '엠파이어 스테이트 빌딩'(Empire State Building)과 자유의 여신상(The Status of Liberty)일 것이다. 뉴욕시 전체를 내려다보려면 103층 초대형 초고층 건물인 '엠파이어 스테이트 빌딩'(Empire State Building)의 102층 전망대에 올라가서 보면 된다. 이 건물의 입장객을 위한 전망대(Observatory)는 두 곳에 있는데 86층과 102층이다. 동서남북 전체를 볼 수 있으며 관람은 오전 9:30~밤 12:00까지, 그리고 입장표 구입은 오후 11:30까지 가능하다.

'자유의 여신상'은 정치적 자유의 형상화로서 세워졌으며 "세계를 밝히는 자유"(Liberty Enlightening the World)를 상징한다. 자유와 기회(opportunity)를 추구하는 사람들에게 세계를 밝히는 횃불(beacon)로서 의미를 지니고 있고 미국을 지키는 상(image)의 하나이다.

1883년에 공사가 시작되어 1884년에 끝났는데 이 자유의 여인상은 프랑스 나폴레옹 3세의 치하에서 자유를 위한 강격한 상을 세울 필요성을 느끼고 있었던 프랑스 공화주의자들에 의해 논의가 출발되었다. 그리하여 공화주의자인 프랑스의 Lefebvre Laboulaye가 미국에 머무르고 있는 동안에 나폴레옹 3세가 폐위되는 등의 여러 정치적 사건들이 이 상의 건립을 현실화시키게 만들었다. 미국에서 Laboulaye는 만찬 자리에 참석한 사람들 중의 한 사람으로서 당시 프랑스의 조각가였던 Augutste Bartholdi에게 자신의 아이디어를 논의하였으며, 자유를 사랑하는 프랑스인들이 신생 독립 자유국가인 미국에 바친 국제적 우애의 선물이다.

"뉴욕은 세 얼굴을 갖고 있다." E.B. 화이트는 '여기 뉴욕이 있다(Here is New York)'에서 이렇게 노래했다. "뉴욕은 이곳 토박이들의 도시다. 뉴욕은 통근자들의 도시다. 낮에는 밀물처럼 들어왔다. 밤이면 썰물처럼 빠져나가는 통근자의 도시다. 뉴욕은 이민자들의 도시다. 꿈을 찾아 뉴욕에 온 그들, 이민자들의 도시다." 화이트는 꿈이 가득하고 더 나은 내일을 위해 땀 흘리며, 매일 새로 태어나는 이 세 번째 뉴욕을 가장 근사한 곳으로 여겼다. 그는 이민자들을 뉴욕의 에너지와 서정성, 원대한 성취와 끝없는 변화의 제공자라고 여겼다. "통근자들은 이 도시에 끊임없는 파도 같은 활동성을 제공한다. 토박이들은 안정감과 지속성을 제공한다. 그러나 열정은 이민자들의 몫"이라고 그는 썼다.

화이트가 노래한 뉴욕은 유럽계 이민자들이 인구의 91%를 차지하던 1949년의 모습이다. 그러나 이국적인 향신료와 열정을 싸들고 온 이민자들로 가득한 오늘날의 뉴욕은 그 어느 때보다 화이트가 노래한 도시와 가깝다. 인구 중 이민자 비율이 늘어나면서 뉴욕이 한층 더 성장한데다 더 사랑스러우며 멋진 도시로 거듭난 것은 우연이 아니다. 최신 인구 통계에 따르면 맨해튼, 브롱크스, 퀸스, 브루클린, 스테이튼 아일랜드의 5개 지역으로 구성된 뉴욕시 인구는 최초로 8백만 명을 돌파했다. 이런 수치는 주로 아시아, 중남미계 신규 이민자들의 유입에 기인한 바가 크다.

뉴욕이 이민자들의 덕을 본 것은 잘 알려진 사실이다. 1892년 엘리스 아일랜드가 새로운 이주자들의 관문으로 자리 잡은 후, 가난과 굶주림, 전쟁과 박해를 피해 모국을 떠난 수백만 명이 자유의 여신 품에서 안식처를 찾았다. 그들은 고층빌딩과 조선소, 식료품점과 의류 공장들을 세워 문자 그대로 뉴욕을 건설했다. 그들은 토속 음식과 종교, 관습과 의복을 가져 왔고 뉴욕은 이를 너그럽게 받아들였다. 그러나 이들 이민은 맨해튼의 중심으로 파고들며 위로 공간을 넓힐 생각만 했지 포화상태가 된 맨해튼을 벗어날 생각은 하지 않았다.

새로운 이민자들은 다르다. 그들은 맨해튼이 아니라 집세가 싸고 구직 기회가 풍부하며 재개발 시기가 된 황폐한 주거지역도 더 많은 먼 외곽 지역들, 즉 퀸스, 블루클린, 브롱크스로 주로 진출한다. 새 인구 통계에 따르면 맨해튼 인구가 1990~2000년 겨우 3% 증가한 반면, 퀸스, 브루클린, 브롱크스, 스테이튼 아일랜드의 인구는 훨씬 많이 증가했다. 인구가 가장 많이 증가한 퀸스 지역의 경우 27만8천명(14%)이 늘어났고, 브루클린은 16만5천명(7%), 브롱크스 12만9천명(11%), 전통적으로 가장 단일한 인종 구성을 보여온 스테이튼 아일랜드는 6만5천명(17%) 증가했다. 이민자 없이 그런 성장은 불가능했을 것이다.

오늘날 뉴욕의 외곽 지역들을 방문하는 것은 세계여행을 하는 것과 비슷하다. 퀸스에서는 힌두교도들이 코끼리 두상을 모신 회당에서 기도를 올린다. 브롱크스에서는 멕시코인들이 펠햄 공원에 나와 돼지고기 바비큐를 굽는다. 알바니아인들은 귀퉁이 식료품점에서 직장 정보를 나눈다. 브루클린에서는 자메이카인들이 프로스펙트 공원에 모여 요란하게 드럼을 연주한다. 나이 지긋한 러시아 남자들은 브라이튼 해변에서 체스를 즐긴다. 수치를 보면 특정 이민 집단의 비중이 얼마나 커졌는지 알 수 있다. 1990년 이래 멕시코계는 퀸스 지역에서 3백34%, 브루클린에서 2백18%, 브롱크스에서 1백80% 늘었다. 중국인들은 브루클린에서 84%, 퀸스에서 75%, 브롱크스에서 10%가 늘었으며, 인도인들은 퀸스에서 1백30%, 브루클린에서 1백8%, 브롱크스에서 75% 증가했다.

이 같은 이민자 수 증가는 한편으론 1990년 인구조사 이후 개선된 인구통계 산정법 덕분이다. 그러나 다른 한편으로는 전 세계가 더욱 긴밀하게 연결돼 있음을 반영하기도 한다. 퀸스의 JFK공항은 제2의 엘리스 아일랜드가 됐다. 전 세계에서 온 사람들을 환영하고 그들의 적응을 도울 곳까지 실어 나른다. 그런데 어느 정도 사회적 배경을 갖춘 사람들이 왜 미지의 땅으로 뛰어드는 걸까. 용기, 기회, 간절함 등이 한데 섞인 그 무엇 때문이다. 이것이 없었다면 뉴욕은 월트 휘트먼이 읊은 '당당하고 열정적이며 화기 있고 맹렬한, 격렬한 도시!' 라는 오늘날의 명성을 얻지 못했을 것이다.

좋은 면만 있는 것은 아니다 조사원들은 뉴욕의 인종이 아주 다양하지만 매우 배타적이라는 사실을 알아냈다. 비히스패닉계 백인과 흑인은 대개 서로 떨어져 살고, 아시아계와 히스패닉계도 자신들 구역에 따로 떼 지어 살고 있다. 백인들이 교외로 도망가다시피 하는 것은 뉴욕 어디에나 해당되는 문제다, 테레사 마호니는 '집 내놓음'이라고 쓰인 표지판 뒤 현관에 앉아 자신이 23년 동안 살았던 브루클린을 왜 떠나려 하는지 설명했다. "내가 알던 작은 카나시가 아니라 지금은 완전히 다른 아이티인들의 동네가 되었기 때문이다."

그러나 1970년대 푸에르토리코에서 퀸스로 온 로사 실바는 자신이 사는 리치먼드 힐이 카리브해 인도계 출신들로 뒤덮였음을 최근 알았지만 고립감을 느끼기보다 활기를 얻었다. 그녀는 "그들의 역동성은 대단하다. 그들은 아주 열심히 일하고 매우 진지하며 지역사회에 애착이 굉장하다"고 말했다. 뉴욕은 항상 이런 식으로 굴러왔다. 새 이민자들이 토착민이 돼 다음 이주민들에게 길을 내준다. 그리고 자신들의 삶을 변화시키는 과정에서 뉴욕을 변화시킨다.

〈로스앤젤레스〉

미국 제2의 도시. 1,191km²의 로스앤젤레스(Los Angeles)와 주변 94개의 크고 작은 도시가 모여 거대한 메트로폴리탄을 이루고 있는 로스앤젤레스 카운티는 인구 960만에 10,453km²의 면적으로 서울의 17배 크기이다. 코리아타운, 차이나타운, 리틀 도쿄, 올베라 스트리트 등 민족색이 강한 커뮤니티 지역과 비즈니스 중심가의 고층 빌딩들이 한데 모여 있는 다운타운과 20세기 영화의 메카 할리우드, 영화 촬영장과 유니버설 스튜디오 등이 몰려 있는 버뱅크 지역, 어린이들의 꿈의 동산 디즈니랜드와 넛츠베리팜이 있는 오렌지카운티 지역, 태평양 연안으로 끊임없이 이어지는 산타모니카 해변, 롱비치의 아름다운 바닷가들, 그리고 이 모두를 잇는 시원스럽게 뻗은 프리웨이와 더불어 1년 내내 온난하고 쾌적한 날씨는 로스앤젤레스를 찾는 사람들에게 꿈과 낭만과 희망을 줄 것이다.

〈다운타운 (Down Town)〉

L.A.는 사막지대이면서 지진지역이다. 그러나 지진대를 피한 지역에는 높은 건물들이 밀집해 있는 것을 볼 수 있다. 그 중에도 101번 고속도로와 110번 고속도로로 둘러싸인 일대를 L.A. 다운타운이라 부른다. 이 지역은 현대적인 고층빌딩과 호텔, 백화점, 항공회사, 은행들이 모인 경제의 중심지이며, 각종 행정기관들이 모두 모인 행정의 중심지이다. 주위엔 의류, 보석 등의 도매상이 즐비하여 많은 사람들이 몰려들고, 또 도서관, 뮤직센터, 현대 미술관, 차이나타운, 리틀도쿄 등이 있다. 이곳에서 가장 높은 건물은 73층의 First Interstate World Center이다.

〈한인타운 (Korean Town)〉

L.A. 다운타운 서쪽, 공항에서는 동북쪽에 위치한 코리아타운은 남쪽 올림픽 거리에서 북쪽 비버리 거리까지, 동쪽 버몬트 거리에서 서쪽 웨스턴까지 정방형의 지역을 한인타운이라 일컫는다. 수천 개의 회사와 상가에는 한국어 간판이 숲을 이루고 있으며, 매년 9월이면 '한국의 날' 행사가 퍼레이드와 함께 일주일간이나 계속된다. L.A. 한인타운은 50만 교포와 1,000여개의 교회, 20여 개의 절, 그리고 5개 지역의 다른 한인타운의 모체지역이다.

〈할리우드(Hollywood)〉

이미 앞에서 상세히 살펴보았지만, 1911년 최초의 영화제작사가 문을 연 이래 영화산업의 중심지가 된 곳으로 지금도 수많은 영화제작사, 뮤직비디오 제작사, 스튜디오 등이 자리 잡고 있다. 보통 할리우드하면 영화 촬영장소로 알고 있는 사람들이 많은데 영화촬영세트가 아직도 남아 있다. 현재도 영화 촬영이 이루어지고 있는 곳은 '유니버설 스튜디오'이다. 이렇듯 할리우드는 드라마, 영화, 음악, 무대와 관계된 회사들이 즐비한 곳이다. 할리우드 거리의 맨스차이니즈 극장 앞 길바닥에는 유명 연예인들의 사인과 손바닥 자국이 찍힌 금박 별들이 박혀 있어 전 세계적으로 유명한 관광지가 되었다.

〈비버리 힐즈 (Beverly Hills)〉

세계 최고의 부촌으로 유명하다. 마치 조용한 공원처럼 형성된 부자들의 마을로 자체 경찰을 두고 있어 낯선 자들의 접근이 어려울 정도로 치안유지가 철저한 곳이다. 언덕 위의 집에는 수영장, 테니스장 심지어는 헬기장까지 마련되어 있다. 특히 로데어 숄츠거리는 갑부나 연예인들의 쇼핑거리로 한번쯤 둘러볼 필요가 있다.

〈웨스트우드 (West Wood)〉

L.A. 동쪽으로 비버리 힐즈를 지나면 UCLA를 중심으로 대학가와 고급 카페, 옷가게, 선물센터 등이 밀집되어 있는 지역을 만나게 되는데 이곳이 바로 웨스트우드이다. 영화관과 라이브음악이 있는 식당이 많아 밤늦도록 젊은이들이 거리를 활보하며 즐거워하는 모습을 보면 서울의 명동이나 강남을 연상케 하는데 웨스트우드 빌리지의 상점가를 돌아보는 것도 재미있다.

〈디즈니랜드〉

이미 앞에서 상세하게 살펴보았지만 첨단과학과 인간의 상상력이 완벽하게 조화를 이루는 꿈의 낙원 디즈니랜드는 매년 1천만 명 이상의 관광객이 찾아든다. 남녀노소 누구나 재미있게 즐길 수 있는 디즈니랜드는 7개 구역, 즉 메인 스트리트(Main Street), 모험의 나라(Adventure Land), 뉴올리언스 광장(New Orlean's Square), 프런티어의 나라(Frontier Land), 환상의 나라(Fantasy Land), 미래의 나라(Tomorrow Land), 곰들의 왕국(Bear Country) 등으로 나누어져 있다.

〈실리콘 밸리〉

실리콘 밸리는 미국의 캘리포니아 주 샌프란시스코 만을 둘러싼 샌프란시스코 반도 초입에 위치하는 샌타클래라 일대의 첨단기술 연구단지이다.

이곳은 펠러엘토시에서 새너제이시에 걸쳐 길이 48km, 너비 16km의 띠 모양으로 전개되어 있으며 12~3월을 제외하고는 연중 비가 내리지 않아 전자산업에 가장 이상적인 습기 없는 천연의 환경을 갖추었고, 가까운 곳에 스탠퍼드 대학, 버클리 대학, 샌타클래라 대학과 같은 명문대학이 있어 우수한 인력확보가 쉬운 입지조건을 갖추었다. 캘리포니아 주정부의 전자회사 유치를 위한, 최고의 세제상 특혜로 인하여 세계의 유수한 반도체산업이 한 곳에 모인 첨단기술의 전진기지가 되었다. 연구단지의 명칭은 반도체 재료인 '실리콘'과 완만한 기복으로 펼쳐지는 산타클라라 '계곡(밸리)'에 기초한 조어(coined word, 造語)로서 1970년대 초부터 널리 쓰였다.

오늘날에는 반도체 생산뿐만 아니라 반도체가 만들어내는 온갖 종류의 마이크로일렉트로닉스 관련기업도 약 80개 회사가 참여하고 있으며, 첨단기술 분야에서의 기술혁신, 벤처비즈니스, 벤처캐피탈 등에 의해서 산업복합체 단지가 형성되어 있다. 이곳에서 급성장한 대표적인 기업으로는 페어차일드, 인테르 등의 반도체 관련기업이 있다. 한국의 기업으로는 1983년 현대전자를 비롯하여 삼성, LG 등의 전자회사가 진출하였으며, 한국인이 운영하는 군소 관련업체만도 20여개나 된다.

〈나이아가라폭포 [Niagara Falls]〉

5대호 중에서 이리호(湖)와 온타리오호로 통하는 나이아가라강에 있다. 폭포는 하중도(河中島)인 고트섬(미국령) 때문에 크게 두 줄기로 갈린다. 고트섬과 캐나다의 온타리오주와의 사이에 있는 폭포는 호스슈(말발굽) 폭포, 또는 캐나다 폭포라고도 하며 높이 48m, 너비 900m에 이르는 것으로, 중앙을 국경선이 통과하고 있다. 고트섬 북동쪽의 미국 폭포

는 높이 51m, 너비 320m에 이른다. 나이아가라 강물의 94%는 호스슈 폭포로 흘러내린다.

나이아가라 폭포는 나이아가라케스타에 걸려 있으며, 예로부터 인디언들에게는 잘 알려져 있었으나 백인에게 발견된 것은 1678년 프랑스의 선교사 헤네핑에 의해서였다. 신대륙의 대자연을 상징하는 대표적인 것으로 선전되어 전 세계에 알려지게 되었다. 한때 세계 제1의 폭포라고 하였으나, 그후 이구아수 폭포와 빅토리아 폭포가 세상에 알려져 현재는 북아메리카 제1의 폭포로 일컬어지고 있다.

폭포가 걸려 있는 케스타 벼랑은 상부가 굳은 석회암으로 이루어져 있고 하부는 비교적 연한 이판암(泥板岩)과 사암으로 구성되어 있다. 폭포의 물이 떨어질 때 벼랑 하부의 연층을 후벼내듯이 침식하기 때문에, 돌출한 듯 남아 있는 상부의 석회층도 허물어져 떨어지게 된다. 이 때문에 벼랑은 해마다 0.7~1.1m 정도 후퇴하고 있었는데, 이후 거대한 발전소를 건설하여 수량을 조절하자 벼랑의 붕괴가 약화되어, 결과적으로 폭포의 수명이 길어질 것으로 추측된다.

폭포의 주변은 경치가 아름다워 공원화되어 있으며, 교통과 관광시설이 정비되어 있어 세계 각국으로부터 관광객이 많이 찾아들고 있다. 양쪽에는 나이아가라폴스라고 하는 같은 이름의 2개 도시가 마주 대하고 있다. 이 폭포에 관한 자료는 나이아가라박물관에 보존·전시되어 있다.

※ **Niagara Syndrome (나이아가라 증후군)**

돌이켜야 할 때 돌이키지 못하고 → death → 인생의 길에서 유행을

따라 떠내려 갈 때

Life is like a sprinting river and most people jump-frog on the river without ever deciding where they want to end up. They set off on journey without even a little spadework. In a short period of time, they find themselves caught up in the current: current events, current fears and current challenges. When they come to forks in the river, they don't consciously decide where they want to go or which is the right direction for them? They merely 'go with the flow'. They become a part of the mass of the people who are directed by the environment instead of by their own values. As a result, they feel out of control. They remain in this unconscious state until one day the sounds of raging water awakens them and they discover that they are five feet from Niagara Falls in a boat with no oars. At this point, they say, "Oh Shit". But by then, it is too late. Would you like to read: WHY ANTHONY ROBBINS DIVORCED HIS FORMER WIFE BECKY?

The phenomenon of jumping on the liver of life without any anchors or destination or desired outcomes in mind is called Niagara Syndrome. The term was coined by Anthony Robbins and he extensively written on the syndrome in his book Awaken the Giant Within.

How to avoid or recover from Niagara Falls Syndrome? Very simple!
- Deciding upstream what to focus on.
- Developing proactive approach
- Erecting second and third line of defense (Plan B & Plan C)
- Fixing things before they fix you up.

부록

01 영문 편지 한 장의 효력 : 미국에서 겪은 일

　미국 아리조나 대학교에 교환교수로 부임한지 약 2개월 남짓 되던 때에 한국에서 섬기던 교회의 집사님 내외분이 Tucson(투싼)의 미국인 집을 방문하여 함께 Grand Canyon(그랜드 캐년)을 여행하게 되었다. 마침 부활절 휴가라 1박2일 예정으로 미국인은 I10(주와 주를 잇는 10번 고속도로)을 따라 끝없이 펼쳐진 방대하고 아름다운 미국의 대 평원과 사구아로(saguaro) 선인장이 빽빽이 늘어선 산의 풍경을 감상하면서, 자연을 만드신 하나님을 찬양하는 찬송을 부르며 즐거운 여행길을 달렸다. 나는 고속도로 제한 속도인 시속 75마일(약 120km)을 충실히 지키며 아리조나 북쪽 끝에 위치한 그랜드 캐년을 향하여 차를 몰았다.

　미국의 4대 도시인 Phoenix(피닉스)를 거쳐 붉은 바위(red rock)로 둘러싸인, 신비와 예술의 도시 Sedona(세도나)와 Mt. Snowbowl(눈그릇산)로 둘러싸인 바람의 도시 Flagstaff(플랙스탭)을 지나, 세계에서 가장 소나무 숲이 울창한 것으로 알려진 코코니노 국립 임야(Coconino National Forest)의 산길을 달리는 즐거움은 형용하기 어려울 정도였다. 코코니노 국립임야 도로는 제한 속도가 65마일이었으며, 지나가는 차량도 드물어 운전하기에 무척 안전하고 쾌적하였다. 차창 밖에서 스며드는 푸른빛 봄의 기운이 미국인의 즐거움을 한껏 더해 주었다.

　미국인 일행이 코코니노 국립임야를 지나 약 30분가량 차를 몰고 가는 중이었는데, 갑자기 경찰 차 한대가 내 차 뒤에 나타나서 경적을 울리며 따라오는 것이 백미러로 보였다. 그래도 나는 그 경찰차가 내차를 세 미국인이라고는 상상도 하지 못했다. 왜냐하면 나는 제한 속도를 잘 지켜왔다고 여겼기 때문이다. 그런데 놀랍게도 그 경찰차는 내 차를 멈추게 하는 게 아닌가. 영문을 모른 채 나는 그 경찰에게 무슨 일이냐고 물었더니, 내가 제한 속도를 초과하여 운전을 하였다는 것이다. 그곳의 제한 속도는 65마일에서 어느새 35마일로 대폭 감소되어 있다는 사실을 모르고 61마일로 운전을 했으니 무려 26마일이나 초과 된 것이다. 그래서 이른바 스티커(미국에서는 ticket이라 함)를 부여 받게 되었던 것이다. 아내가 가벼운 복통을 일으켜 화장실을 찾느라고 제한 속도를 미처 몰랐노라고 설명하였으나 그 경찰은 전혀 귀를 기울이지 않았고, 결국 미국 교통법에 규정된 대로 1마일에 약 10달러가량의 벌금을 계산하여 총 260달러의 벌금을 부과하는 일이 벌어졌다. 경찰은 스티커를 떼 주면서 하는 말이 벌금을 법원으로 지불하던지 아니면 재판 법정에 나와서 변론을 하든지 하라는 것이었다. 미국인 일행은 매우 억울한 마음이 들었으나 아무튼 법을 어겼으니 하는 수 없이 꿈의 여행지 그랜드 캐년을 향하여 계속 길을 진행하였다. 그랜드 캐년의 광경은 미국인의 상상을 초월할 정도로 장엄하고 숭고하기까지 하였다. 그 웅장함속에 감추어진 하나님의 창조의 신비는 조금 전에 겪었던 유쾌하지 못한 일조차 까맣게 잊고 오히려 감사 찬양을 하기에 충분하였다. 하늘의 무지개를 볼 때 가슴 뜀박질을 느꼈던 영국의 계관 시인 윌리엄 워즈워드의 감정이 이러하였을까.

　1박 2일의 그랜드 캐년 여행에서 돌아 온 후, 문제의 그 교통위반 스티커가 마음에 걸려 연구생활에 지장을 받을 정도였다. 법정에 가서 그 당시의 상황을 설명하려고 하니 무려 4시간가량 떨어진 곳이라 시간을 낼 수가 없었고, 그렇다고 그 거액을 지불하기엔 너무 억울한 마음이 들었다. 아내가 고민 끝에 담당판사에게 편지를 써 보낼 것을 제안하였다. 처음엔 그 말이 별로 달갑지 않게 생각되었다. 직접 가서 자세히 설명하여도 될까 말까 한 일인데 그 까짓 편지 한 장이 무슨 효력이 있을 까 하는 마음에서였다. 그러나 아내가 계속해서 권면 하므로 결국 굴복하고 담당판사에게 한 통의 영문 편지를 써서 그것을 우편으로 부쳤다.

편지를 보낸 지 약 1주일 정도 되었을 때 그 판사에게서 답장이 도착하였는데, 떨리는 손으로 그 편지를 열어 읽었더니, 놀랍게도 100달러만 지불하라는 통보였다. 한 장의 편지가 160달러를 절약하게 만든 것이다. 종이 한 장의 위력을 새삼 느끼며 교환교수 모임에서 이 이야기를 하였더니 거의 모두가 교통위반에 걸렸던 경험이 있는데 이렇게 편지를 보낼 생각을 하지 못하고 돈을 다 지불하였노라고 하면서 내가 쓴 편지를 하나의 견본으로 사용하자는 농담도 주고받은 적이 있다. 그러나 그 뒤 미국에 사는 동안 이 견본편지를 사용할 일이 다시는 내게 일어나지 않았다. 이 일을 계기로 내가 얻은 교훈은, 정직한 한 통의 글이 지닌 위력이 얼마나 강한가 하는 것이었다. 그 영문 편지의 원문과 번역을 소개하고자 한다.

Williams Justice Court
Traffic Division
117 W. RT. 66, #180
Williams, AZ 86046

Most honorable Judge Sutton;

My name is Jae Guk Cha, professor at Kosin University, South Korea and currently doing research as a visiting scholar at University of Arizona, Tucson for one year from February 2004 to January 2005. Recently I had a very embarrassing experience on my first trip here, which was a traffic violation of excessive speed (27 miles over speed limit according to what the policeman measured) near the Grand Canyon. I know it is the driver's fault to violate traffic regulations under any circumstances, so I as a Christian hate to see myself or even others violate traffic regulations. So the traffic violation I committed in America is a sort of dishonor to me. However, I would be very grateful if you are generous enough to take a good consideration of my situation at that time as follows:

1) I did not notice the speed limit reduced so abruptly from 65 down to 35 because my wife had a stomachache then, to which my attention was naturally drawn to find out a toilet. I did not feel that the place I was driving on needed such a big reduction of speed, ie, school zone or residential district or road work area or junction.

2) As a tourist visiting one of the world most famous parks for the first time, I could have been impressed very much if I had got a kind help from someone like policemen who are well-informed of that area, if that place is dangerous enough to have such a

abrupt speed reduction.

I wish you will accept my apology to give this explanation by letter rather than by appearing at your court because I am living in Tucson far from Williams, and more over I have to go to work every day.

God bless you and America.
Respectfully yours,
Jae Guk Cha

[한글번역문]

존경하는 서턴 판사님께;

저는 한국 고신대학교의 교수로, 2004년 2월부터 2005년 1월 까지 아리조나 투산에 위치한 아리조나 대학교에 교환교수로 연구 중인 차재국입니다. 최근에 저는 이곳에 온 이후 첫 여행길에 매우 당혹스러운 일을 겪은 적이 있습니다. 다름 아니라 그랜드 캐년 부근에서 교통 속도를 위반 한 것인데 경찰이 측정한 바에 따르면 무려 27마일을 초과하였다는 것입니다. 어떤 경우에도 교통법규를 위반하는 것은 운전자의 과실임을 인정하는 바 입니다. 그래서 저는 기독교인으로서 제 자신이 교통법규를 위반하기를 매우 꺼려함은 물론 다른 사람들이 위반하는 것을 보기조차 싫어하는 사람입니다. 그래서 제가 이 미국 땅에서 범한 이 교통법규 위반은 저에게는 일종의 불명예스러운 일입니다. 하지만, 판사님께서 다음과 같은 당시의 제 상황을 헤아려 주시면 매우 고맙겠습니다.

 1) 저는 속도제한이 65마일에서 35마일로 급속히 줄어든 것을 감지하지 못했습니다. 왜냐 하면 그 당시 제 아내가 갑자기 복통을 일으켜 화장실을 찾느라고 속도 판에 주의를 기울이지 못했기 때문입니다. 그리고 제가 운전하던 그 곳은 학교 지역이나 주택지역이나 도로 작업 지역이나 또는 교차로와 같이 속도를 급격히 낮추어야 하는 곳이라고 느끼지 못했습니다.

 2) 처음으로 세계적인 관광지인 그랜드 캐년을 방문하던 여행객으로서 저는 그 지역의 지리적 정보를 잘 아는 경찰관과 같은 분으로부터 (화

장실 찾는데) 도움을 받았더라면 매우 깊은 인상을 받았으리라 생각합니다. 더군다나 만약 그곳이 그렇게 속도를 급락시켜야 할 만큼 위험한 곳이었다면 말입니다.

   제가 투싼에 사는 관계로, 그리고 매일 학교에 근무하여야 하기 때문에 윌리암스까지 재판 법정에 가지 못하여 이렇게 편지로 호소하게 됨을 양해하여 주시기 바랍니다.

하나님께서 판사님과 미국을 축복하여 주시기를 기원합니다.
존경하는 마음으로
차재국

02

한국 관련 사항

1) 한국의 국회

(1) 현장에서 본 '무질서 국회'

물리적 충돌─몸싸움 줄어…욕설─멱살잡이는 여전

국회에 처음 와서 느낀 것은 물리적 충돌이나 몸싸움이 생각보다 많이 줄어들었다는 것이다. 그러나 국회가 모범을 보여야 할 부분은 아직도 많다. 그 중 하나가 토론문화 정착이다. 물리적인 것보다 더 중요한 게 기본 질서다.

국회에서는 아직도 상대방 욕설이나 멱살잡이가 종종 벌어진다. 또 국회 본회의장에서 소리지르는 행위, 상대방 발언을 위축시키는 행위, 인격적 모욕을 주는 행위도 고쳐야 할 부분이다. 발언자들도 인기를 의식, 근거 없이 말하는 경우가 많다.

더욱 가관인 것은 어떤 의원이 질의해놓고 당사자가 답변하려면 답변을 못하게 하는 경우다. 자기 주장만 계속 인정하라고 주장하는 행위도 심심치 않게 볼 수 있다. 발언시간 초과는 다반사다. 이런 것들이 국회가 싸우는 모습으로 비쳐지는 원인이 되고 있다.

이렇게 되는 첫째 이유는 언론을 의식한 의원들의 영웅심리 때문이다. 둘째, 보스에 대한 충성심 때문이다. 정당 1인 보스 체제로 인해 발생되는 문제이기도 하다. 셋째, 정당 간의 극한 대립 현상도 한몫 한다. 상대방을 논리적으로 설득하기보다 공격해서 무력화시켜야 하는 것이다.

해법으론 두 가지가 있다. 하나는 외국의 경우처럼 윤리위원회를 강화하는 것이다. 영국에는 예의규정이라는 게 있다. 의장은 이 규정을 지키지 않은 의원에 대해 회의장 퇴거 명령 권한까지 갖고 있다. 또 며칠간 등원을 못하게도 할 수 있다. 국회가 자율적으로 윤리위원회를 통해 원색적 비난, 자극적 발언도 제재할 때가 됐다. 위반할 경우 퇴장 명령도 내려야 하고, 언론에 이름을 공개하는 방법도 생각해봐야 한다.

둘째, 적극적인 방법으로 정당 민주화를 이룩하는 것이다. 1인 보스 체제에서 벗어나 자신의 생각을 논리정연하게 밝히고, 상대방을 설득하는 모습을 보일 수 있을 때 우리의 토론 문화가 한층 발전된 모습을 보일 것이다. 우리나라 토론 문화가 국회만이라도 제대로 되길 바란다.

[최우석 기자, 조선일보, 2001.05.15.]

2) 한류

(1) K-POP 인베이젼(invasion · 침공)

한류 돌풍 주역 이수만 ; "칭기즈칸도 프랑스는 못갔다… 한류는 간다, 정복할 것이다"

아시아권에 머물던 '한류(韓流)'가 전세계로 나가고 있다.

50년전 값싼 생필품 팔던 한국이… 이제 文化로 서구 선진국을 사로잡다

'케이 팝 인베이젼(K-Pop Invasion)' 앞에 유럽이 문을 활짝 열었다. 1960년대 영국의 비틀스(Beatles)가 팝의 본고장 미국을 공략, 세계 팝 역사의 흐름을 바꿔놓았던 '브리티시 인베이젼(British invasion)'이 50년 만에 한국 대중가수들에 의해 세계의 '문화수도'를 자부하는 프랑스 파

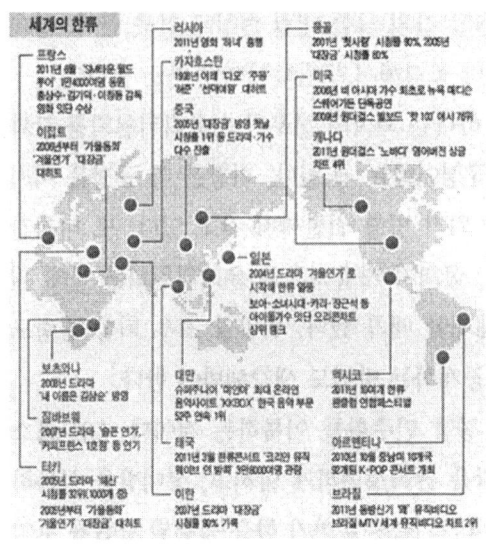

리 한복판에서 재현됐다.

코리아, 문화 선진국을 문화로 지배하다… 무엇이 이들을 울렸나. 한국 대중음악이다. 누가 이들을 환호하게 만들었나. 한국 아이돌 가수들이다. 이들은 어디에서 왔나. 한국도 아시아도 아닌 세계 문화의 본거지 유럽 각국에서다. 10·11일(현지시각) 프랑스 파리에서 열린 'SM타운 월드 투어'가 이틀 동안 1만 4000여명의 관객을 모으며 성공적으로 끝났다. '케이 팝 유럽 인베이전'의 개막이다. '슈퍼주니어'의 공연 장면이다. 파리 제니트 공연장을 가득 메운 프랑스 · 영국 · 독일 · 이탈리아 · 스웨덴 · 폴란드 등 유럽 각지의 한류(韓流) 팬들은 SM엔터테인먼트 아이돌그룹들이 펼친 'SM타운 월드투어' 공연에 눈물 흘리고 환호성을 지르며 열광했다. 이날 공연의 성공은 40여년 전 텅스텐, 오징어, 실을 수출하며 국제 사회에 허름한 명함을 내놓았던 대한민국이 경제적 부흥을 이룬 데 이어 문화적으로도 서구(西歐) 선진국과 어깨를 나란히 하게 됐음을 보여주는 상징적 사건이었다.

11일(현지시각) 'SM타운 월드 투어' 공연에서 한 여성 팬이 '다시 한 번 고마워'라고 적힌 종이를 들고 환호하고 있다. SM측이 1회만 예정했던 공연을 팬들 요청에 따라 한 차례 더 늘린 것에 대한 감사의 뜻을 표시한 듯하다. 한국은 1960~70년대만 해도 유럽인들 사이에서 아예 존재감이 없거나, 있어봤자 '남의 나라 상표로 옷과 라디오와 신발을 만들어 팔고

광부를 보내는 나라' 정도로 인식됐다. 그 뒤 반도체, 선박, 자동차 수출에서 세계 선두권을 다투는 산업국으로서 경제적 성과를 이뤄냈지만 여전히 문화적 측면에서는 '동아시아의 변방 국가'에 머물렀을 뿐이다.

그러나 이번 케이 팝 콘서트는 유럽인들의 그런 인식을 바꾸는 중대 전환점이 됐다. 프랑스 유력지 르몽드의 보도처럼 "일본과 중국 사이에 끼어 있고, 자동차·전자제품의 수출로만 알려졌던 나라가 이제 문화를 알리게 된 것"이다. 한국무역협회 장호근 실장은 "유럽은 고부가가치 제품을 선호하는 곳이라 늘 뚫기 어려운 시장이었다"며 "이번 SM 콘서트를 기점으로 한국이라는 나라 자체의 브랜드 가치가 급상승할 것"이라고 했다.

이미지를 클릭하시면 스냅샷으로 크게 볼 수 있습니다. 보다 긍정적인 사실은 케이 팝 한류의 성장과 확대 가능성에 아직도 끝이 보이지 않는다는 점이다. 한류의 세계 진출에 한국의 발 빠른 정보화의 힘이 작용하고 있다는 게 결정적인 이유다. SM엔터테인먼트 이수만 대표 프로듀서가 본지 인터뷰에서 밝힌 것처럼 케이 팝은 라디오·TV 등 전통적 매체보다 인터넷·유튜브·SNS 등을 통해 전 세계 젊은이들에게 전해지고 있고, 그런 수단에서 한국은 세계 초일류를 달리고 있다. 여기에 더해 한국 고유의 영재(英才) 엔터테이너 조기 발굴·교육 시스템, 각국 팬들의 입맛을 고려한 '맞춤형 글로벌 멜로디·리듬·댄스 개발'도 케이팝 한류의 경쟁력을 키우는 요소들이다. 서구(西歐)에 대한 '케이 팝 인베이전'은 이제 첫 장(章)을 열었을 뿐이다.

[최승현 기자, 조선일보, 2011.06.13.]

(2) K팝·드라마 이어 '한글 열풍'
한국어 교육기관 세종학당, 올해 30곳 더 지어 90개소로
K팝, 한류 드라마, 이제 세종대왕의 한글이다. 해외 한국어·문화 교

육의 첨병인 세종학당이 연내 90개소로 대폭 늘어난다. 출범 5년 만이다.

문화체육관광부와 한국어세계화재단(이사장 송향근)은 26일 올 상반기에 중국·독일·터키·페루 등 12개국 15개소에 세종학당을 새로 지정한다고 밝혔다. 최근 해외 한류 열풍에 이어 외국인들의 한국어 학습 열기도 부쩍 높아진 데 따른 것이다.

이로써 세종학당은 세계 34개국에 걸쳐 총 75개소로 늘어난다. 지역별로는 중국(17), 베트남(5), 필리핀(4) 등 아시아 51곳, 러시아(3), 영국·프랑스·독일(각 2) 등 유럽 12곳, 미국(4), 캐나다·아르헨티나·페루(각 1) 등 7곳, 아프리카 4곳, 호주 1곳 등이다. 올 하반기에 15개소가 추가될 예정이어서 연말까지 90개소가 된다.

2007년 출범한 세종학당은 프랑스의 알리앙스 프랑세즈나 독일의 괴테 인스티튜트, 중국의 공자학원과 같이 한국어 교육을 대표하는 기관이자 문화 브랜드로 시작됐다. 통상 재외문화원이나 현지 대학 등에 열고, 정부와 한국어세계화재단에서 운영비·교재·교원 교육 등을 지원한다. 현지의 한국어 학습 수요가 충분하고 교원·교육 공간 등이 확보된 경우에 한해 심사를 거쳐 지정한다.

세종학당은 출범 첫해인 2007년 10개소에 이어 2008년 15개소, 2009년 16개소, 2010년 22개소, 2011년 60개소로 가파른 상승 곡선을 그려 왔다.

신청 건수도 작년 상반기 10개국 14개소에서 하반기 18개국 43개소로 상승세다. 올 상반기에도 16개국 38개소가 신청했다.

한국어세계화재단은 2015년까지 세종학당을 모두 500개소까지 늘릴

계획이다. 이를 위해 올해 처음으로 해외 20개 지역에 한국어 전문 교원 20명을 시범 파견한다. 앞으로 국내 한국어 교원 자격증 소지자들의 취업 기회도 더 늘어날 것으로 보인다.

한편 한글을 표기문자로 도입한 인도네시아 소수민족 찌아찌아족을 위한 세종학당도 오는 30일 문을 연다.

[전병근 기자, 조선일보, 2012.01.27.]

(3) 요즘 세계 언어학 키워드는 '세종'

'인류 50대 언어 사상가'로 재조명 – 중세 이후 아시아에선 유일 "한글의 수학적 일관성과 디자인, 그전까지의 유럽 중심 체계 흔들어"

언어학 석학들 극찬 – "세종의 업적과 사상 매혹적… 언어 발달史에서 대단히 중요"

세종·한글 관련 서적도 줄이어 – 日학자의 '한글 : 문자라는 기적' 아시아태평양 저술 대상 받아… 美서적도 "세계 최고의 문자체계"

세계 언어학계가 '언어사상가 세종대왕'을 주목하기 시작했다. 드라마·K팝에서 시작된 한류 열풍의 동심원이 커지면서, 한국 문화 독창성의 근간인 한글에 대한 관심도 높아지고 있다.

"(세종대왕은) 지적(知的)으로 재능 있는 실천적인 왕이었다. 문화, 과학, 기술적인 발전을 장려했다. 최고 업적은 한국의 알파벳 창제였다. 한글(Hangeul)은 세계 표기 체계 중에서도 경이(marvel)다. 공인된 우아함과 수학적인 일관성을 가진 표기법, 절묘한 언어 디자인(…) 그전까지 언어학계가 고수했던 표기 체계의 유럽 중심적 전제까지 전복했다. 그럼으로써 언어 연구에 공헌했다."

학문별로 '50대 주요 사상가' 시리즈를 출간해

운보 김기창 화백이 그린 '세종대왕'

온 세계적인 인문사회과학 전문 출판사인 영국 루트리지(Routledge)는 작년 7월 '언어와 언어학의 50대 주요 사상가(Fifty Key Thinkers on Language and Linguistics)' 편을 내면서 '세종대왕'을 목록에 올렸다. 책에는 플라톤과 아리스토텔레스부터 비트겐슈타인, 소쉬르, 촘스키까지 고대부터 현대까지 내로라하는 언어 사상가들이 등재됐다. 시기별로는 기원전 인물 4명을 필두로 중세 4명, 14~15세기 2명, 17~18세기 7명, 19세기 14명, 20세기 21명이다. 대부분이 서구인이다. 비서구권 인물로는 BC 4~5세기 고대 인도의 산스크리트 문법가인 파니니와 8세기 아랍어 문법책을 쓴 페르시아의 시바와이히, 그리고 세종대왕 단 세 명이다.

집필은 북미 언어학사학회장을 지낸 마거릿 토머스 보스턴칼리지 교수가 맡았다. 토머스 교수는 "(같은 중국 한자권에 있던) 일본이 한자를 응용해 48자로 된 독자 음절문자 체계를 개발했음에도 여전히 자국에 맞지 않는 중국 모델에 묶여 있었던 반면, 세종은 다른 길을 택했다"면서 "한글은 중국어·일본어의 표기 전통보다 언어심리학적 현실을 훨씬 더 풍부하게 나타낸다"고 평가했다.

이 책은 지난달 25일 세계 언어학계 온라인 커뮤니티인 '링귀스트 리스트(Linguist List)'에 서평이 소개되면서 학자들 사이에 또 한 번 화제가 됐다. 이 사이트는 전 세계 언어학자들이 학문 정보를 얻고 교환하는 지식 마당이다. 서평을 올린 콜로라도메사대학의 줄리 브러치 교수는 "세종의 사상과 업적은 그 자체로 매혹적일 뿐 아니라, 세계 언어 사상 발달사(史)에서도 대단히 중요하다"고 썼다.

이정민 서울대 언어학과 명예교수는 "한글은 지금껏 일부 연구자 사이에서 높이 평가받아 왔다"면서 "이번에는 창제자인 세종대왕을 언어학사에서 중요한 인물로 다뤘다는 점에서 특별한 의미가 있다"고 했다. 그동안 서구 학자들은 세계 주요 문자를 알파벳 대(對) 비알파벳으로 양분해 자기네 알파벳이 비알파벳(상형/표의문자)보다 낫다는 생각만 해왔는데, 한글은 단순한 자·모음 결합에 그치지 않고 더 세분된 음운 특질까지 반영한 차원 높은 알파벳이라는 데 주목하게 됐다는 것.

　해외 학자들의 연구도 깊어지고 있다. 작년 3월 케임브리지대 출판부는 '한국어의 역사(History of Korean Language: 이기문, 램시 공저)'를 내고 한글을 언어학 차원에서 새롭게 조명했다. 일본 언어학자도 가세했다. 노마 히데키는 최근 출간한 '한글의 탄생: 문자라는 기적'에서 한글이 '앎의 혁명을 낳은 문자'라 극찬했다. 그는 "'훈민정음'이 민족주의적인 맥락에서 칭송받는 일은 적지 않으나, 그보다 훨씬 더 보편적인 맥락 안에서 '지(知)' 성립의 근원을 비추고 있다"고 썼다. 이 책은 2010년 마이니치신문-아시아조사회가 주는 저술상인 아시아태평양상 대상을 받았다. 세계적인 진화생물학자이면서 언어학에도 일가견이 있는 저술가 제레드 다이아몬드 UCLA 교수 역시 저서 '총, 균, 쇠(Guns, Germs and Steel)' 한국어판 서문에서 한글이 "세계 언어학자들로부터 세계에서 가장 뛰어나게 고안된 문자 체계라는 칭송을 받고 있다"고 썼다.

[전병근 기자, 조선일보, 2012.01.31.]

3) KAIST 관련기사

(1) MIT와 한국 공과대학

　클린턴정부 때 CIA 국장 존 도이치가 이런 말을 했다. "장관 중에 2차방정식을 풀 줄 아는 사람이 2명쯤 된다. 차관까지 합치면 4명쯤 될 것이다. 그중 3명은 MIT 출신이다." 미국 MIT(매사추세츠 공대)에 입학하면 경영학이나 미학 전공자라도 무조건 미적분 1년, 물리학 1년, 화학 1학기, 생물 1학기를 공부해야 한다. MIT는 모든 졸업생이 복잡한 운동방정식을 풀 수 있는 세계 단 하나의 대학이라고들 말한다.

▶ 보스턴 찰스강변을 따라 늘어선 MIT 캠퍼스는 이웃 하버드대와 모든 면에서 대조된다. 붉은 벽돌 강의실을 담쟁이덩굴이 덮고 있는 하버드 캠퍼스와 달리 단조로운 회색 콘크리트 빌딩만 열지어 있다. 건물 벽에도 무미건조한 일련번호만 쓰여 있다. 화학자이자 자연철학자 윌리엄 로저스는 1861년 고전에만 빠져 있는 하버드가 못마땅해 실용을 최고 가치로 치는 MIT를 세웠다. 실험교육 위주의 독일 대학이 그가 추구한 모델이었다.

▶ MIT는 레이더, 컬러영화시스템, 컴퓨터언어, 암호해독법, 양자이론, 로봇공학까지 숱한 성과를 내며 세계 이공학계를 이끌어 왔다. 그동안 졸업생과 교수 76명이 노벨상을 받았다. 물리학 26명, 화학 12명, 의학·생리학 8명 등이다. 지금 세계에선 MIT출신이 세운 4000개 회사에서 110만명이 일하고 있다.

▶ 영국 대학평가기관 QS가 어제 발표한 올해 세계 대학 공학분야 평가에서 MIT가 컴퓨터·토목·전자·기계·화학공학 5개 부문 모두 1위를 휩쓸었다. 이 MIT를 끌고 가는 주인공이 1000명 안팎 교수들이다. 교수들은 강의실에서 학생이 30%만 소화할 수 있게 가르친다는 기준을 갖고 있다. 강의는 속사포 같고 과제는 산더미로 내 준다. 논문, 리포트, 팀 프로젝트, 쪽지시험, 중간·기말고사로 숨막히게 몰아붙인다.

▶ MIT 학생들은 "소화전에서 뿜어내는 물을 마시는 것 같다"고 말한다. 학생이 한계라고 여기는 선까지 단숨에 끌고 올라가 그 선마저 부숴버림으로써 잠재력의 극한을 끌어내는 것이 MIT 교육철학이다. 교수의 철저한 준비와 노력 없이는 불가능한 일이다. QS 평가에서 서울공대·카이스트·포스텍은 일부 분야에서 간신히 50위에 턱걸이했다. "사법시험 준비하는 얼빠진 공대생들을 교수들이 4년 학점 관리나 해 내보내는 게 우리 현실"이라고 한 이면우 전 서울공대 교수 말이 새삼스럽다.

[김형기 논설위원, 조선일보, 2011.04.05.]

(2) KAIST, 멀리 내다보며 오늘의 문제 풀어야

카이스트(KAIST)에서 교수가 스스로 목숨을 끊었다. 올 들어 학생 4명이 자살한 데 이은 충격적 사건이다. 자살한 교수는 2009년 생체재료 학계에서 최고수준 과학자가 받는 상을 받았고 작년엔 카이스트 '최우수 교수'에 선정된 학자였다. 이 교수는 교육과학기술부 감사에서 2200만 원가량의 연구비를 용도가 불분명하게 쓴 사실이 드러나 징계와 검찰고발 방침을 통보받고 고민해왔다고 한다. 연구밖에 몰랐던 사람이 이런 일에 부딪혀 고민이 컸으리라는 점은 짐작이 가지만, 이렇게 극단적인 선택밖에 없었나 하는 안타까움이 크다.

카이스트가 1971년 개교(開校) 이래 최대의 위기를 맞고 있다. 상당수 학생과 일부 교수들은 차등수업료제, 영어강의 등을 도입해 학생들의 공부부담을 높인 총장의 '개혁조치'에서 그 원인을 찾으려 하는 분위기다. 학교측은 이 상황 앞에서 차등수업료제의 기준과 학생 부담을 대폭 낮추기로 했다. 차등수업료제는 학점이 3.0 미만인 학생에게 0.01점 떨어질 때마다 수업료 6만원씩을 부담하게 하는 것을 말한다. 일부 학생들은 한 발 더 나가 영어강의제의 폐지 또는 축소 요구를 내놓고 있다. 어떤 교수는 자기 수업을 모두 우리말로 진행하겠다고 선언하고 나서 학생들을 더 동요시키고 있다.

카이스트는 고급 과학기술 인재를 키우기 위해 국민 세금으로 연(年) 1000억~2000억원을 지원하는 세계에 유례가 드문 대학이다. 이런 카이스트가 위기를 넘어서는 길은 카이스트를 가장 잘 아는 카이스트인(人)들 스스로 카이스트만의 교육방식을 정립(定立)하는 과정을 통해 찾아내도록 해야 한다. 카이스트의 총장·교수·학생들이 카이스트 강점(强點)을 살려 세계 최고수준의 대학으로 키워나가면서 오늘과 같은 불행한 사태를 예방할 교육방식을 모색하기 위해 서로 가슴을 열고 함께 고민하며 머리를 모아야 한다. 정부와 정치권, 사회단체들이 끼어들어 이러쿵저러쿵하는 것은 카이스트가 지닌 자생적(自生的) 문제 해결 능력을 훼손하고 '개혁을 개혁하겠다'는 명분으로 한국의 대표적 대학 하나를 망가뜨릴 위험이 더 크다.

한국 대학을 개혁하지 않으면 안 된다는 것은 시대의 명제(命題)다. 그러나 개혁의 나무는 그것을 심을 토양(土壤)도 고려하면서 조심스럽게 옮겨 심어야 한다. 목표를 크게 두고 멀리 내다보면서도 그 과정에서 발밑을 살펴 넘어지는 일이 없도록 하라는 것이다.

[조선일보 사설, 2011.04.12.]

(3) '불완전한 天國' 하버드 그리고 카이스트
남의 것 얻어 쓰고 베껴 쓰고 훔쳐 쓰는 나라 운명 벗을 때…

'개혁'의 한국적 정의(定義)는 '머리는 크나 갈수록 작아져 꼬리가 없는 동물'이다. 대학 개혁은 더 미끌미끌하기까지 하다. 개혁의 뜻이 컸던 총장도, 다른 영역에서 볼만한 성과를 거뒀다고 모셔온 총장도 이 미끄러운 동물을 움켜쥐지 못했다. 뜻을 굽히지 않으면 중도하차(中途下車)해야 했고 뜻을 꺾으면 빈손으로 교문을 걸어나가야 했다. 유대인의 경전 탈무드는 '만장일치(滿場一致)는 무효'라고 말하고 있다. 만장일치의 뒷면에선 뭔가 꺼림칙한 속임수가 작용하고 있다는 뜻이다. 그러나 만장일치 개혁만이 목숨을 부지할 수 있는 게 이 나라 풍토다. '의료보험료는 낮추고 의료의 질은 높이고' '복지 예산을 늘리고 세금은 줄이고' 식(式)의 얼토당토않은 말이 개혁 완장을 차고 거들먹거리는 것도 이 때문이다. '교수도 반색하고 학생도 박수치는 개혁'이란 대학 총장 선거 공약(公約)도 이 연장선상에 있다. 더구나 대부분 한국 대학은 총장을 교수 투표로 뽑는다. 그러니 총장 선거의 개혁 공약은 유권자를 개혁하겠다는 정치인의 공약처럼 빈말이 될 수밖에 없다. 총장의 전임자 로버트 러플린 총장은 노벨 화학상을 받은 스탠퍼드 대학 교수였다. 그는 '세계적 대학'이란 취임 때의 포부에 다가서 보지도 못한 채 2년 만에 자리에서 내려왔다. 그것이 한국 대학의 현실이다.

아무리 좋은 저울로도 목숨의 무게를 달 순 없다. 목숨을 끊은 네 카이스트 학생과 세계 정상급 학자였다는 한 교수의 안타까운 죽음을 올려놓을 만큼 큰 저울은 이 세상에 없다. 우리는 이 사건을 통해 '최고'와 '최우수'라는 단어가 운명적으로 딛고 선 천 길 낭떠러지를 절절하게 느꼈다. 하버드 대학 출신의 한 미국 작가는 자신의 모교에서 벌어졌던 비극을 다룬 책의 제목을 '불완전한 천국(Halfway Heaven)'이라고 붙였다. 1996년 하버드 기숙사에선 4명의 학생이 스스로 목숨을 끊고 캠퍼스 전체론 20건의 자살미수 사건이 잇따랐다. 그 끔찍한 해의 최악은 에티오피아에서 건너온 가난한 여학생이 기숙사 같은 방의 베트남 여학생을 칼로 마흔다섯번이나 찔러 죽이고 목을 매 자살한 사건이다. 작가는 그 피범벅을 뒤쫓아가며 세계 최고 대학 학생이 겪는 불안과 고독과 좌절과 구원(救援) 없는 마음의 고통을 그려냈다. 책 속의 하버드는 천국이 아니라 천국으로 가는 길에 반드시 거치지 않으면 안 된다는 연옥(煉獄)으로 다가온다.

카이스트는 한국 대학의 꽃이다. 그 최고의 틀 안에서 교수와 학생들이 겪어야 하는 아픔과 괴로움과 외로움은 짐작이 간다. 그러나 그와 함께 카이스트가 한국 대학 가운데 개혁의 기대를 걸 수 있는 몇 안 되는 대학이란 것도 진실이다. '한 곳에 미치지 않고선 남다른 경지(境地)에 이를 수 없다(不狂不及)'고 했다. 매사에 유·불리만 따져 주판알을 튀기는 나라엔 전인미답(前人未踏)의 경지를 개척한 사람이 나올 수 없고 그런 나라는 백 년이 가도 남의 것을 빌려 쓰고 얻어 쓰고 베껴 쓰고 훔쳐 쓰는 운명을 벗어날 수 없다.

우리가 그 운명을 벗어던질 수 있느냐는 대학 개혁의 앞날에 달렸다. 카이스트 교수와 학생들이 지고 있는 마음의 멍에를 덜어줄 방안을 함께 고민하면서 세계 최고 대학의 가능성을 카이스트에서 읽고 어리석게만 보이는 도전에 몸을 던진 총장 어깨에도 힘을 실어줘야 할 이유가 여기 있다.

[강천석 주필, 조선일보, 2011.04.15.]

(4) 누가 우리의 50년을 먹여 살릴 것인가

날벼락 같은 명령이었다. "카빈M2, M1자동소총, 경기관총, 60밀리 박격포, 대인지뢰, 3.5인치 로켓포를 개발해 12월 31일까지 시제품(試製品)을 내시오!" 1971년 11월 9일자 공문이니 남은 시간이 고작 50일이다. 그야말로 '번갯불에 콩 굽듯' 무기를 만들어야 했다. 당시 우리 공업은 가내 수공업 수준이었다. 방산(防産) 분야는 더 한심했다. 총열을 가공할 수 있는 브로칭(Broaching)머신이 국내에 딱 한 대뿐이던 시절이다. 그렇다고 국방과학연구소(ADD)가 나자빠질 수도 없었다. 다름 아닌 박정희 대통령의 지시였던 것이다.

전 연구원이 밤샘하며 '번개사업'을 성공으로 이끌던 그해 12월 ADD에 다시 대통령의 친필메모가 전달됐다. "사거리 200km의 지대지 유도탄을 개발하라!" 번개사업보다 더 뚱딴지같은 과제였지만 이 땅의 우직한 과학자들은 그 불가능한 임무를 완수해내고야 만다. 1974년 12월, 1단 무유도(無誘導)로켓 '홍릉1호'가 창공을 갈랐다. 1978년 9월 26일엔 '백곰'이 충남 서산군 안흥 앞바다 목표에 명중했다. '백곰' 뿐 아니라 대전차로켓 6발, 다연장로켓 구룡 56발, 중거리 무유도로켓 황룡 4발도 이날 바다에 포말을 일으켰다.

주목할 것은 세계 7번째 유도탄 자체개발국이 된 한국 최초의 1단 무유도로켓의 이름이 왜 '홍릉(洪陵)'이냐는 것이다. 사연의 무대는 1965년 5월의 청와대 접견실이다. 그해 5월 18일 방미(訪美)를 앞둔 박 대통령은 과학자들을 불러 환담하며 이렇게 자랑했다.

"작년에 스웨터를 2000만달러어치나 수출했으니 얼마나 대견합니까?" 그 말에 최형섭 박사가 슬쩍 핀잔놓았다. "참 기특하지만 언제까지 그런 것만 만들어 수출하겠습니까. 일본은 이미 전자제품을 10억달러나 수출하는데요. 그것이 바로 기술개발의 힘입니다!"

1966년 탄생한 한국과학기술연구원(KIST)의 산실은 바로 그 자리였다. 그게 한국과 다른 후진국들의 운명을 갈랐다. KIST의 제안으로 경부고속도로 428km가 건설됐다. KIST의 청사진에 힘입어 삼성은 1969년 전자산업에 눈을 돌렸고 오늘날 세계 1등기업이 됐다.

박 대통령이 강기천 해병대사령관에게 이런 전화를 건 뒤에도 KIST가 있었다. "강 장군, 연병장 내놓을 수 있겠어요?" 그 자리에 지금 포항제철이 서 있다. 박 대통령이 정주영에게 "임자, 배 좀 만들어야겠어"라고 권유한 이면에도 KIST가 있었다. 그때 우리는 조선(造船) 최강국을 예약한 셈이다.

KIST는 과학기술처 발족(1967년), KAIST(1971년), 대덕단지(1973년) 설립의 견인차였으며 ADD · 선박연구소 · 전자통신연구소 · 생명공학연구소에 인재를 내보내는 모태(母胎)가 됐다. ADD가 1호 무유도로켓을 '홍릉'이라 부른 건 KIST에 바치는 헌사(獻辭)였던 것이다.

10일 그 KIST가 창립 46주년을 맞는다. 생일을 앞두고 만난 오건택 경영지원본부장의 얼굴엔 수심이 가득했다. "정권에 따라 거버넌스(governance)를 흔드니…요즘 '온고지신(溫故知新)'을 외우고 삽니다." 못난이들의 특기가 업적 망치기라는 말이 생각났다. 그렇다고 위로의 말을 건넬 수도 없었다. 대권후보들이 하나같이 향후 50년을 먹여 살릴 '과학대통령' 감과는 거리가 먼, 예능 · 선동경쟁에만 몰두하고 있지 않은가. 그와 헤어지던 시각, 밤하늘이 온통 눈(雪)폭풍이다. 하늘도 우리의 딱한 처지를 아는 모양이다.

[문갑식 선임기자, 조선일보, 2012.02.03.]

참 고 문 헌

〈영국편〉

강혜경. (2011). 『영국문화의 이해』. 경문사.
김인성. (2002). 『그대가 꿈꾸는 영국 우리가 사는 영국』. 평민사.
김재풍. (2006). 『영국생활과 문화』. 조선대학교출판부.
나종일, 송규범. (2005). 『영국의 역사』. 서울: 한울 아카데미.
레이첼 빈. (2008). 『영국』. 서울: 웅진씽크하우스.
박권상. (1979). 『영국을 생각한다』. 서울: 동아일보사.
박권상. (1981). 『續영국을 생각한다』. 서울: 동아일보사.
박우룡. (2002). 『영국: 지역 사회 문화의 이해』. 소나무.
박우룡. (2008). 『영국인의 문화와 정체성』. 소나무.
박의재, 황인태, 신두호. (2011). 『미국과 영국의 사회와 문화』. HS MEDIA.
박지향. (2004). 『영미문화 키워드』. 부산: 동아대출판부.
박지향. (2006). 『문화로 읽는 영국인의 자화상 영국적인 너무나 영국적인』. 기파랑.
박지향. (2007). 『영국사』. 서울: 까치.
박지향. (2008). 『영미지역과 문화』. 부산: 동아대출판부.
브로노우스크 & 마즈리시. 차하순 역. (1988). 『서양의 지적 전통』. 서울: 학연사.
신성철, 박의재, 신두호. (1997). 『미국문화와 영국문화』. 문경출판사.
신용석 옮김, 앙드레 모로아. (1981). 『영국사』. 서울: 홍성사.
심재윤. (2005). 『앵글로색슨 잉글랜드 사회』. 서울: 선인.
에드워드 파머 톰슨. (2000). 『영국 노동계급의 형성』. 서울: 창비.
이가타 게이코. (2003). 『영국 사람들의 지혜』. 서울: 지식여행.
이상옥. (1992). 『英聯邦의 社會와 文化』. 한국방송통신대학 출판부.
정동빈. (2008). 『영미문화 이해』. 동인.
정병조 역, A. 모로와. (1974). 『영국사』. 서울: 삼성문화문고.
정한국. (2011). 『현대차 英 피카딜리(런던 최대 번화가 광장) 광고』. 조선비즈.
        2011.06.06
조일제. (2005/2010). 『영국문화의 이해와 탐방』. 서울: 우용출판사.
최영승. (2002). 『영미문화와 지역이해』. 부산: 동아대출판부.

최영승. (2004). 「영미문화 키워드」. 동아대학교출판부.
최영승. (2008). 「영미지역과 문화」. 동아대학교출판부.
최영승. (2009). 「영국사회와 문화」. 부산: 동아대출판부.
최은경. (2001). 「영국적 특성과 영국, 영어이야기」. 서울: 한국문화사.
최희섭, 한일동. (2007). 「영국문화 바로 알기: 역사와 사회의 흐름으로 배워보는 영국 문화 이야기」. 동인.
폭스 (권석하 역). (2010). 「영국인 발견: 문화인류학자 케이트 폭스의 영국 영국문화 읽기」. 학고재.
홍기영. (2003). 「Understanding English And American Cultures 2」. 한남대학교 출판부.
히라이 다카코, 이소다 가즈이치. (2004). 「영국」. 서울: 홍익출판사.
Abrahams, M.H. et al. (1996). *The Norton Anthology of English Literature*(6th edition). NY: W. W. Nortom & Company.
Addison, P. & Jones, H. (2005). *A Companion to Contemporary Britain*. Malden, MASS: Blackwell.
Addison, P. & Jones, H. (eds.). (2005). *A Companion to Contemporary Britain*. Oxford: Blackwell.
Adonis, A, & Pollard, S. A. (1998). *Class Act. The Myth of Britain's Classless Society*. London: Penguin.
Adonis. A & Pollard, S. (1998). *A Class Act: the Myth of Britain's Classless Society*. London: Penguin.
Arnold, M. (1960). *Culture and Anarchy*. Cambridge: Cambridge University Press.
Baugh, A. C. (1967). *A Literary History of England*. London: Routledge & Kegan Paul.
Baugh, A. C. (1991). *A History of the English Language*. London: Routledge & Kegan Paul.
Billington, M. (2007). *State of the Nation. British Theatre since 1945*. London: Faber and Faber.
British Museum: *Guide & Map*. London: British Museum Publications Ltd.
Bronowski, J. & Bruce, M. (1963). *The Western Intellectual Tradition*. Penguin Books,

Brook, P. (1990). *The Empty Space,* London: Penguin.

Calder, A. (1991). *The Myth of the Blitz.* London: Pimlico (Intro. & Conc.).

California Press.

Calvocoressi, P. (1979). *The British Experience 1945-75.* London: Penguin.

Carnevali, F & Strange, J-M (ed.). (2007). *20th Century Britain, Economic, Social and Cultural Change.* Harlow: Longman.

Catterall, P. & Obelkevich, J. (2007). *Understanding Post-War British Society.* London: Routledge.

Chipperfield, J. (ed.) (2000). *Oxford: Visitor's Guide.* the British Publishing Company for Oxford City Council.

Christopher, D. P. (2006). *British Culture: An Introduction.* London: Routledge.

Clark, A. (1995). The Struggle for the Breeches: Gender and the Making of the British Working Class In *Studies on the History of Society.* Berkeley and Los Angeles: University of California Press

Colley, L. (1992). *Britons. Forging the Nation 1707-1837.* New Haven: Yale

Commission for Racial Equality. (1996). *Roots of the Future: Ethnic Diversity in the Making of Britain.* London: CRE.

Coxall, B. et al, (2003). *Contemporary British Politics.* Basingstoke: Macmillan.

Crowther, J. & Kavanagh, K. (2005). *Oxford Guide to British and American Culture: For Learners of English.* Oxford ELT. Oxford: Oxford University Press.

Curran, J. & Seaton, J. (1991). *Power Without Responsibility. The Press and Broadcasting in Britain.* London: Routledge.

Daly, N. (2000). Modernism, Romance and the Fin de Siècle: Popular Fiction and British Culture. Cambridge: Cambridge University Press.

Davies, A. & Sinfield, A. (2000). *British Culture of the Post-War: An Introduction to Literature and Society 1945-1999.* London: Routledge.

Delk, Chery, L. (2008). *Discovering American Culture.* University of Michigan Press.

Eliot, T. (1962). *Notes towards the Definition of Culture*. London: Faber and Faber,
Escott, J. (2001). *England*. Oxford: Oxford University Press.
Evans, I. (1970). *A Short History of English Literature*. London: Penguin Books.
Flinders, S. (2002). *Scotland*. Oxford: Oxford University Press, 2002. *Focus on Britain*. the Foreign & Commonwealth Office.
Foster, L. & Harper, S. (2010). *British Culture and Society in the 1970s: The Lost Decade*. Cambridge Scholars Publishing.
Garwood, C. & Peris, E. (1995). *Aspects of Britain and the USA*. Oxford: Oxford University Press.
Higgins, M. et al. (2010). *The Cambridge Companion to Modern British Culture*.Cambridge: Cambridge University Press
Hopkins, A. & Potter, J. (1997). *Oxford*. Oxford: Oxford University Press.
Kay, F. G. (1988). *Welcome to London*. London: William Collins Sons and Company Limited.
Kumar, K. (2003). *The Making of English National Identity*. Cambridge: Cambridge University Press
Kustow, M. (2001). *Theatre@risk*,London: Methuen *Shakespeare's Globe Theatre Guidebook*. Spinney Publications.
Legouis, E. (1965). *A Short History of English Literature*. Trans. V.F. Boyson and J.
Coulson. Oxford: Clarendon Press.
Lowe, R. (1997). *Schooling and Social Change* 1964-1990. London: Routledge.
Mackenzie, M. Munro, D. & Westwood, L.J. (1965). *Background to Britain*. Tokyo: Eichosha Co., Ltd.
Maguire, J. (2003). *Food and Drink in Britain*. Oxford: Oxford University Press.
Marshall, P.J. (ed.) (1996). *Cambridge Illustrated History of the British Empire*. Cambridge: Cambridge University Press.
Marwick, A. (2003). British Society Since 1945: *The Penguin Social History of Britain*. Penguin.

McDowall, D. (1999). *Britain in Close-Up: An In-depth Study of Contemporary Britain*. Harlow: Longman

McDowall, D. (2001). Britain in Close-up: *An In-depth Study of Contemporary Britain*. Harlow: Pearson Education Limited.

McNair, B. (1999). *News and journalism in the UK.* London: Routledge

Merriam Webster Publisher. (1995). *Merriam - Webster s Encyclopedia of Literature*. MASS: Merriam Webster Incorporated Publishers.

Miles, D. & Pooley, R. C. (1948). *A History of English Literature*. Chicago: Scott, Foreman and Company.

Milner, A. (1994). *Contemporary Culture Theory: An Introduction*. London: UCL.

Milward, P. (1982). *English Places and People*. Tokyo: Shohakusha.

Milward, P. (1980). *English Poets and Places*. Tokyo: Kinseido.

Milward, P. (1983). *Glimpses of England*. Tokyo: Azuma Shobo.

Moody, H. & Lovett, R. (1964). *A History of English. Literature*. N.Y.: Charles Scribner's Sons.

O'Driscoll, J. (1995). *Britain*. Oxford: Oxford University Press.

O'Driscoll, J. (2009). *Britain for Learners of English*. Oxford: Oxford University Press.

Oakland, J. (1998). *British Civilization*, London: Routledge.

Owusu, K. (1999). *Black British Culture and Society*: A Text Reader. Comedia.

Panayi, P. (2007). 'Immigration, Multiculturalism and racism' in Carnevali, F & Strange, J-M (eds.) *20th Century Britain, Economic, Social and Cultural Change*. Harlow: Longman.

Reynolds, D. (2000). *Britannia Overruled: British Policy and World Powers in the 20th Century*. Harlow: Longman

Richards, J. (1997). *Films and British National Identity: From Dickens to Dad's Army*. Manchester: Manchester University Press.

Sanderson, M. (1994). "Education and Social Mobility" in Johnson, P. (ed.) 1994, *20th Century Britain*. Harlow: Longman.

Sheerin, S. & Seath, J. (2002). *Spotlight on Britain*. Oxford: Oxford University

Sheila Dignen (ed.). (1992). *Longman Dictionary of English Language and Culture*. Longman Group UK Limited.
Shiach, M. (1989). *Discourse on Popular Culture*. London: Polity. Salmon. (2000). *Stratford-upon-Avon and Shakespeare's Country*. J. Salmon Ltd.
Slater, N. (2012). Eating for England: *The Delights and Eccentricities of the British at Table*. Harper Perennial.
Solomos, J. (2003). *Race and Racism in Britain*. Basingstoke: Palgrave Macmillan
Sparks, C. (1999). 'The Press' in J. Stokes & A. Reading, *The Media in Britain*. Basingstoke: Palgrave MacMillan
Steinbach, S. (2012). Understanding the Victorians: *Politics, Culture and Society in Nineteenth-Century Britain*. Harlow: Routledge.
Street, S. (2009). *British National Cinema*. London and New York: Routledge.
Taylor, S.J. (1991). *Shock! Horror! The Tabloids in Action*. London: Bantam.
Thompson, K. & Bordwell, D. (1994). *Film History*. New York: McGraw Hill.
Trussler, S. (1994). *The Cambridge History of the British Theatre*. Cambridge: Cambridge University Press.
Tucker, Albert. (1972). *A History of English Civilization*. New York: Harper & Row, Publishers.
Vicary. (2008). *Tim Ireland*. Oxford: Oxford University Press.
Watson, K. (2007). 'Education and opportunity' in Carnevali, F & Strange, J-M (eds.).*20th Century Britain, Economic, Social and Cultural Change*. Harlow: Longman.
Williams, K. (2009). *Get me a Murder a Day. A History of Mass Communications in Britain*. London: Bloomsbury.
Woodward, E. L. (1965). *A History of England*. London: Methuen & Co., Ltd.
Wyld, H. C. (1929). *The Growth of English*. London: Murray.

〈미국편〉

「굿모닝팝스」. 2001년 6,7,8호. 한국방송출판.
개리 앨턴. (2003). 「미국 문화와 생활」. 서울: 동인.
김경석. (2002). 「미국의 문화: 에티켓」. 한국문화사.
김일곤. (2000). 「미국의 사회와 문화」. 서울: 은하출판사.
뉴욕시 안내 팜프렛
루드케, 루터 S. (고대영미문화 편역). (1989). 「미국의 사회와 문화」. 탐구당.
미국 의회도서관 안내 팜프렛
민석홍. (1984). 「서양사개론」. 서울: 삼영사.
박권상. (1985). 「미국을 생각한다」. 서울: 동아일보사.
박지향. (2004). 「영미문화 키워드」. 부산: 동아대출판부.
박지향. (2008). 「영미지역과 문화」. 부산: 동아대출판부.
신성철, 박의재, 신두호. (1997). 「미국문화와 영국문화」. 문경출판사.
스미소니언 박물관 안내 팜프렛
알렌. (2006). 「원더풀 아메리카」. 서울: 앨피.
알리슨 라니에 & 제프 데이비스 (이승철, 이상국, 박순봉 역). (2009). 「미국생활과 문화탐방」. 동인.
에스더 와닝. (2005). 「미국 U.S.A」. 서울: 휘슬러.
오치 미치오. (1999). 「와스프」. 서울: 살림출판사.
위브, 로버트. (이영옥, 박인찬, 유홍림 역). (2011). 「미국 민주주의의 문화사」.
위싱턴 D.C. 링컨 기념관 안내 팜프렛.
이보행. (1995). 「미국사 개설」. 서울: 일조각.
이주영. (1987). 「미국사」. 서울: 대한교과서주식회사.
이현송. (2011). 「미국 문화의 기초」. 한울아카데미.
임돈희. (1995). 「아메리카 문화산책」. 서울: 평민사.
장석정. (2003). 「미국 문화지도」. 서울: 살림출판사.
장정석. (2003). 「미국 문화지도」. 살림.
정동빈. (2008). 「영미문화 이해」. 동인.
조일제. (1998). 「한국과 세계를 잇는 문화소통」. 서울: 한국문화사.
최병현, 박주경, 조세연. (2000). 「*American Culture and Society*」. 서울: 일조각.
최병현. (2000). 「미국 문화와 사회」. 대우출판사.
최영승. (2002). 「영미문화와 지역이해」. 부산: 동아대출판부.

최영승. (2009). 『미국사회와 문화』. 부산: 동아대출판부.
최희섭. (2007). 『미국문화 바로 알기: 역사와 사회의 흐름으로 배워보는 미국 문화 이야기. 동인.
케네스 데이비스. (2004). 『미국에 대해 알아야 할 모든 것, 미국사』. 서울: 책과함께.
태혜숙. (1998). 『문화로 접근하는 미국』. 중명.
태혜숙. (2009). 『다인종 다문화 시대의 미국 문화 읽기』. 이후.
허쉬. (2007). 『미국의 역사』. 서울: 역사넷.
Arnold, M. (1960). *Culture and Anarchy*. Cambridge: Cambridge University Press, Collis, H. (1999). *101 American Custom*. Chicago: Passport Books.
Doty, G. & Ross, J. (1981). *Language and Life in the U.S.A. Volume 1*. New York: Harper & Row Publishers.
Falk, R. (1994). *Spotlight on the USA*. Oxford: Oxford University Press, 1994.
Fulford, T. & Hutchings, K. (2009). *Native Americans and Anglo-American Culture*. 1750-1850: The Indian Atlantic. Cambridge University Press.
Garwood, C. & Peris, E. (1995). *Aspects of Britain and the USA*. Oxford: Oxford University Press, 1995.
Irving, W. (1961). *The Sketch Book*, New York: the New American Library.
Kearny, E. N., Kearny, M. A. & Crandall, J, N. (1984). *The American Way: An Introduction to American Culture*. Englewood Cliffs, New Jersey: Prentice-Hall, Inc.
Ohmann, R. (1976). *English in America: A Radical View of the Profession*. New York: Oxford University Press.
Raymond, D. (1976). *Cultural Regions of the United States*, University of Washington Press.
Safire, W. (1972). *New Language of Politics*. New York: Collier Books.
Shiach, M. (1989). *Discourse on Popular Culture*. London: Polity.
Summers, D. (ed.). (1992). *Longman Dictionary of English Language and Culture*. Burnt Mill Harlow: Longman.
The Korean Dictionary of Hawaii 1996.
Yoshimori Harashima (ed.). (1974). *The Americans: Ways of Life and Thought*. Tokyo: Cohen & West Limited.

〈Internet〉

http://www.orio.net/story
http://www.cambridge.co.kr
http://coop.everfood.com
http://www.advenia.co.kr
http://life.zaigen.co.kr
http://kgombau.com.ne.kr
http://www.mcdonalds.com
http://www.mcdonalds.co.kr
http://www.uprr.com(미국 유니언퍼시픽 철도 홈페이지)
http://yuksa.new21.org(함께하는 사회교실 중에서 미국사)
http://madeinkorea.com
http://www.infoplease.com
http://www.geocities.com
http://www.intercot.com
http://disney.new21.org
http://chjiwoo.iam.ro
http://disneymania.new21.org
http://www.tgedu.net
http://rose0.kyungpook.ac.kr
http://www.tx7.com/fries
http://www.marshmallowfluff.com

〈부록〉

http://www.chosun.com(조선일보)

국제적인 인재 양성 길잡이

영미사회와 문화

2013년 8월 15일 1판 발행
2020년 3월 30일 3판 발행

지은이 / 차재국 · 김정포
펴낸이 / 김 수 관
펴낸곳 / 도서출판 영문
122-070 서울시 은평구 역촌동 10-82
☎ (02) 357-8585
FAX • (02) 382-4411
E-mail • kskym49@yahoo.co.kr

출판등록번호 / 제 03-01016호
출판등록일 / 1997. 7. 24

파본은 교환해 드립니다.
본 출판물은 저작권법으로 보호 받는
저작물이므로 출판사나 저자의 허락없이
무단 전재나 무단 복제를 할 수 없습니다.

정가 15,000원
ISBN 978-89-8487-305-6 03230
Printed in Korea